洪水（阮山）将军

1938年4月29日,洪水在五台县与陈剑戈合影

1950年10月,洪水与儿子寒枫(左)、小越(右)于北京

1955年，洪水与黎恒熏及子女

2011年，陈剑戈全家合影

2006年10月21日，洪水逝世50周年纪念日，将军铜像回越南家乡

1998年4月，洪水子女和家属在河内团圆

红色军棉

我们的父亲
洪水—阮山
OUR FATHER
HONGSHUI-RUANSHAN
中越两国将军

陈寒枫 阮清霞 ◎ 著

中国书籍出版社
China Book Press

"红色年轮"丛书编委会

顾　　问：裴周玉　王定国　王定烈
主　　编：郝振省　胡石英
副 主 编：刘　江　狄晓红　李新星　李镇西
执行主编：王　平　余　伟
编　　委（以姓氏笔画为序）：
　　　　　王　平　刘　江　余　伟　狄晓红
　　　　　李晓晔　李献平　李新星　李镇西
　　　　　庞　元　赵　刚　赵安民　胡石英
　　　　　郝振省　游　翔

代 序

(越南武元甲大将为陈剑戈所著《黄河恋 红河情》撰写)

阮山将军的夫人陈剑戈女士托我为其回忆录《黄河恋 红河情》一书写序,我非常高兴。这不由地使我想起我和阮山共同生活和战斗的那些日子。

阮山很早就参加青年运动,并有幸进入中国著名的军校——黄埔军校学习。当阮山回国时,法国已在南方挑起侵略战争,我国亦进入长期抗战。在常务会上,胡伯伯、长征兄和我都要阮山到战事激烈的南方去。不久,在我担任委员会(后改为全国抗战委员会)主席时,阮山被推举为越南南方抗战委员会主席。这是一个极其重要的职务,表明党和政府对他的信任。

阮山是党的一名优秀的革命战士,一位对我军有功的将领。特别是,他曾长期参加中国革命战争,是中国人民解放军唯一的外国将军,所以友邦同志提到他时,总是带着深厚和敬重的感情。1993年,我到中国访问,见到阮山将军的夫人陈剑戈女士和孩子们,看到他们精神很好,极为欣慰。阮山在中国的孩子跟生活在越南家里的孩子一样,真正做到像父辈所期望的那样,勤奋学习和工作。

代 序

所以可以这样说，阮山是一名在越南革命和中国革命之间留下美好榜样的国际主义战士。阮山是一个坚定的共产主义战士，一个有魄力的人，也是一位有才华的将军。阮山的才华不仅表现在军事上，而且也表现在政治、宣传、文艺方面。阮山还有自己十分独特的风格，例如，作为主婚人而当场要新娘新郎做诗。这种事只有阮山做得到。

无论在广义陆军学校，还是在第四战区军政学校，阮山都非常重视培养干部。他在练兵运动中，成功地推出了一种风行于整个部队和人民中的训练形式"大会操"。

他重视朋友，重视人，重视培养身边的队伍。

可以这样说，在八月革命刚成功而中国革命尚未胜利这一期间，正显示了我们党和人民为坚决捍卫年轻的政权在被包围和极其困难复杂的条件下进行战斗，而使自力更生和独立创造精神得到发挥的时期。在胡伯伯和党的领导下，全民团结战斗，建立政治和武装力量，从建立民兵到建立最早的主力师。我们已经提高自力更生精神，已经站稳脚跟和成长起来，为以后接受和有效地使用兄弟国家特别是新中国尽心的援助奠定了牢固的基础。我要提到法国公布的一份 1949 年的材料，在那份材料中，法国不得不承认"用军事力量不可能战胜越盟"。

阮山正是在这种困难的日子里回国。他积极参加有关军事、抗战的讨论会，就干部培训、作战、建立主力部队、建立民兵力量等问题，发表了许多深刻的意见。他尤为重视建立民兵的问题。他在各种会议上发言踊跃且引人入胜。同朋友交往中，他尊重同志战友，往往同人家谈心通宵达旦，使人感到舒

Foreword

坦、陶醉。

阮山回国时间不长,但是已贡献出了自己的全部力量。1950年夏,由于工作分工的关系,他到了北京。尽管他长时间背井离乡,在外为革命活动奔波,但是他无时无刻不想念自己的祖国。在他病入膏肓的时候,虽然友人对他尽力进行治疗,甚至将病历送到苏联会诊,但仍无法治愈。党按照他的意见,把他接回国。他在亲人和战友的无比哀恸中,在祖国的土地上与世长辞。

他走得过早了,但是,他作为一生为我国和友好国家革命事业鞠躬尽瘁的一个坚定的共产主义者,一个朋友和同志,一个亲密和十分真诚的战友的形象,永志越南革命史册和铭刻在我们每一个人的心中。

武元甲大将
1999年12月22日于河内

注:武元甲系越南人民军创建人之一,大将。原越南共产党中央政治局委员。1955年9月—1980年2月任政府副总理兼国防部长,2013年10月4日逝世,终年102岁。

目　录

开头语　1

第一章　奔赴晋东北抗日最前线　5

第一节　八路军主要领导齐聚晋东北 // 6

第二节　深入基层发动群众 // 11

第三节　迎来著名革命家和红军将领 // 15

第四节　培训抗战青年干部 // 19

第五节　晋东北抗日战场进入新阶段 // 20

第六节　五台县四区的妇女工作越做越好 // 22

第二章　在学生运动和对敌斗争中成长　25

第一节　投入山西太原的学生运动 // 26

第二节　被国民党特务逮捕并监禁 // 30

第三节　重新找到党组织 // 36

第三章　从越南到广东参加中国的大革命　39

第一节　在越南学生运动中经受锻炼 // 40

第二节　赴法国追随革命领路人阮爱国（胡志明）// 42

第三节　在黄埔军校第四期和越南青年政治训练班受训 // 45

第四节　参加广州起义 // 56

目 录

第四章　第二次到中国投入武装革命斗争　59

第一节　从泰国到达中央苏区的红色首都瑞金// 60
第二节　随中央红军参加长征// 70
第三节　与张国焘面对面进行斗争// 78
第四节　再度从事军队教育工作// 82
第五节　进入中国工农红军大学学习// 87
第六节　在抗日军政大学第二期继续深造// 93

第五章　晋东北的一段曲折经历　97

第一节　捅了山西军阀阎锡山的"马蜂窝"// 98
第二节　喜结良缘与推动五台县的妇女工作// 101
第三节　主办晋察冀根据地党报《抗敌报》// 108
第四节　与白求恩大夫在前线相遇// 111

第六章　在日寇大扫荡中痛失爱女　115

第一节　第三次从事军队教育工作// 116
第二节　痛失爱女// 125
第三节　摆脱痛苦继续战斗// 136

第七章　在延安共同度过的日日夜夜　139

第一节　长途行军回到延安// 140
第二节　他们的孩子靠朱德任弼时批供的牛奶摆脱困境// 146
第三节　旁听具有历史意义的中共七大// 149
第四节　毛泽东周恩来给洪水送行// 151
第五节　欢庆抗日战争的伟大胜利// 155
第六节　与"马背摇篮"一起撤离延安// 157

第八章　回到日夜思念的祖国——越南　167

　　第一节　越南民主革命获得胜利// 168
　　第二节　周恩来告诉他胡志明就是阮爱国就是李瑞// 169
　　第三节　分别20年后见到祖国的家人// 174

第九章　在越南抗法战争的最前线（一）　179

　　第一节　奉命到越南南方领导抗法战争// 180
　　第二节　创建越盟军队的第一所军事学校// 186
　　第三节　大胆起用日本投降军官作教官// 193
　　第四节　调任国防部参谋长兼陈国俊中央陆军学校校长// 196
　　第五节　领导第四战区军民阻挡住法军的进攻// 200
　　第六节　越南的革命军事理论家// 206
　　第七节　一次神奇的"神机妙算"// 210

第十章　在越南抗法战争的最前线（二）　215

　　第一节　女儿演绎新版"千里寻父"记// 216
　　第二节　被授予越盟军队少将军衔// 218
　　第三节　令人折服和钦佩的演讲才能// 224
　　第四节　在接近人民了解民情的基础上开展群众工作// 228
　　第五节　创立新型练兵运动——大会操// 229
　　第六节　对干部战士关心爱护体贴入微// 234

第十一章　大力推动越南抗法根据地教育事业的发展　239

　　第一节　创办各类军事学校和培训班// 240
　　第二节　精心呵护知识分子// 244
　　第三节　提倡辩证的教育思想// 247
　　第四节　身体力行爱护和教育后代// 251
　　第五节　事必躬亲// 255

目 录

第十二章　能文能武的"文化将军"　259

第一节　越南抗法根据地文化事业的领路人// 260
第二节　创办报纸鼓舞人民动员人民// 264
第三节　民族文化的理论家// 270
第四节　大力发展群众文化事业// 273
第五节　支持开办战区文艺培训班// 277
第六节　诚心诚意同文化人士交流沟通// 280
第七节　组织文艺工作者到前线体验生活// 283

第十三章　平易近人和善于团结各类人的司令员　287

第一节　团结、教育和帮助知识分子// 288
第二节　在抗法前线组建新家庭// 293
第三节　与人民群众打成一片// 297
第四节　敏锐的眼光精辟的分析// 306
第五节　诙谐的性格和独特的处事方法// 309

第十四章　担负重任第三次来到中国　313

第一节　中国援越抗法进入新阶段// 314
第二节　与中共中央联络代表的深厚友谊// 317
第三节　让越北解放区华侨记忆深刻的报告// 322
第四节　越南边界战役取得重大胜利// 323
第五节　前往新中国的首都——北京接受新任务// 328
第六节　患难夫妻终重逢// 335
第七节　千里姻缘魂断中南海// 338

第十五章　洪水——阮山将军最后的岁月　347

- 第一节　在南京军事学院取得优异成绩// 348
- 第二节　为中国军队的现代建设贡献才智// 357
- 第三节　中国人民解放军授予他少将军衔// 364
- 第四节　周恩来叶剑英关心他的病情// 370
- 第五节　毛泽东周恩来和将帅们给他送行// 376
- 第六节　生命走向尽头// 382

坚定的共产主义战士，有才干的将领　389

越南人民的优秀儿子　中国人民的亲密朋友　392

开 头 语

洪水（1908.10.1—1956.10.21），原名武元博，曾用名鸿秀、李德兰、李英嗣、阮山，中国和越南两国将军，为中越两国的民族解放和民主革命事业做出了卓越贡献。

他出生于越南河内市嘉林区一个地主兼房产主家庭，1923年，曾短暂赴法国，与越南著名革命志士阮爱国（即胡志明）相识。回国后，从事反对法国殖民者和封建保大政权的学生运动，1925年初，响应胡志明（化名李瑞）的号召，前往中国广州，投身中国的大革命，并加入胡志明为首的"李氏九兄弟"（实际是在广州的越南共产主义小组）。1926年初，进入广州黄埔军校第四期学习，取名朱鄂臣、号洪水，期间曾加入中国国民党。同年10月，学习结束后留校工作，同时，在胡志明举办的越南青年政治训练班第三期学习并加入越南共产党的前身——越南青年革命同志会。

1927年，蒋介石发动"四一二"反革命政变后，他毅然退出国民党，加入中国共产党，同年12月，参加了著名的广州起义。起义失败后，转移到泰国在越侨中进行革命斗争，后奉中共广东省委军委之命，再次返回中国，先在香港从事工人运动。1929年1月，到广东省东江地区随红十一军参加游击战争，1930年5月，进入闽西革命根据地，在红十二军第34师、汀连纵队，先后任团政委、师政治部主任。

1931年11月，他调入中央苏区，在红军学校担任宣传科长兼政治文化教员，参与创办了我军历史上第一个剧社——工农剧社，任社长。1934年1月，在中华苏维埃共和国第二次全国代表大会上当选为中华苏维埃共和国中央执行委员会委员（相当于现今的全国人大常委会委员）。1934年10月，随中央干部团（也称红色干部团）参加震惊世界的二万五千里长征。红一、四方面军会师后，随朱德、刘伯承到红四方面军红军大学工作，任政治文化教员，与张国焘分裂党分裂红军的行为进行了坚决的斗争。长征途中，他历经3次爬雪山过草地，凭着坚定的革命理想和信念，克服了难以想象的艰难困苦，于1936年7月，到达延安，进入新组建的中央红军大学、抗日军政大学二期学习，学习结束后，分配到八路军总政治部民运部工作。

抗日战争全面爆发后，他随八路军总部和一一五师进驻山西省五台县，参与晋东北抗日根据地的建设，先后任五台县四区动委会主任、晋东北特委副书记兼宣传部长、《抗敌报》（《晋察冀日报》的前身）主持日常工作的副社长、晋察冀军区抗日军政干校教员，后调至抗日军政大学第二分校先后任主任教员、上干科长、直属工作科长。1942年4月，调晋察冀军区第四军分区政治部任宣传科长。

1943年，胡志明向中共中央提出，希望让洪水等在中国参加武装斗争的越南同志回越南参加抗日斗争。经中共中央同意后，他从晋察冀前线回到延安，先在中央党校二部学习，并于 1945 年 4 月至 6 月，全程旁听了中国共产党第七次全国代表大会。同年 8 月到重庆，按周恩来的部署，他为重庆谈判做了一些具体工作，谈判结束后，启程返回越南。

1945 年 8 月，胡志明领导了越南的八月革命，于 9 月 2 日建立了越南民主共和国。同年 11 月，洪水回到越南，改名为阮山。这时，法国在越南南方向越南民主共和国发动侵略，挑起战争。他被印度支那共产党（越南共产党的前身）中央派往南方，任越南南方抗战委员会主席、第五和第六战区司令员兼政委，后任第四战区党委副书记、司令员兼政委，领导了抗击法国殖民者的许多战斗并成功开展了根据地建设，被誉为能文能武的"人民将军"。1948 年，40 岁的他被授予越盟军队（越南人民军前身）少将军衔。

1950 年，经中越两党两国协商，他再次回到中国，先后任中共中央统战部越南科负责人、中共中央联络部的机关党总支书记，后到南京军事学院基本系一期学习。以优异成绩毕业后，他先后担任中国人民解放军中央军委条令局副局长、训练总监部《战斗训练》杂志社社长兼总编辑。1955 年，47 岁的他被授予中国人民解放军少将军衔，并被授予一级八一勋章、一级独立自由勋章、一级解放勋章，成为新中国第一次授衔授勋时一千多位开国将帅中唯一的外国人。

给他授衔授勋既是中国党、政府、军队对他光辉战斗历程和对中国人民民族解放和民主革命事业所做出的巨大贡献的肯定和表彰，也是中国人民对曾经参加和支持中国人民民族解放和民主革命事业并为之流血牺牲无私奉献的国际主义战士们的感谢和敬意。

1956 年 9 月底，他因病回国，10 月 21 日，在河内逝世，享年48岁。

在他离世60年后,2015年11月5日,在访问越南前夕,中共中央总书记、国家主席习近平在越南共产党中央机关报《人民报》上发表了署名文章,在谈起中越传统友谊的代表人物时,他提到洪水并写道:"洪水响应胡志明主席号召,积极投身中国革命,参加红军二万五千里长征,成为新中国开国将领中唯一的外籍将军和世界少有的'两国将军'"。这表明,中国党、政府、军队和人民仍然怀念他,未忘记他的功勋。

第一章

奔赴晋东北抗日最前线

■第一节　八路军主要领导齐聚晋东北

■第二节　深入基层发动群众

■第三节　迎来著名革命家和红军将领

■第四节　培训抗战青年干部

■第五节　晋东北抗日战场进入新阶段

■第六节　五台县四区的妇女工作越做越好

第一节　八路军主要领导齐聚晋东北

1937年7月7日，日本侵略军在北平西南的宛平县卢沟桥制造了震惊中外的"七七事变"，中国的抗日战争爆发了。仅仅一个月，由北往南，日寇向河北、山西全省大举进攻。河北、山西北部（简称晋北）各县相继沦陷。面对日军的猖狂进攻，国民党军队节节败退，很快就退到太行山晋北灵丘县平型关、山西中部（简称晋中）平定县娘子关一线。

8月25日，中国工农红军改编为国民革命军第八路军（简称八路军），下辖一一五师、一二〇师、一二九师3个师。根据中共中央、毛泽东建立抗日民族统一战线和开展独立自主的山地游击战的战略方针。8月底至9月初，林彪、聂荣臻率领的一一五师，贺龙、关向应率领的一二〇师，刘伯承、徐向前率领的一二九师先于八路军总部陆续东渡黄河，开赴晋东北、晋西南、晋西北（即山西省东北部、西南部、西北部），选择打击日军的最佳战场，准备集中兵力，在山西打一个胜仗，以打击日本侵略者的气焰，鼓舞全国人民的士气，并开辟敌后抗日根据地。

9月5日，为了与山西的国民党和地方军队建立抗日民族统一战线，中央军委副主席周恩来来到太原，与国民党第二战区司令长官、山西新军阀阎锡山谈判，希望与之建立抗日民族统一战线（那时，国民党军事当局把全国临战地区划分成5个战区，山西属第二战区）。20日，双方商定建立第二战区战地总动员委员会（简称动委会），续范亭任主任委员，邓小平、程子华、彭雪枫、南汉宸为共产党方面的委员，任务是在山西发动民众，开展抗日游击战争。

9月16日，八路军总司令朱德、副总司令彭德怀、政治部主任任弼时、副主任邓小平、副总参谋长左权率八路军总部也在韩城县渡过黄河，于21日到达太原，22日到达晋东北。

21日，周恩来、彭德怀与阎锡山来到晋东北的代县，阎锡山派专人接来朱德，在该县的太和岭口会谈。会谈结束后，22日，周恩来、朱德、彭德怀、左权随八路军总部经忻县、定襄，到达五台县四区的河边村。

在那里，他们见到了正在四区开展工作的八路军干部、越南人洪水。国际主义战士洪水虽然是一个外国人，但是，中共中央、中央军委、八路军的大部分领导人对他都十分熟悉，并没有把他当作外国人对待，而是完全以中共党员的身份、作为红军和八路军的正式军事干部使用。

1937年8月，洪水结束了在抗日军政大学第二期半年多的学习。经周恩来与政治部主任任弼时、副主任邓小平、副主任兼民运部部长傅钟商量同意，把他分配到八路军政治部民运部工作，并同傅钟、民运部的其他干部一起，在八路军总部到来之前，先行到达五台县东冶镇，开展抗日救亡工作。

见到在法国、在广州、在瑞金、在长征中就一起战斗的老朋友洪水，周恩来、朱德、彭德怀、邓小平、左权等都非常关心地询问他到民运部后的工作情况，问他对山西北部的生活是

否习惯，生活和工作中有没有困难。见到老首长、老领导、老战友，洪水也十分高兴，一一道来，无话不谈

对进驻东冶地区的八路军官兵，洪水要求他们必须严格执行"三大纪律八项注意"。大家分住在老百姓家里，说话和气，每天帮助老百姓挑水、劈柴、扫院子。老百姓做饭时，他们一边帮助拉风箱，一边跟群众聊家常，和老百姓亲如一家，与国民党、阎锡山的败军随意打骂群众、抢夺民财的土匪作风形成鲜明的对照，赢得了群众的好感。老百姓说："阎锡山的败军一进村，搅得鸡飞狗跳。八路军才真正是人民的子弟兵。"看到八路军吃饭常常没有菜，老百姓就拿出自家晾晒的红辣椒、腌制的咸菜和山西人最爱吃的自家酿制的香醋送给他们。

因为是路过，八路军总部、政治部及其所属的民运部、保卫部、宣传部的领导人没有多停留，便继续向五台县深山里的茹村、豆村一带转移，翌日，到达五台县城。县里的各界人士召开了欢迎大会，周恩来、彭德怀在大会上作了重要讲话，阐述抗日救国十大纲领。随队来的洪水也用流利的汉语作了热情洋溢的讲话，用八路军抗日救国的事实，驳斥了国民党反动派诬蔑共产党是"洪水猛兽"的无耻之言。

八路军总部很快便进驻五台县南茹村，并召开了重要会议，落实毛泽东关于加紧建立五台山脉游击战区的指示。朱德、彭德怀、左权等在这里指挥战斗和工作40余天，筹划以五台山为中心，在山西、察哈尔、河北（简称晋察冀）3省交界处建立敌后抗日根据地。

洪水在五台县吕祖庙前发表抗日演讲

在县城的吕祖庙等多个群众活动场所，八路军一连几天多次召开群众大会，洪水经常在这些大会上发表慷慨激昂的抗日救国演讲，宣传中国共产党的抗日救国主张。洪水演讲的感染力强、很有说服力，给五台县人民群众留下深刻的印象。他们说："他真会说话，连蚂蚁都会爬出来听。"整个五台县之所以很快就掀起抗日救亡的热潮，洪水强有力的鼓动和宣传起到了一定的推动作用。

八路军刚进驻五台县就遇到阎锡山部队的溃兵沿途抢劫民财，以运送物资为由掳掠牲畜，老百姓的意见很大，多处发生冲突。洪水挺身而出，一面向阎军进行宣传教育，一面给群众讲道理，发动群众帮助作为友军的阎军撤退。他把附近各村有牲畜的农民每村组织一个民工队，一村一村、一段路一段路接力式地帮助阎军运送物资。完成自己的运送任务后，民工队带着自己的牲畜返回家乡。这样，既保证了群众利益，又顾及了友军关系和建立抗日民族统一战线的大局。

9月25日，八路军总部在五台县南茹村坐镇指挥，林彪、聂荣臻在山西灵丘县的平型关现场指挥，打响了平型关战斗，重创了日军的精锐部队板垣师团，取得了抗日战争的第一个大胜仗，震惊了中外，打破了"日军不可战胜"的神话。胜利的消息传到八路军总部，在五台县豆村，卫立煌、阎锡山当天就召开了第二战区司令长官会议，朱德参加，商谈了军队布防和给养问题。

26日，邓小平来到五台县东冶镇，传达中共中央北方局的决定，由李葆华、王平、刘秀峰组成领导晋察冀3省敌后抗战全面工作的党的领导机构——晋察冀临时省委（不久便成为正式省委）。

接着，为了加强晋东北地区党的领导，在五台县古城村，晋察冀省委宣布成立中共晋东北特委，任命民运部干部王逸群为书记、李广汉为副书记、张连奎为组织部长。洪水为副书记兼宣传部长，负责宣传和发动群众的工作。

在法国时，邓小平就与洪水有所接触，在中央苏区的瑞金，他们共同坚持毛泽东的正确路线，共同被右倾机会主义迫害，相互之间更加了解。所以，见到洪水，邓小平关心地询问他对晋东北斗争的看法，对工作安排的意见，对洪水把中国革命当成自己的事业，坚定地为之奋斗的国际主义精神十分肯定。

晋东北特委书记王逸群于1929年在上海加入共青团，同年转为中共党员，以卖无线电器材的身份掩护周恩来领导的中央特科的电台并为其购买器材。1931年4月，中央特科的顾顺章叛变，王逸群与伍云甫、曾三、涂作潮等人携电台转移到中央苏区，参加中央苏区第一部电台的创建工作。后来，他给瑞金中央党校副校长董必武作秘书。在整整两年的时间里，他和洪水经常见面，甚至在一个楼里办公。在瑞金，王逸群还经常观看洪水领导的工农剧社的演出，因此，对洪水十分熟悉。1933年6月，他到洪水战斗过、刚刚离开一年多的闽西长汀工作，先后担任突击队长、福建省委宣传部长，并在闽西坚持了3年游击战争。1937年8月，他们在民运部重逢，一起来到五台县。老朋友相见，又在一起工作，他们都非常高兴，配合也非常默契。

晋东北特委成立后，为了广泛深入地发动群众，迅速打开五台县的工作局面，总政治部领导杨尚昆、傅钟、黄克诚、陆定一具体部署了民运部的工作，指示王逸群、洪水、罗亦经、李长举、杨汝德、张广才、李庚尧、马清藻、张达、章家禄、田洪涛、李志民等同志和宣传部宣传队的胡开明、穆岳、孙明等同志到五台县和各个区、乡、村广泛宣传，组织动委会，特别是利用平型关大捷的巨大影响和有利时机，发动群众参加抗日救国。

第二节　深入基层发动群众

当时，五台县分为6个区。第一至第六区分别以五台城、耿镇、豆村、东冶镇、窑头镇、台怀镇为中心。洪水坚决服从命令，身体力行，立即深入到以东冶镇为中心的四区开展发动群众的工作,并兼任四区的动委会主任和区委书记。

东冶镇是五台县四区的政治经济中心。洪水来到东冶镇,马不停蹄,立即开展工作,积极筹备四区的动委会及其工作班子,并利用各种场合,大力宣传平型关大捷的伟大意义,鼓舞群众抗日救国的勇气,树立抗日战争必胜的信心和决心。政治部副主任傅钟曾亲自到东冶镇了解和指导工作,协助解决发动群众中遇到的问题。他对洪水的工作大加赞赏,说:"你这个外国人,刚刚几天,工作就做得这样好,真不容易。"

洪水(前排右坐者)在五台县四区动委会

在东冶镇，党的工作有一定的基础。早在1932年，五台县的党组织就建立了，主要活动在东冶镇周围地区。1934年冬，在四区管辖的河边村（阎锡山的老家）的川至中学正式建立了党支部，成为五台县最早的党支部。根据中共山西工委的指示，1935年9月，在四区管辖的大建安村建立了五台区委。为了适应抗战形势的需要，1936年初，中共山西工委决定以五台区委为基础，建立五崞定县委，即五台、崞县、定襄3县的大县委。1937年2月，由朱效成、赵鹏飞等人组成了中共东冶中心区委员会。他们以东冶镇及其附近的几个村庄的小学为活动基地，开展抗日救国宣传和统一战线工作，使东冶镇地区成为五台县革命活动的中心地区。

洪水充分依靠东冶镇的地方党组织，深入各村开展调查研究，经常召集地下党员、同情和支持抗日的社会名流、进步知识分子以及各方面的代表人士开会。在赵鹏飞、徐继之等人的协助下，很快就列出了四区动委会人选的名单，工作地点初步定在镇上的沱阳小学里。

有一天晚上，洪水召集动委会的骨干在沱阳小学开碰头会。在昏暗的豆油灯下，洪水一手拿着动委会成员名单聚精会神地看着，一手端着烟斗吧嗒吧嗒地抽着。只见他的眉宇紧锁，从嘴里抽出烟斗，对身边的东冶镇真武庙小学的教员徐继之说："名单里怎么没有一个女同志？"

徐继之看了看身边的赵鹏飞，嘴上虽然没说什么，心里却在暗暗地责怪自己："过去，出头露面的事都是老爷们干。这回，咱们把妇女给忘了。"

洪水并没有责备他们，他抽了一口烟，接着说："动委会应该增加一个妇女委员。把妇女群众组织起来，就等于撑起了东冶抗日的半边天。你们考虑一下，挑选一个有文化、大胆泼辣、能够领着大伙儿干的女同志。"

徐继之重复着洪水提出的条件，自言自语地说道："有文化的……这东冶镇上过高小的妇女就有一大把。大胆泼辣的……能干的……"他眼睛一亮，非常肯定地说："就数陈玉英了！"徐继之把她的情况向洪水作了一番介绍，洪水当即拍板："好！就是陈玉英。"在座的都表示赞成。洪水说："老徐，请你通知陈玉英，明天就到动委会来办公。"

第二天一早，徐继之把陈玉英带到四区动委会，刚一迈进动委会办公室的门槛，洪水就迎了上来，向陈玉英伸出手："欢迎你，陈玉英同志！你的情况，徐继之同志都介绍了。组织上研究决定，从现在起，你就是四区动委会的委员了，负责妇女工作。"

握着洪水的手，听了他简短热情的话语，陈玉英心里又高兴又激动。

洪水招呼陈玉英和徐继之在他对面坐下，简单介绍了动委会的工作情况以及对陈玉英的要求。

这时，陈玉英注意打量着这位30多岁的八路军干部：中等身材，一头浓密的黑发向后梳着，黝黑的皮肤，微微隆起的颧骨，粗黑的眉毛下一双深邃有神的大眼睛，特别是他洪钟般的声音和充满活力的干练举止，给陈玉英留下深刻的印象。徐继之介绍说："这是咱四区动委会的主任和区委书记洪水同志。"

"有困难吗？"洪水关切地问。

"做妇女工作，我没有经验，还请你多帮助和指点。"陈玉英说。

徐继之在一旁插话说:"我们大伙不都是跟着洪水同志边干边学吗?"洪水说:"好!三个臭皮匠凑成一个诸葛亮,大家合伙把四区的工作搞好。"

就这样,陈玉英成了五台县四区动委会唯一的女委员。

恰巧这时,陈玉英接到在北平时认识的地下党员王尧的来信。信中说,他已经到了延安,希望陈玉英也能去延安。信中还写明了去延安的路线。

虽然,王尧在北平曾领导陈玉英从事革命工作,但她觉得他太书生气。她没有在意信中带有感情色彩的语言,就把这件事告诉了洪水,并向洪水表示:"洪水同志,现在抗日的烽火已经燃遍了全中国,去延安是革命,在东冶工作同样也是革命。"

洪水满意地点了点头。

第三节 迎来著名革命家和红军将领

在八路军总部进驻五台县的同时,刘伯承、徐向前率领八路军一二九师,也路过五台县东冶镇。副师长徐向前是五台县东冶镇永安村人。回到久别的故乡,他抽空回到永安村住了几天。自从1924年考入广州黄埔军校第一期而离开家乡后,这是他第一次回家。洪水是广州黄埔军校第四期生。他们是学长学弟的关系。他们都参加了广州起义。起义失败后,包括徐向前、洪水在内的起义军余部1000余人撤出广州,在花县(今广州花都区)改编为工农革命军第4师,徐向前是领导人之一。后来，他们一起经从化、紫金等县进入海丰、陆丰县境。所以，他们还是生死战友。

洪水在镇上的沱阳学校召开群众大会，邀请自己的学长在大会上讲话。徐向前用地道的五台话发表了抗日救国的演讲，号召家乡人民团结抗战，夺取抗击日寇的胜利。洪水主持了群众大会。在讲话中，他要求东冶镇的群众响应徐向前的号召，团结起来，投身抗日救国斗争。他们的讲话使东冶镇人民群情激昂，振奋异常。

1937年9月底的一天，东冶镇突然来了一队穿着军装、背着背包、扛着长枪的人。原来是牺盟会负责人薄一波率领决死队的部分干部战士来到五台县。

阎锡山与共产党合作成立的抗日统一战线组织——牺牲救国同盟会（简称牺盟会）是1936年9月成立的，薄一波是共产党派出的负责人。"七七事变"后的第二天，根据中共中央北方局的指示，由他在牺盟会的旗帜下组建了一支新的军队——山西青年抗敌决死队（简称决死队）。这支队伍来到五台县，首先经过东冶镇。洪水代表四区动委会和区委迎接他们，安排他们的食宿和在东冶镇休息。薄一波告诉洪水，他们要前往驻在五台县南茹村的八路军总部，向朱德和总部首长汇报这支新军队建立的情况。

薄一波领导下的抗战决死队，军容整齐、朝气蓬勃。东冶镇的老百姓纷纷从家里跑出来围观。利用这个机会，决死队的战士们就地展开抗日宣传。他们说快板、散发传单、高呼抗日口号、发表抗日演讲……围观的群众越来越多。

这一天，徐继之派人通知陈玉英到真武庙小学开会。到会的有赵鹏飞、马志远、杨秋阳、陈玉英等共20多人。徐继之当即宣布成立一个小组协助决死队进行工作。陈玉英和杨秋阳负责为决死队的女战士当向导，一起到东冶镇的各条街道和周围农村向妇女群众宣传抗日，并动员她们做军鞋，慰劳和支援决死队。

决死队的男战士集中住在真武庙小学，女战士住在镇上的高级女校。每天一大早，陈玉英和杨秋阳就到女战士的驻地，带着她们走街串户。这些女战士都是20来岁的女青年，爱国热情高涨，不辞劳苦，几乎走遍了东冶镇附近的村村户户。她们的宣传活动深深打动了妇女群众。

陈玉英和杨秋阳动员妇女做军鞋的工作完成得十分顺利。妇女们说干就干，纳鞋底，缝鞋帮，有的甚至拿出给自家男人做好的布鞋。她们这家收一双，那家收两双，集中起来后，准备送到决死队驻地。

几天后的一个早晨，当陈玉英和杨秋阳抱着一大堆崭新的军鞋，满心欢喜地来到高级女校时，一个人影也不见了，再到真武庙小学，也是空荡荡的。原来，为了保密，没和任何人打招呼，趁着夜深入静，决死队悄悄地转移了。虽然只住了短短的几天，决死队却在东冶镇进一步播下了抗日的火种。

薄一波和决死队干部战士转移时，只有洪水去送。他们一起爬过东冶镇北面陡峭的十里黄土坡（坡上为上五台地区，坡下为下五台地区），边走边谈，一直送到五台县城城南的沟南村，才依依不舍地告别。

10月初，晋东北的气温骤降，寒气袭人。东冶镇的妇女们紧张地为八路军缝制棉衣。她们知道，前方的将士中有许多人还穿着单衣。

一天，洪水陪着一位身穿灰色土布军装、高大英俊的八路军首长来到镇上的杨爱源公馆。他们的身后还跟着几个八路军战士。妇女们停下手中的针线活儿，莫名其妙地看着刚刚进来的陌生人。

"同志们辛苦了！我是徐海东！听说四区的妇女工作开展得不错嘛！"

听到徐海东的名字，在场的动委会工作人员和妇女们都很惊讶。洪水给她们讲红军的故事时，说起过那个打仗如猛虎、敌人见了闻风丧胆的八路军虎将徐海东，现在竟然站在眼前。

原来，1937年8月，工农红军改编为八路军后，徐海东任一一五师344旅旅长。9月初，344旅跟随一一五师开赴晋东北前线；9月25日，344旅参加了著名的平型关战斗。平型关战斗结束后，徐海东奉命随朱德、彭德怀和八路军总部率部队开赴晋东南前线，现在，是前往五台县南茹村的八路军总部驻地，途中路过此地。

得知徐海东要率部经过东冶镇，洪水赶到五台县与定襄县交界的滹沱河上的济胜桥上去迎接。虽然他们两人没有见过面，但洪水知道他是鄂豫皖苏区著名的红二十五军军长、红十五军团军团长，是骁勇善战的虎将。他参加了平型关战斗，班师而归，正是进一步了解这一震动全军全国伟大胜利的好机会。从济胜桥到东冶镇的一路上，他们都在不停地交谈。到达东冶镇后，洪水向他介绍了四区各方面的工作，建议他看看这里的妇女工作情况。

杨公馆是妇女集中缝制棉衣支援前方的地方。徐海东走过来，亲切地与大家交谈，一个一个地问她们叫什么名字？问动委会里有多少女同志？工作中有什么困难？他鼓励妇女们努力工作，团结更多的妇女参加抗日。徐海东平易近人、和蔼可亲，很快就把大家吸引到他的周围。几个年轻姑娘还拉着徐海东的手，要他带她们去当兵打仗。

徐海东风趣地说："好！大家都去打仗！可棉衣谁做呀？总不能让八路军光着膀子赤着脚去打日本鬼子吧？"姑娘们乐了。

陈玉英代表妇女姐妹们向徐海东表示："请首长放心，我们一定多做棉衣和军鞋，支援八路军打胜仗！"

不久，徐海东与大家告别，前往五台县城，洪水把他们送到十里黄土坡上，看着他们登上前往南茹村的大道，一直到看不见他们的身影……

第四节　培训抗战青年干部

洪水大胆负责，任劳任怨，经常深入到村里宣传抗日救国的道理，发动群众组织村动委会，帮助他们成立各村的农会、妇救会、青救会、抗日自卫队，开展军事训练；还组织儿童、民兵放哨站岗，查路条，防范汉奸活动，很受四区干部群众的欢迎。

按照上级动委会的要求，四区动委会坚持贯彻合理负担和减租减息的政策，宣传有钱出钱、有力出力的全民抗战思想。四区的群众和各界人士纷纷响应。例如，东冶镇槐荫村一个阎锡山心腹将领赵承绶领导的下级军官就将赵家所存的部分枪支弹药捐了出来；东冶镇河边村抗日积极分子带领群众冲入阎锡山家里，取出阎家储存的一部分枪支、粮食、布匹和钱财，发给各村的抗日自卫队；五台县抗日救国运动还逐步扩展到附近的繁峙、浑源、应县、盂县一带，各县大批青年纷纷加入抗日队伍。

这时，为了适应抗日救亡的需要，提高基层干部的思想觉悟、政策水平和工作能力成为一个关键问题。于是，晋东北特委决定，由洪水总负责，举办抗战青年短期训练班。第一期在五台县城附近的王家庄举办，第二期在东冶镇的杨爱源公馆举办。

1937年11月底，第一期短训班开班。晋东北特委抽调定襄、崞县、五台等县的100多名基层干部参加学习。培训学习的主要科目是中国共产党的基本知识、目前的形势和任务、抗日救亡的十大政治纲领、抗日民族统一战线问题等。结合抗日战争的发展形势、晋东北对敌斗争的现状，洪水讲解中国共产党的基本理论和对敌斗争的政策与策略，引导学员正确认识形势、坚定必胜信念、掌握党的方针政策、学会工作方法。他知识渊博，讲话流利，风趣逗人，平易近人，善于联系群众；他为人坦白、直爽、心胸开阔，从不隐瞒自己的政治观点；他讲演作报告，深入浅出，言简意赅，又能联系实际，很受学员欢迎。为晋东北地区培养抗战干部，他做出了一定的贡献。

第五节　晋东北抗日战场进入新阶段

1937年10月下旬，为了集中主力于河北正定至山西太原的铁路沿线，利用晋中地区平定县的娘子关天险，打击日寇，八路军总部撤离五台县，前往晋东南地区，但把包括洪水在内的政治部民运部和宣传部的部分干部留在五台县，继续发动群众。原来由邓小平担任的山西战地总动员委员会特派员一职由晋东北特委书记王逸群代替。

八路军一一五师副师长聂荣臻（后改为政委）也奉命留在五台县，在晋察冀3省交界地区创建敌后抗日根据地。10月27日，晋察冀军区在五台县成立，聂荣臻任司令员，副司令员为肖克，参谋长为唐延杰，政治部主任为舒同，军政干校校长为孙毅。军区司令部驻在五台山南28公里的金岗库村，政治部和"抗敌报"社驻大甘河村，军政干校驻镇海寺、白头庵村一带，野战医院驻松岩口。

在五台县各级动委会和各群众抗日救国团体的动员下，进驻五台县的八路军进行了扩军，掀起了参军参战的热潮，涌现了许多父送子、妻送郎、兄弟相争上战场、争当英雄打东洋的模范事例。许多男青年参加了八路军，走上抗日前线，地方抗日人民武装也不断壮大。

这时，日军集中5万兵力围攻晋察冀抗日根据地。晋察冀军区指战员同广大人民群众团结战斗，实行了"坚壁清野，诱敌深入"的方针，广泛开展人民游击战争，破坏交通，疲困敌人，在一个半月的反围攻、反"扫荡"战斗中，进行大小战斗130余次，击伤击毙日伪军5200余名，缴获大量武器弹药，敌人的独二混成旅团长常岗少将被击毙。围攻根据地的敌人陷入寸步难行的困境。

第六节　五台县四区的妇女工作越做越好

在晋东北特委的领导下，五台县很快就全面建立了县、区、乡、村动委会，还陆续建立了青年、妇女、农民、工人和学生的群众抗日组织。

在领导动委会全面工作的同时，洪水总是耐心地对每个委员进行具体的帮助和指导，对妇女工作也非常重视。动委会只有陈玉英一个女委员。

洪水多次对陈玉英说，妇女工作一定要发动群众，要使广大妇女认识到民族解放、阶级解放和自身解放的关系，积极投身到抗日战争的伟大事业中来。他还特别强调，工作一定要细致，千万不能急躁。

经过深入细致的工作，四区妇女的抗日积极性调动了起来。她们争相请求参加支前工作。按照晋东北特委和四区动委会的部署，她们站岗、放哨、做军鞋、缝军衣，动员家里有劳动能力的男人参军、支前。在妇女的带动下，不少男人走出家门当了民工。群众拉来了自家的牲口成立了支前队，为八路军运送粮食、弹药，构筑工事。动委会每次布置的支前任务，妇女都完成得又快又好。四区妇女发动得这样快，工作做得这样深入细致，洪水非常满意。他一再嘱咐陈玉英，越是有成绩的时候越要谦虚谨慎，工作要细致，不要有死角。

为了扩大抗日宣传，四区动委会在东冶镇的大戏台上多次召开群众大会，由洪水发表抗日演讲。会上表演过一出抗日活报剧。利用自己在中央苏区积累的实践经验，洪水又当编剧，又作导演，还当演员。剧中两个主角由陈玉英和洪水分别担纲，在东冶镇引起很大反响。

抗战初期，在东冶镇，群众的封建意识还比较浓厚，对于妇女在大庭广众面前抛头露面演讲、演戏看不惯，甚至说三道四。在风言风语面前，陈玉英没有退缩。洪水鼓励她说："玉英同志，你做得很对，你很勇敢。只要你坚持住了，其他妇女骨干就会跟你学，跟你干。我相信，四区的妇女工作会越做越好。"听了洪水鼓励的话，陈玉英的信心更足了。

在工作中，陈玉英和洪水慢慢地熟悉起来，研究工作也不拘束了。陈玉英认为，洪水虽然是急脾气，但待人热情。他乐观开朗、平易近人，讲话的鼓动性很强，喜欢帮助同志，工作能力不同一般，是个很有吸引力的人。

1937年10月，根据陈玉英的工作表现和政治觉悟水平，洪水领导的四区区委多次研究，认为她已经达到共产党员的标准，于是，由东冶镇最老的共产党员徐继之作为介绍人，介绍她加入了中国共产党。

在沱阳小学的一间教室里，举行了入党宣誓仪式。教室虽然简陋却显得十分庄严。黑板正中挂着一面鲜红的党旗。参加宣誓的都是五台县四区新发展的党员，其中只有陈玉英一个女同志，由洪水带领他们进行宣誓。

11月底，陈玉英参加了洪水领导的第一期抗战青年短训班，在距五台县城一里地的王家庄听课、讨论、自学。短训班的内容非常丰富，洪水讲得有声有色。这是陈玉英第一次系统地接受比较正规的中国共产党的知识和政策教育。她觉得收获很大，对洪水也更加了解和钦佩。

一天晚饭后，参加过轰动全国的"一二·九运动"、在五台县工作并担任短训班教员的胡开明也到洪水的屋里来"凑热闹"，3个人一边喝水一边闲谈。他们说，陈玉英这个名字没有战斗性，是不是改个有战斗性的名字。于是，你一言，我一语，讨论了好一会儿，最后，定了个名字叫陈剑戈。3个人都高兴地说："这个名字好，有战斗性。"第二天，陈剑戈就在训练班里公开宣布使用这个名字。

陈剑戈非常佩服洪水的口才、讲演水平和渊博的知识。学习中，每当遇到问题，都主动向他请教。对于陈剑戈提出的问题，洪水讲解得十分透彻，还不时加以引申，有时还把问题拿到课堂上进行典型分析。

在短训班里，上课时，洪水是老师；下课后，陈剑戈和洪水常在一起谈心，畅谈对抗日形势的看法、革命理想和追求。听别人说，洪水是越南人，陈剑戈很惊奇，觉得他和中国人长得差不多，中国话讲得那么流利，根本看不出他是一个外国人。于是，他们相互谈起自己的家世和童年、少年时期的生活以及自己是如何走上革命道路的。

第二章
在学生运动和对敌斗争中成长

- 第一节 投入山西太原的学生运动
- 第二节 被国民党特务逮捕并监禁
- 第三节 重新找到党组织

第一节　投入山西太原的学生运动

1914年10月，陈玉英出生在五台县东冶镇东街上一个姓陈的大户人家里。按陈氏家谱，与她同辈的女孩子的名字中间一个字是"玉"字，于是，他的父母给她取名为玉英。

1928年9月，14岁的陈玉英考入太原女师第16班。

辛亥革命前，山西没有一所专收女生的学校。辛亥革命后，在男女平等、妇女解放等资产阶级民主思想的影响下，社会上要求接受中等教育的女性日益增多。于是，在太原，先后开办了两所女子中等学校，一所是山西省立女子师范学校，人们习惯称之为太原女师；另一所是太原女子中学。太原女师建于1913年，校址在太原城里的国师街。

太原女师实行六年制教学，初师（相当于初中）3年，后师（相当于高中）3年。每年只招收一个班。按建校后历届招生的顺序，陈玉英所在的这一班是太原女师的第16班。

太原女师摒弃了旧式学校刻板守旧的条条框框，有一定的民主气氛，提倡和鼓励学生培养独立的学习精神，学生有一定的主动性。受到"五四运动"摒弃孔孟之道的影响，学校里的女孩子还真有点"无法无天"，但教师一般不加批评和干涉。

陈玉英在太原女师初师的3年，正是新军阀混战的年代，特别是1930年的倒蒋（介石）大战失败后，新军阀阎锡山除了把残余晋军带回山西以外，还把与他联合作战的各路杂牌军引入山西境内。这些败军兵痞给山西人民带来了极大的损失和灾难。

在军事扩张中，随着自己势力的不断扩大，阎锡山大量发行晋钞，在平、津、冀、察一带流通。倒蒋战事失败后，外省流通的晋钞像军队一样全数流回山西，豪绅大贾争相用晋钞囤积实物，甚至将木器店的棺材也抢买一空。市面极度混乱，富家破产，商号倒闭，社会经济面临崩溃，受害最大的还是山西广大人民群众。他们用终年劳动所得换来的晋钞，几乎成为废纸，物价一日数涨，生活陷于绝境。

国民党政权的腐败和国家经济的衰落，激起山西的学生们对蒋介石、阎锡山黑暗统治的强烈不满。这种不满情绪反映到学校里，就是对保守落后的教师不满，并进行反抗和抵制。太原女师有个姓樊的国文教师，在国民已经普及新文学、白话文的年代里，仍然抱着一本发黄的旧书整天"之乎者也"摇头晃脑地讲古文，其作派与接受了新思想的年轻人格格不入，同学们听得很乏味。于是，陈玉英与进步同学一起罢课，在校园里贴标语，向校方请愿，很快就把这个"老夫子"赶跑了。接着，又把保守的校长吴炳南赶跑了。

1931年的"九一八事变"打破了平静的校园生活。由于国民党政府对日寇卑躬屈膝，采取不抵抗主义，使日本侵略者得以长驱直入，中国的国土一片一片地被日本帝国主义的铁蹄践踏，中国人一步一步地沦为亡国奴。全国各地的学生掀起了抗日救亡运动的热潮。太原的学生们也纷纷进行罢课、游行、集会，并组织请愿团到省、市政府请愿，反对不抵抗主义，要求国民党政府出兵抗日，收复失地。

太原女师校园里的抗日情绪也高涨起来。在同班的年龄比较大的同学雷汉昭、李淑英和其他进步同学的带动下，16班成为太原女师政治气氛最活跃的班级之一。刚考上太原女师的陈玉英也和同学们一起，投入到抗日救亡的学生运动中，积极参加贴标语和抵制日货的活动。她还参加了宣传队，到太原最繁华的街市上向市民宣传抗日。

1931年12月，太原市的学生成立了"山西省学生抗日救国联合会"（简称"学联"）。雷汉昭和李淑英作为太原女师的代表参加了省"学联"，并担任"学联"常委。在她们和各学校学生自治会的领导下，全市的学生们全体罢课。12月18日，太原市数千名学生一起挥动着小旗，汇集成一支浩浩荡荡的队伍，前往坐落在东缉虎营胡同一号的国民党山西省党部，进行示威和请愿，要求承认抗日救亡运动的合法和自由，取消阻挠学生抗日救亡运动的法令和措施，撤销教育厅长毛培成的职务，向国民党中央转达山西学生所提出的各项抗日救亡要求。陈玉英也在队伍中。

中午时分，请愿队伍来到省党部门前时，那里早已戒备森严。大门两侧围墙的垛口和门楼上，武装纠察队荷枪实弹，如临大敌，以仇视的态度与学生对峙。面对武装纠察队，请愿学生秩序井然地排列在省党部门前的空场上。不一会儿，前面传来消息说，进入省党部的20多个学生代表被武装纠察队包围和殴打了。请愿的队伍立刻骚动起来。学生们一边高喊口号一边冲击省党部大门。陈玉英夹在人群中，一会儿拥向前，一会儿推向后，一会儿左右摆动，相持了好一会儿，突然，"砰、砰、砰"响起了枪声，围墙和门楼上的武装纠察队向学生们开枪射击了……太原进山中学的穆光政同学被子弹击中要害，当场死去。包括李淑英在内的10余名学生代表被武装纠察队打伤。这就是震惊山西全省乃至全国的"一二·一八"惨案。

请愿的队伍被打散。在混乱中，学生们三三两两悲愤地回到学校。"一二·一八惨案"使国民党反动派的狰狞面目赤裸裸地暴露在山西人民面前。

不久，太原女师来了一位新校长，叫赵诚斋，是五台县人。他是一位比较开明和进步的人士。对学生参加抗日救亡活动及其进步要求，他不但不指责，还给予一定的支持。他请了几位思想进步的教师到学校来任课。这些教师经常向学生宣传反帝反封建的进步思想，宣传抗日救国。同学们都全神贯注地听他们讲课。

还有个新来的国语教师叫李卓吾。课余时间，陈玉英和几个要求进步的同学有时到他的宿舍，听他讲解革命的道理。他经常向她们推荐一些进步书籍、杂志和文章，例如，鲁迅的《阿Q正传》《祥林嫂》等。他告诉她们，在中国的北边有一个伟大的国家，叫苏联，是列宁开创、斯大林领导的世界上第一个社会主义国家，在那里，消灭了人剥削人的社会制度，全体人民过上了和平、幸福的生活……他们还得知，1921年，中国共产党成立了，这是一个救苦救难救中国、解放劳苦大众的革命者的组织。

李老师所讲的一切，陈玉英和同学们都感到新鲜，而且特别向往。她们猜测，李老师可能是个共产党员，但谁也不敢说，不敢问。因为在国民党反动统治的白色恐怖时期，共产党员是要被杀头的。为了安全起见，李老师经常更换住处。没过多久，她们再也找不到敬爱的李老师了。陈玉英猜想，可能是反动当局要逮捕他，所以，他悄悄地离开了学校。

还有一位历史教师名叫狄景襄。他给陈玉英和同学们讲工人、农民为什么受剥削、受压迫；日本帝国主义为什么要侵略中国……还讲社会发展史，讲旧世界必然灭亡、新世界必然诞生的道理。

在进步教师的影响下，陈玉英开始主动找进步书刊阅读，例如，邹韬奋主编的《大众生活》周刊、《萍踪忆语》，沈兹九主编的《妇女杂志》等。这些书刊开阔了陈玉英的眼界，帮助她了解世界、认识祖国的前途和个人的命运，使她从一个追求进步的朦胧青年变成一个向往推翻旧社会的革命者，对中国共产党产生了憧憬之情。

1933年冬天，由太原女师同班同学宋吟梅介绍，还在后师读书的陈玉英参加了中国共产党领导的外围组织——社会科学家联盟（简称"社联"）。从参加"社联"这天起，她正式参加了革命。

第二节　被国民党特务逮捕并监禁

1934年7月，太原女师第16班毕业了。陈玉英想去北平，一方面是在那里复习功课，准备报考大学；另一方面，北平是当时青年运动的中心，她要到那里实现革命的理想。9月底，中秋节刚过，陈玉英和杨金明等几个志同道合的同学便乘火车离开了太原。

与陈玉英同班的李淑英，很小就送给人家作童养媳，因为她的婆婆逼她成婚，便提前逃到北平。她是山西省学生运动的活跃分子。在"一二·一八惨案"中，作为学生谈判代表，她曾出入过国民党山西省党部，所以，她的名字早就被国民党政府记录在案，行动受到监视。到北平不久，她就被国民党北平市党部逮捕了。在监狱里，她结识了北平市公安局政训科的提审员李郁才——一个叛变投敌分子。变节后，他专门对付共产党。在李郁才的软硬兼施下，李淑英脱离了革命，出狱后，还嫁给了李郁才。

初到北平，陈玉英等人在前门西河沿的一个居民院里租下一间小屋。李淑英经常带着李郁才来看她们。由于她们不知道李淑英的真实情况，所以，对她和李郁才并没有警觉，仍然十分热情地招呼和接待他们。李郁才也时常到她们的住所溜溜看看，与她们搭讪。

经过两个多月紧张、枯燥、漫无边际的迎考复习，由于不同的原因，同来北平的几个同学放弃了报考大学，只剩下陈玉英和杨金明两个人。

这年冬天，介绍陈玉英加入"社联"的宋吟梅也来到北平。一天，宋吟梅突然来到她们的住所，还带来了一位二十四五岁的男青年。她介绍说，他叫王尧，也是山西人。但陈玉英猜，实际上，他很可能是北平地下党组织派来做进步青年工作的联络员。在后来的近10个月里，王尧成了陈玉英和杨金明的常客。在太原女师曾给她们上过课的北京师范大学的狄景襄、清华大学的刘岱峰等也经常来看她们，一方面指导她们进行考试前的复习和各项准备，一方面给她们带来许多消息，例如，全国的抗日救国形势、国共两党的最新动向、北平校园里进步学生的活动等。在他们的帮助和引导下，陈玉英、杨金明的革命要求更加强烈。不久，王尧介绍她们加入了共青团。

1935年10月的一天，王尧带给她们一个振奋人心的消息：

中国共产党领导的工农红军已经冲破国民党蒋介石军队的围追堵截，正在胜利北上。王尧动员她们去新疆。他说，那里离苏联最近，可以直接得到苏联的援助，到那里，可以迎接北上抗日的红军。在他的鼓动下，陈玉英和杨金明当场决定改变报考大学的志向，同他一道去新疆参加革命。

他们正谈得高兴，突然，李郁才出现在他们面前，贼眉鼠眼地上下打量着王尧。凭着其反革命嗅觉，他猜测王尧的身份不同一般。他一边退向门外，一边十分客气地说："呵，来客人了。你们谈，你们谈，我就不打扰了。"

他刚一出门，王尧就警觉地问："他是什么人？"

得知他是同学李淑英的丈夫后，王尧认为，李郁才是一个生人，看样子不像好人，要她们赶紧搬家。

当天晚上，她们就搬出了前门西河沿，在朝阳门内南小街附近找到一家小客栈，租下里面院子一间不大的东屋，门窗正好对着出入院子的通道。

一天晚上，王尧带来一个布包，打开一看，里面是一打一打红色、绿色、黄色的油印传单，还散发着油墨的香气。他说："这是北平地下党组织印制的抗日传单，要我们散发到朝阳大学里面去。出发去新疆之前，我们再为党组织完成一次任务。"交代了行动计划后，他就离开了客栈。

天已经很晚了。陈玉英和杨金明在昏暗的灯光下小声地一字一句地念着传单。这是中国共产党的声音！她们热血沸腾。这是陈玉英第一次接受党组织交给的任务。

为了散发时方便，她们把传单一张张地折成三角形，放在陈玉英从太原带来的小手提箱里。陈玉英还特意留下了一张。

第二天上午，王尧准时来到小客栈。商量好具体行动计划，他们就出发了。陈玉英提着箱子走在前面，王尧和杨金明跟在后面作掩护。

他们从容不迫地来到朝阳大学墙外。这时，校园里一片寂静，学生们正在上课。沿着学校的围墙，他们选择了一处比较隐蔽的地方。陈玉英迅速打开箱子，他们一齐把传单向校园里抛去。几天后，他们得知，看到传单后，朝阳大学的同学可振奋了，都说四万万同胞奋起之日就是日本侵略者滚出中国之时！

王尧告诉陈玉英和杨金明说，最近，各所大学都发现了北平地下党组织印发的抗日宣传品，国民党市党部派出不少便衣特务在学校附近活动，要求她们的行动一定要做到万无一失。王尧还规定了发生意外情况时的报险暗号。

就在陈玉英和杨金明搬家不久，李郁才发现了她们的新住处。他派了一个特务住在客栈门口的一间小屋里，随时监视着她们的行动。

1936 年 3 月中旬，他们准备出发去新疆。除了王尧、杨金明和陈玉英以外，还有一位姓李的男同志同行。为了行路安全，他们 4 个人装扮成两对夫妻，陈玉英和王尧是一对。

出发的前一天，宋吟梅来为他们送行。晚上，她没有回去，与杨金明、陈玉英挤在一起睡觉。想到明天就要踏上革命的征程，激动的心情难以平静，她们一直聊到深夜。

半夜，一阵猛烈的敲门声把她们从睡梦中惊醒。她们故意慢慢地穿衣服，相互传递着眼色，寻思对策。

原来，李郁才派来了四五个特务，由在客栈门口盯梢的那个特务带着，要搜查她们的小屋。特务闯进屋里，命令她们把手背在身后，站在靠近窗户的一角不准动。他们翻箱倒柜，一通乱翻。但除了行装，他们什么也没有翻到。陈玉英早把留下的那张传单藏在厕所里的一块大石头下面的石缝里。敌人没有拿到证据。

当时，王尧不在。陈玉英想起王尧前几天规定的暗号，就用右手的中指轻轻在窗户纸上捅了几个小洞。搜查后，特务还是把陈玉英、杨金明、宋吟梅带走了，并在小屋里设下埋伏。

按约定的时间，王尧来到小客栈，急匆匆进了院子。他没有看见陈玉英按约定的暗号捅破的窗户纸，径直走进屋里。一进门，他愣住了。两个特务扭住他的双臂。他也被捕了……

被捕后，陈玉英、杨金明、宋吟梅和王尧一起被送到北平市党部。

随后，那位姓李的男同志也来到小客栈。但他机警地发现了窗纸上的暗号，扭头便跑。特务追出去时，他已经无影无踪了。

在北平市党部的审讯室里，李郁才亲自出马提审。这时候，陈玉英才彻底弄清楚李郁才的身份，才明白他是国民党特务。

审讯陈玉英的那天，王尧被倒绑着双手跪在审讯室中央。

李郁才问："陈玉英，你在北平参加了什么组织？""我只是复习功课，准备考大学，什么组织也没有参加。"稍微停了一下，陈玉英补充说："过去参加过'社联'。"

听了陈玉英的回答，李郁才知道，这是有意说给他听的，因为他的妻子李淑英也参加了"社联"，而且是其中的骨干分子。陈玉英主动说出参加过"社联"，为的是隐瞒在北平参加共青团的实情。

指着跪在地上的王尧，李郁才问："你和这个姓王的是什么关系?"

"我们是山西同乡。"

"你为什么要离开北平?"

"我带来的钱都用完了,准备回去找工作。"

……

李郁才始终没找出任何破绽,审讯最终还是失败了。两天后,陈玉英、杨金明、宋吟梅被押送到北平市公安局监狱,被关进女牢。

女牢设在一个小四合院里。正面的一间大北屋里关押着20多个女刑事犯。陈玉英等3个"政治犯"被单独关在西厢房里。

一个上了年纪的女看守守着这间牢房。她为反动派服务,只是为了混口饭吃,对陈玉英等3个女学生还算关照,对她们的行动也不管束,有时还怜悯地说:"多可怜呀,小小的年纪就坐大牢。"

每天,犯人们只放一次风,因为院子太小,只能排着队一个挨一个地围着院子中间的那棵大槐树转圈圈。陈玉英等3个女学生可以长时间地坐在牢房门口的台阶上,感受从大槐树叉的缝隙中射下来的一点点阳光,互相抓抓虱子,聊聊天。

晚上,躺在阴冷、散发着霉味儿的牢房里,陈玉英一遍又一遍地暗暗思忖,究竟哪一件事做得不严密,引起了敌人的怀疑?一遍又一遍地回忆着被捕前后的细节,也没有发现纰漏。

被关押了40多天,因为实在找不到确凿的证据,4月底,特务不得不释放了她们。出狱前,李郁才特地来给她们训话,要她们每人填一张表。表中有一条:要信仰三民主义。陈玉英坚决不填,还义正辞严地说:"信不信仰三民主义是我个人的自由！"僵持了很久，李郁才气得把表撕了。因为有释放令，他也不得不放她们出狱。

她们回到原来的住处。

因为王尧被捕，失去了领导，与组织断了关系，于是，陈玉英决定返回太原。

第三节 重新找到党组织

离开北平之前，陈玉英到监狱去看过王尧，给他送去了几件衣服，并告诉他，自己准备回太原。后来听说，王尧被押送到设在太原的国民党山西反省院。

1936年5月，已经是花朵飘香的季节，但陈玉英的心情却格外沉重：去新疆的事已经不可能了，被关押了40多天，原来准备好的功课丢得差不多了，考大学成了泡影。

回到太原后，太原女师的同学刘雅亭（后改名为王子如）要随丈夫赖若愚到外地进行革命活动，便把她在平遥县小学教书的工作让给了陈玉英。但只上了一个多月的课，学校就放寒假了。后经朋友介绍，陈玉英又到太原郊区晋祠附近的一所小学教书。

一天，镇邮政所的邮递员给陈玉英送来一封信。信封上的字体很生疏。下课后，她急忙回到办公室，趁没人时赶紧拆开信，一字一句地读了起来。信的结尾有这样一句话："我了解你，就像了解他一样。"让她感到疑惑。

看了下边的署名，她也不认识来信的人。而这封信的确是寄给她的。她猜想,是党组织派人来找她。为了不让发信的人捉到把柄,陈玉英试探地回了他一封信说:"我不知你指的他是谁,也许我忘记了。也许你认错了人。如果你想见我,请于×日来找我。"

信被寄出后,陈玉英一直未接到回信。直到"七七事变"后,她回到五台县,才揭开了这个谜。原来,确实是党组织曾指派一位同志与她联系。刚发出那封信,这位同志就被调离太原。因此,陈玉英的回信一直没有下文。

在太原生活了一年,陈玉英的多数时间处于失业的困境中,饱尝了旧社会的知识分子毕业就是失业的痛苦滋味。她和一些要好的同学经常在一起聚会。每当唱起《在松花江上》这首歌时,大家都要落泪,甚至边唱边哭。一想到东三省的骨肉同胞已经沦为亡国奴的悲惨情景,就好像日本鬼子的皮鞭已经抽打在自己的身上。每一个有爱国之心的热血青年无不悲愤。

1936年底,陈玉英的母亲病情加重。她从太原回到东冶镇侍候母亲。母亲的病不见好转,不久就去世了。母亲的忌日刚过,父亲担心她过于思念母亲而影响身体,也不愿看见她难受的样子,催促她返回了太原。

"七七事变"后,陈玉英又从太原回到东冶镇。那时,她在东冶镇上学时的同学杨秋阳正在东冶镇高级女校当教员。她是五台县沟南村人,虽然还不是共产党员,但思想进步,同情革命,嫁给了共产党员朱效成。她们经常在一起谈论近期发生的大事。在这里,陈玉英感受到东冶镇地区的革命气氛,看出有党的组织在活动。通过杨秋阳,陈玉英认识了其丈夫、东冶镇地下党组织的负责人朱效成,还有赵鹏飞、李力安、徐继之等。她开始接受东冶镇地区党组织的领导和影响。

正在这时，八路军来到了东冶镇，陈玉英进一步密切了与党组织的关系，全身心地投入到动委会的工作中……

第三章
从越南到广东参加中国的大革命

- 第一节 在越南学生运动中经受锻炼
- 第二节 赴法国追随革命领路人阮爱国（胡志明）
- 第三节 在黄埔军校第四期和越南青年政治训练班受训
- 第四节 参加广州起义

第一节　在越南学生运动中经受锻炼

1908年10月1日,洪水出生在越南河内市巴亭郡安宁街74号,祖籍是越南以生产金箔而闻名的金箔之乡——北宁省嘉林县（现为河内市嘉林区）骁骑村。他兄妹6人,有3个哥哥、一个弟弟和一个妹妹。他排行第四,乳名武元博。

他的父亲武长昌是当地有名的地主兼房产主,在河内有一排楼房出租。其全家主要靠收取地租、房租和经营收入生活,家境富裕,称得上是嘉林县的首富。但他性情刚烈耿直,动辄与土豪劣绅对抗,所以,常受他们欺负、讥讽和谩骂。因为不愿忍受欺负,他后来离乡去了北宁省城,但仍摆脱不了被欺负的境地。

为了使土豪劣绅指名道姓的讥讽和谩骂有所忌讳,他的父亲想出了别具一格的主意,给他的5个儿子依次采用"我"、"吾"、"俺"、"伯"、"师"的谐音起名。这样,如果有人喊着他们的名字骂,无论用词如何恶劣,都等于是在骂"我、吾、俺",也就是骂自己,或者是自己的"伯父"与"老师"。这样,谁也不敢随意谩骂他们了。

武元博聪明机灵。1913年,刚满5岁,他的父亲便送他进入法国人在河内开办的一所教会学校——安宁小学学习。他勤奋好学,成绩一直非常优秀。1922年,不到15岁的他考入河内北圻师范学校（相当于高中,现为潘庭逢普通中学）。

在武元博的童年和少年时期,越南被法国殖民者占领。在

第三章 从越南到广东参加中国的大革命

东南亚3国（越南、柬埔寨、老挝），法国殖民者只建了两所像样的学校：在河内建了北圻师范学校，在西贡建了南圻师范学校。它们的教学水平在东南亚是最高的。

法国殖民者和越南最后的封建王朝——保大王朝的野蛮统治激起了越南人民强烈的不满和反抗。武元博的父亲思想开明，与当时的一些爱国志士和革命领袖保持着密切的联系，并用自己的家财给予革命者一定的帮助。他曾跟随父亲（武元博的爷爷）参加了1884年河内的抗法战斗。1908年9月，就在武元博出生前几天，河内市发生了一起越南爱国志士潜入法国兵营投毒的事件。法国殖民者和越南当局借此大肆搜捕爱国志士，整个河内被白色恐怖笼罩着。武元博的父亲看到这种情况，心灰意冷，日益消沉，终日借酒浇愁，在1922年病逝。

武元博的母亲是个贤惠、豁达的越南妇女。她思想进步、同情革命。从武元博记事起，母亲就给他讲"东京义塾"、"河内投毒"等爱国志士的斗争故事，教他念爱国志士书写的"国仇未复头先白，几度龙泉戴月磨"的革命诗词，激发他的爱国热情。在越南爱国志士革命精神的鼓舞下，在母亲的熏陶和影响下，少年武元博接受了进步思想，开始同情和关注人民的革命斗争，走上了与其父亲和伯父们截然不同的道路。

武元博在学习时非常刻苦用功，始终保持着优异的学习成绩。他的任课老师是阮仲孝（越南卫生部原部长阮仲仁的生父）。但他并不是只埋头于书本，而是追随河内最早的青年党宣传员金清参加革命活动，并参加了革命组织——青年党。从现保存于越南革命博物馆的1931年4月2日北圻密探局第3897号档案中可以看到：金清介绍很多人加入了青年党，其中就有武元博。他还有其他名字：鸿秀、李德兰。

不久，有一个越南最早最著名的共产党人进入了他的生活，那就是阮爱国（原名阮生恭、学名阮必成，在法国时叫阮爱国，在广州时叫李瑞，后来一直叫胡志明）。

第二节　赴法国追随革命领路人阮爱国（胡志明）

1890年5月19日，阮必成出生于越南义安省南坛县南莲乡金莲村一个农民家庭。15岁时，在位于中部的越南古都顺化市的国立学校读书时，他就秘密地参加了反对法国殖民者的活动，为一些爱国志士做联络工作。1911年初，他辍学来到潘切（越南地名），在育青私立学校当教员，不久，到了西贡（越南南方最大城市、现称胡志明市）。

为了能到西方国家寻求救国救民的革命真理，1911年6月3日，他取名阿三，到法国联合运输公司的商轮上当海员，离开祖国。他到过欧洲、非洲、美洲的许多国家，参加过许多国家的人民革命运动，同时，也不断为越南民族的独立自由而斗争，成为第一个支持俄国十月革命和从马克思列宁主义中找到殖民地人民和工人阶级解放道路的越南人。最终，他来到法国。

第一次世界大战结束后的1919年初，战胜国在法国凡尔赛宫举行和平会议，阮必成取名阮爱国，代表在法国的越南爱国者，向会议和各国代表团寄去了一份请愿书，提出了著名的各民族权利的八项要求，要求法国政府大赦越南国内的所有政治犯；越南人民与法国人民平等，改革印度支那的法律，废除作为迫害越南爱国者工具的特别法庭；给越南人民新闻、言论、集会、结社、往来、出国、受教育的自由权；在各省建立技术和专业学校，让本国人学习；派越南人民的代表驻法国议院，帮助议院了解越南人民的愿望等等。请愿书同时送给了法国各进步团体、法国社会党的机关报。

但是，巴黎和会并不理睬殖民地人民的要求。于是，阮爱国用省吃俭用节省下来的一点钱把请愿书印成传单，散发给法国人民和法国的印度支那籍的士兵，在法国上下引起了强烈反响，还寄回越南，广为散发。阮爱国的名字开始引起人们的注意。1920年12月，他加入法国共产党，成为其首批党员之一，也成为越南的第一个共产党人。1921年，在法国共产党的帮助下，阮爱国在巴黎组织了"各殖民地民族联合会"，由在法国的各殖民地革命者和同情殖民地人民的法国人士组成。他是该联合会的领导成员、机关报《穷苦人报》的主编和发行人。以此为阵地，他发表了许多文章，揭露法国殖民者对殖民地的野蛮掠夺，在国内引起了极大反响，使越南人民开始认识被压迫民族被压迫人民的解放问题。他的名字也成为越南人民心中一面爱国的旗帜。

当时，正在河内北圻师范学校学习的武元博也听说了阮爱国的革命事迹。为了追随阮爱国，1923年5月，利用暑假，武元博自费前往法国。在那里，他见到了自己心中崇敬的阮爱国，接触了马克思主义。同时，认识了周恩来、李富春、蔡畅、陈延年、陈乔年等中国著名的共产党人。从此，他的生活道路发生了根本的转折，成为阮爱国（即胡志明）的忠实学生和亲密战友。

两个月的暑期过后，武元博回到越南，开始组织和参加学生运动。河内市柚子学校学生反对法国殖民者，与"阿伯特·萨鲁特学校"支持法国殖民者的学生发生冲突，武元博虽然是河内北圻师范学校的学生，但他手中紧握砖头，保护柚子学校的学生。事情闹得很大。警察来了才平息。告密者告诉法国警察，是武元博带领学生打架。法国警察和密探四处搜捕他，导致他不能回家。到夜里12点以后，他父亲打开一条门缝，让他进去，才回到家。

他还边学习边在河内市附近的南定市教课，几次发动和领导了当地反对法国殖民者和越南封建统治的学生运动。

看到武元博那么热心社会活动，常常不回家，为了拴住他的心，母亲匆忙为他操办了婚事。妻子比他大4岁，名叫黄氏艳，是安宁街上一个本分的小商人家庭之女。1924年11月，他们的女儿武清阁呱呱落地。

这年年底，武元博十分敬仰的越南爱国志士潘周祯在中国上海被捕入狱并惨遭杀害。听到消息后，武元博十分悲愤，也增强了投身革命的决心。

1925年初，在广州从事革命活动的阮爱国派阮功秋回越南国内招募革命青年到广州来。据现存于越南革命博物馆的阮功秋亲笔材料说，他这次回河内的招募行动只找了两个人：庞统和武元博。他找到武元博并告诉他，阮爱国已经到了中国的广州。那里的革命轰轰烈烈。阮爱国希望越南有更多的爱国青年到广州去经受革命的锻炼，增长革命的本领。

广州蓬勃的大革命热潮和阮爱国的号召吸引着武元博，使他按捺不住内心的激情，决心到广州去找阮爱国，投身那里的革命运动。

在当时的越南，参加革命运动是要被保大封建王朝和法国殖民者关进监狱甚至被杀头的，还会株连九族。为了不影响家人，离家前，武元博做了充分的准备。他演出了一场自编的"闹剧"。

临行前的那天晚上，武元博有意多喝了一点酒，假装醉醺醺地来到岳父的楼前。岳父正抱着他的刚刚3个月的女儿在楼上戏耍。二话没说，他就在岳父家门口大吵大闹，并用石头砸破了岳父家的窗户。然后，从这天夜里起，他就不见了。这一天是1925年1月16日。

家里人和邻居们都以为，和岳父吵翻后，武元博是跑出去躲藏起来了，事情一过，就会回来。谁也没有想到，这是他故意演出的一场"闹剧"。实际是，他抛弃了富裕安逸的家庭生活，离别了新婚不久的妻子和刚刚出世的女儿，跟着阮功秋悄悄前往中国，追随阮爱国投身革命了。正是这场"闹剧"使他的岳父和家庭没有受到任何牵连。只是他的年轻的妻子等候多年仍不见音信，于是带着他的女儿改嫁，离开了武家。

第三节　在黄埔军校第四期和越南青年政治训练班受训

1921年5月，中国资产阶级革命的先驱孙中山在广州就任非常大总统，正式成立民国政府。1922年6月，粤军总司令、广东省长、民国政府陆军部总长兼内务部总长的陈炯明发动叛乱，围攻总统府，孙中山被迫离开广州赴上海。

此后，孙中山接受了中国共产党和苏俄的帮助，提出联俄联共扶助农工的三大政策。1923年初，陈炯明被驱逐后，孙中山在广州重建大元帅府，并邀请苏联政治和军事顾问到广州帮助中国革命和改组国民党。共产国际和苏联政府派著名的布尔什维克鲍罗廷到中国作孙中山的首席政治顾问。1923年9月，鲍罗廷离开莫斯科，10月6日到达广州，与中国共产党一起协助孙中山开展工作。

1923年夏，在巴黎见过武元博不久，阮爱国便动身到苏联莫斯科参加国际农民代表大会，会后，返回巴黎，1924年6月17日至7月8日，又去莫斯科参加了共产国际第五次代表大会；12月初，接受共产国际的委派，从莫斯科来到中国广州，担任鲍罗廷的秘书，化名李瑞（某些场合，也用过王山而即"瑞"字的拆写、王达人、王先生等化名）。李瑞的公开身份是鲍罗廷的秘书，实际上是从事共产国际东方部的工作和推动马列主义在越南的传播，领导越南人民的抗法斗争。

原来，1920年，在法国的图尔大会上，李瑞参加了法国共产党；1921年，参与成立法国殖民地各民族联合会；在国际农民代表大会上被选入国际农民协会；在共产国际第五次代表大会上被指定为共产国际东方部常务委员，直接负责东方部的工作——推动殖民地各民族的解放。

当时，鲍罗廷居住在广州东较场（今广东省人民体育场）附近的一幢二层的花园洋房里，被称为"鲍公馆"。楼上是鲍罗廷一家的卧室，楼下是翻译室。李瑞和其他10多名翻译人员在翻译室工作。他们的主要任务是翻译当天报纸上的新闻，整理后，送鲍罗廷参考。

到广州后，李瑞虽然使用了新的名字，但仍以阮爱国的名

第三章 从越南到广东参加中国的大革命

义号召越南爱国青年到中国广州接受革命的锻炼,学习革命的理论。响应他的召唤,大批越南爱国青年冲破保大政府和法国殖民当局的重重障碍,从海路或陆路来到广州,其中就有陈富、黎鸿峰、范文同、阮良朋、胡松茂、黄文欢、冯志坚、武元博等。

1925年1月,武元博与阮爱国派回越南的联络员阮功秋一起,避开法国殖民当局的哨卡,从越北山区和中国云南接壤的崇山密林中通过国界。那里的国民党守备部队设防比较薄弱,加上边民中越通婚,经常有人穿过国界走亲戚。只是边界地势险要,还要通过毒蛇、野兽出没的原始森林。为了不引起敌人的注意,他们没有带任何行装,只穿一件中式对襟褂、一条过膝短裤,手拿一根防御野兽和毒蛇的木棒,在边民的引导下,爬山涉水,翻过边界的一座座山头,跨过国界后,来到广西的龙州,从龙州乘小火轮到南宁,再乘船到梧州、广州,总之,跋山涉水,闯关越险,日夜不停,辗转数日,终于到达当时中国大革命的中心——广州。

到达广州之后,武元博使用了在越南时曾使用过一个化名"鸿秀"。越南贯穿南北的山脉叫长山,其中部有一条支脉叫鸿岭,又叫鸿山。鸿秀就是要像鸿山一样峻峭秀美,意在鞭策自己成为越南无产阶级革命斗争中的俊杰。"鸿秀"在中国广东话中与"洪水"谐音。当时,有人攻击以共产党为代表的革命党人是洪水猛兽,于是,他给自己起了一个中文的号(别名)——洪水,以表示自己坚决投身革命、坚决同反动派针锋相对斗争的决心。

洪水到广州后,李瑞看他太年轻,便把他留在身边,帮助传递消息,做一些具体的联络工作。在法国就与阮爱国(即现在的李瑞）十分熟悉的周恩来、李富春、蔡畅、陈延年、陈乔年等中国著名的共产党人也先后抵达广州。他们在法国就认识英俊少年武元博，都说他聪明机灵、朝气蓬勃，很讨人喜爱。在广州，他们与洪水更加熟悉起来，成为他的革命的大哥和大姐。

大批越南爱国青年到达广州后，李瑞挑选了他信得过的8个优秀青年，都取名姓李，结拜成9个人的"李氏家庭"，也被叫作"李氏九兄弟"（实际上是越南共产主义小组），主要成员有：李宋（范文同）、李贵（陈富）、李世亨（武松）、李南清（阮生坦）、李自重、李芳德等。洪水取名李英嗣，因年龄最小，排名第九。李瑞排名第一。

在李瑞到广州之前，就有一批越南爱国志士在广州进行活动，并且建立了一些革命组织，主要是两大组织：越南国民党和心心社。

越南国民党是越南爱国人士潘佩珠领导创建的。1912年，受中国辛亥革命的影响，他先是在广州成立了越南光复会，以"驱逐法贼，恢复越南，建立越南民主共和国"为宗旨。后来，参加光复会的爱国人士或死或被逮捕，或灰心丧气而脱离了斗争，光复会趋于瓦解。1924年，潘佩珠召集在广州的原光复会的一些越南爱国志士开会，决定取消光复会，成立越南国民党，并效法中国国民党，制订了越南国民党的章程。

1923年，光复会中的另一部分越南爱国青年成立了自己的团体"心心社"，但没有明确的政纲，一些成员甚至把暗杀手段作为抗法救国的主要形式。1924年6月19日，越南国民党成员范鸿泰在心心社的支持下，在广州行刺法国驻印度支那总督麦尔林未遂而牺牲。

第三章 从越南到广东参加中国的大革命

1924年12月初，李瑞到广州后，立即对这两个组织进行了一番考察。他认为，越南国民党没有正确的路线和政策，又很少注意到群众，因而不能形成有力的领导力量，于是，多次与潘佩珠商讨，建议他修改越南国民党章程，深入发动群众，壮大革命力量，使越南国民党成为越南各阶级的革命联盟。潘佩珠接受了他的建议，并准备在1925年召开会议，修订其章程。但1925年5月11日，潘佩珠由杭州经上海准备回广州时，被法国殖民者逮捕并押解回越南，这一计划流产。

李瑞多次与心心社的成员进行交谈，向他们宣传马列主义关于民族解放的理论，做耐心细致的说服教育工作，帮助他们总结经验教训，从而取得了心心社成员的信任，经过多次做工作，1925年6月，在"李氏九兄弟"的基础上，将心心社改组为以马列主义为指导的越南青年革命同志会，总部设在现今的广州市文明路246号、248号，是一栋两间相连的三层楼房，对面是广东大学，附近有中共广东区委机关和广州农民运动讲习所。

该组织是越南第一个以马列主义理论为指导的革命组织，是越南共产党的前身。别看洪水的岁数不大，但他有文化，李瑞把道理一说，他就懂，马上就能传达给别人，所以，在改组心心社、成立越南青年革命同志会的过程中，他帮助李瑞做了许多联络、说服、教育工作，成了李瑞得力的助手和联络员，还在李瑞的领导下加入了越南青年革命同志会，成为越南最早的共产党人之一。

越南青年革命同志会出版了自己的机关刊物《青年》周刊，用越文油印，从1925年下半年至1927年春出版了88期。在法国巴黎和苏联莫斯科，李瑞都办过刊物，很有经验。在他的具体指导下,《青年》周刊内容丰富、针对性强、深入浅出、通俗易懂,很受读者欢迎。

在广州的越南人中,高中生和相当于高中生的师范生并不多,所以,在《青年》周刊撰稿、抄写、编辑、印刷、校对、发送的过程中,洪水发挥自己有文化、年轻、不怕苦、能跑腿的优势,做了许多工作,受到李瑞的赞赏。通过中国共产党领导下的海员工会,周刊的大部分被秘密送回越南,推动了马列主义在越南的传播,鼓舞了越南人民抗法斗争的决心,使越南青年革命同志会在越南人民心中获得了相当高的声望。李瑞对洪水说,这里也有你的不少心血和劳动。

1921年底,共产国际的代表向孙中山提出"创办军官学校,建立革命军"的建议。1924年1月,中国国民党第一次全国代表会议正式做出决议,建立军官学校,校址定在广州黄埔区长洲岛上。经过一年多的筹建,1924年6月16日,陆军军官学校在广州成立,后更名为中国国民党陆军军官学校,后又易名为中央军事政治学校。因校址在黄埔区长洲岛上,岛上有黄埔港和清朝末年设立的黄埔海关,因此,人们简称它为黄埔军校,后成习惯称呼,反而淡忘了原校名(本书也如此称呼)。

黄埔军校是中国国共两党合作创办的培养革命军队骨干的军事政治学校,是第一次国共合作的产物。中国共产党的许多领导骨干,例如,周恩来、恽代英、萧楚女、陈毅、聂荣臻、叶剑英等都曾在该校担任过重要职务;毛泽东、刘少奇、邓中夏、苏兆征、吴玉章等先后给学员们讲过课。学校还聘请苏联顾问,讲授苏联的军事制度和理论。由于黄埔军校声望很高,中国的邻近国家,例如,朝鲜、越南、新加坡、缅甸等,都有许多革命青年进校学习。

建校过程中，中国共产党、苏联和共产国际给予积极支持和大力帮助，鲍罗廷发挥了重要作用。李瑞来到广州时，黄埔军校第一期已经开学半年。作为鲍罗廷的翻译，在实际工作中，李瑞也接触了不少与黄埔军校有关的工作。通过这些工作，李瑞了解了建立革命军队、进行武装斗争的重要性和黄埔军校的重要作用。于是，他也挑选一些越南的优秀青年进黄埔军校学习，例如，武鸿英、黎鸿峰、黎广达、冯志坚、张云岭、黄文树、黎鸿山、黎铁雄、梁文支等。

1925年7月至1926年1月，黄埔军校第四期招生，由于全国和邻近国家报名人数很多，于是分7批入校，初为入伍生，经升学考核合格后转为正式学员。1926年3月8日，该期举行了隆重的开学典礼。该期的学习科目分步、炮、工、政治和经理5科，学生人数2654人（一期645人、学习时长1年3个月，二期449人、三期1233人、学习时长1年），学习时长半年。

该期招生前，李瑞请李富春、蔡畅协助，推荐洪水进校学习。为了不暴露真实身份，洪水登记的名字为朱谔臣，别号是洪水。后来，同学们都习惯叫他洪水，反倒只知他的别号而不知他登记的名字了；为了保密，他还编造

1926年，洪水在黄埔军校

自己的籍贯是广东台山、通讯处是台山县平岗墟邮局转朱洞永满村；因怕年龄不足而被拒受，他虽然实足年龄不到17岁，但虚报为22岁。

最终，他被录取了，编入步兵科第一团第四连。与其同期学习的中国共产党人有林彪、伍中豪、段德昌、刘志丹、赵尚志、曾希圣、王世英、郭化若、李运昌、唐天际、倪志亮、曹广化等人，越南共产党人有张云岭等人，教职员有中国共产党人熊雄、毛泽覃、陈赓、王冶平、阳翰笙、陈奇涵、宛希先，还有著名国民党人李济深、何应钦、邓演达、张治中、陈公博、关麟征、谭天锡、周至柔等。

第四期学员在校时，正是孙中山领导的国民革命军第二次东征和北伐从广州出发之时，该期学员肩负的任务空前繁重，入学伊始，就有学员被派驻守惠州，卫戍广州，警戒宪门，负责各兵舰和要犯监护等任务。1926年3月开学以后，军校的政治与军事课程日臻正规，投身工农运动和政治宣传的实践也极为频繁。7月，北伐誓师后，该期不少学员被陆续派到国民革命军担任连长、连党代表、排长、班长或战斗骨干等基层领导职务，在北伐战争中发挥了积极作用，立下汗马功劳。

在共产党的帮助下，中国国民党第一次全国代表大会通过了党纲、党章，重新解释了三民主义，实现了国共合作。1926年1月召开的国民党第二次全国代表大会更是左派的胜利。会议代表中，共产党和国民党左派占绝对优势；会议选出的中央执行委员和监察委员中，共产党员占三分之一；随后建立的国民党中央秘书处、组织部、宣传部、农民部中都有共产党员担任领导工作，国共合作的形势有所发展，于是，按照李瑞和黄埔军校中的共产党组织的指示，洪水加入了中国国民党。

第三章 从越南到广东参加中国的大革命

黄埔军校学习的课程很多。学员们的学习和操练生活很严格，很紧张。天不亮就起床穿衣服、打绑腿，紧急集合不超过3分钟，吃饭不超过10分钟。从单兵动作到班、排、连、营的行军、宿营、战斗及其全过程中的联络和协同，都要进行实际操练。洪水年轻气盛、精力充沛，再加上头脑聪明、反应快、接受能力强，很快就成为成绩优秀的学员。

1926年秋天，北伐军出师连获捷报，北定湖北武汉三镇，东逼江浙的苏州、杭州、南京、上海，声威大振。正在此时，黄埔第四期学员毕业。

10月4日，黄埔第四期的毕业典礼在广州郊区瘦狗岭沙河广场举行，前来观礼的宾客不下万人。刚满18岁的洪水和学员们列方队经过检阅台，然后，在广场听取蒋介石校长的训话，集体高声背诵誓词：不爱钱，不偷生；统一意志，亲爱精诚；遵守遗嘱，立定脚跟；为主义奋斗，为主义而牺牲；继承先烈生命，发扬黄埔精神；以达国民革命之目的，以求世界革命之完成。

经同黄埔军校中的共产党组织协商，李瑞让洪水继续留在黄埔军校，一边工作一边继续学习军事，使他的军事理论和实践的基础打得更扎实，为越南革命培养实用的军事人才。

为了更多更好地培养越南的革命骨干，经请示共产国际并获得同意，在中国共产党的支持和帮助下，1926年初，在广州的越南青年革命同志会总部，李瑞开始举办越南青年政治训练班，先后举办了3期。第一期于1926年上半年结束，共10名学员，著名的共产党人有张云岭（洪水的黄埔四期同学）；第二期从9月到11月，共有15名学员，著名的共产党人有陈富、阮良朋、阮秋功等。第三期从12月底到1927年2月，共有学员 50 名，著名的共产党人有范文同、冯志坚（洪水的黄埔四期同学）、黄文欢、黎孟桢、杜玉瑜、阮德景、郑庭久、陈庭龙、洪水等。在给共产国际的书面报告中，李瑞汇总说，3 期的学员共 75 人。

李瑞认为，进行革命思想和道德教育，是建立工人阶级的先进组织的先决条件，因此，十分重视政治思想教育工作。他把越南民族不屈不挠的斗争传统同现代工人阶级的彻底革命思想结合起来，把革命者的人生观作为第一课。他提出，革命者必须勤俭、大公无私、以人民的利益为重、坚决纠正缺点和错误、不为名、不为利、不居功骄傲、不贪图物质享受、为了国家与民族勇于牺牲，只有具备了这些品质，才算得上是一个真正的革命者。

为了把特别政治训练班办好，李瑞十分认真地备课。后来，他将自己的讲稿汇编在一起，取名《革命之路》。这本教材以马克思主义为指导，用通俗易懂的语言阐明了无产阶级革命中一系列十分重要的问题。他写道："要革命首先要有一个革命的政党，以便在国内动员和组织群众，在国外联络被压迫的民族和各地的无产阶级。党强大了，革命才会成功。就如，掌舵的人强，船才驶得好。要使党强大，就必须有马列主义为指导。党内都要了解这个主义，都要奉行这个主义。党如果没有主义，就像人没有头脑、船没有罗盘一样。正如列宁所说的：'没有革命的理论，就没有革命的行动。'"《革命之路》是越南第一部马列主义的著作。它所阐明的马克思主义基本原理，成为越南革命的指南。

李瑞在广州成立越南青年革命同志会和举办特别政治训练班，得到了广东的中国共产党组织的支持和帮助。除了自己备课、撰写讲稿并亲自给学员讲课外，李瑞还邀请刘少奇、周恩来、张太雷、陈延年、李富春、彭湃等著名中国共产党人以及省港大罢工的一些领导人讲课。

越南青年革命同志会的创立和特别政治训练班的开办，像磁石一样吸引着越南革命青年。许多越南青年冲破了法国殖民者设置的重重障碍，或从海路，或从陆路，来到广州，来到胡志明的身边，参加训练班，加入同志会。

洪水于10月初从黄埔军校毕业，12月底，正好进越南青年政治训练班第三期学习。他一边在越南青年政治训练班学习，一边在黄埔军校工作，一边为出版发送《青年》周刊奔波，忙得不可开交。但是，年轻的洪水精力旺盛，求知欲十分强烈，所有的学习和工作任务，他都完成得很好。那时，中越两国的革命者亲如兄弟。政治训练班没有饭堂，学员们每天都到附近的广州农民运动讲习所吃饭，常常和中国同志一起唱革命歌曲："打倒列强，打倒列强，除军阀，除军阀……"

1927年2月，第三期越南青年政治训练班结业，所有的学员都加入了越南青年革命同志会。李瑞带着学员瞻仰范鸿泰烈士墓（每期毕业学员都要去瞻仰），并在墓前宣誓：即使牺牲生命，我们也愿为祖国效力。随后，大部分学员回国，投身国内的革命事业。

在训练班，洪水系统全面地接受了马列主义理论，坚定了革命理想和信念，使李瑞更加看重这个越南青年，对他抱有更大的期望。他让洪水留在广州继续在自己身边工作，同时，继续在黄埔军校工作、锻炼、成长。

第四节 参加广州起义

1927年4月12日，以蒋介石为首的国民党右派发动了上海"四一二"反革命事变。4月15日，广州、香港的军警包围了省港罢工委员会等革命团体的住地，广州、香港数千名共产党人和革命群众惨遭杀害，一些越南革命者也在其中。

为了躲避国民党右派的迫害，在中国共产党的安排下，4月底，李瑞离开广州前往武汉，与早先随民政府转到武汉的鲍罗廷会合。在离开之前，李瑞指示洪水，仍然留在广州，根据中国革命形势的发展变化，在适当的时候，退出中国国民党，加入中国共产党，在中国共产党领导的武装革命斗争中学习本领，增长才干，将来回越南，开展有可能发生的以革命武装反对反革命武装的斗争。

7月15日，以汪精卫为首的国民党右派在武汉发动了"七一五"反革命事变，大肆捕杀共产党人。在中国共产党的安排下，李瑞又随鲍罗廷离开武汉，秘密经上海、苏联远东的海参崴去了莫斯科。

由于国民党右派发动反革命政变，中国革命跌入低潮。严酷的现实使洪水越来越看清了国民党的反动面目。8月，按照李瑞的指示精神，他毅然退出中国国民党，经共产党员陈一民的介绍，秘密加入了中国共产党。

1927年12月11日，在张太雷、恽代英、聂荣臻、叶剑英等人的领导下，在广州发动了震惊中外的工农兵武装起义。洪水与在黄埔军校学习和工作的 30 多名越南革命者一起，跟随叶剑英指挥的第二方面军第四教导团参加了起义。在起义过程中，洪水和教导团的战友们一起冒着枪林弹雨勇敢战斗、冲锋陷阵，击退了敌人一次又一次的进攻，表现出共产党员的革命战斗精神。

当日上午，广州市苏维埃政府成员和工农兵执行委员会举行第一次会议，宣告广州市苏维埃政府成立，中共中央政治局常委苏兆征为主席（在苏未到广州前由张太雷代理）。会后发布了《广州苏维埃宣言》《告民众书》以及有关的法令。当天，广州市工人、农民和市民欢欣鼓舞，热烈拥护革命政府。洪水也同参加起义的越南革命者一起兴高采烈地走上街头，庆祝革命政府的成立。

洪水参加广州起义，图为广州苏维埃政府旧址

12 日，在英、美、日、法帝国主义的军舰和陆战队支援下，张发奎所部几个师，从东西南 3 面向起义军反扑。起义军

和工农群众同优势的国民党军进行了英勇顽强的浴血奋战,但因力量悬殊,特别是武器装备差别很大,最终遭到严重损失,起义主要领导人张太雷牺牲。

在此危急时刻,为保存革命力量,起义军总指挥部于12日夜下达了撤出广州的命令。包括洪水在内的起义军余部1000余人于13日凌晨撤出广州,在花县(今广州花都区)改编为工农革命军第4师,领导人有董朗、叶镛、徐向前、袁国平等人,后经从化、紫金等县进入海丰、陆丰县境。

广州起义失败后,国民党反动派在广州进行了惨绝人寰的大屠杀。洪水已不可能回到广州,于是,从海陆丰秘密潜入香港,找到已经到达香港的聂荣臻、叶剑英等起义领导人。为了保护为越南革命培养的人才,聂荣臻、叶剑英同意在越南青年革命同志会的安排下,让洪水暂时离开香港到泰国去,在旅泰越侨中间从事革命活动。

1928年1月,越南青年政治训练班第三期的同期学员黄文欢也来到泰国。他们一起遵照李瑞的指示精神,深入越侨,组织他们学习文化,开展互助生产,向他们宣传革命道理,发展越南青年革命同志会组织。虽然只有半年时间,但是在泰国的越侨心中,充满革命激情的洪水给他们留下深刻的印象。

第四章
第二次到中国投入武装革命斗争

- 第一节　从泰国到达中央苏区的红色首都瑞金
- 第二节　随中央红军参加长征
- 第三节　与张国焘面对面进行斗争
- 第四节　再度从事军队教育工作
- 第五节　进入中国工农红军大学学习
- 第六节　在抗日军政大学第二期继续深造

第一节　从泰国到达中央苏区的红色首都瑞金

1927年10月,毛泽东率领秋收起义的队伍到达江西井冈山,与朱德、陈毅率领的湘南起义队伍(即南昌起义余部)会师,成立了中国工农红军第四军(简称红四军)。

这时,在井冈山坚持武装斗争的红四军迫切需要补充军事干部。为了支援红四军,经李瑞(即胡志明)同意,越南青年革命同志会和广东省委军委书记聂荣臻通知洪水,要他再次到中国参加武装革命斗争。1928年6月,洪水从泰国第二次来到中国,先在香港海员工会从事工人运动的组织工作,半年后进入广东。

1929年1月初,湘赣两省的敌人分5路进攻井冈山,并加紧对井冈山根据地实行经济封锁。毛泽东、朱德、陈毅率领的红四军主力向赣南出击,逼近广东省东江地区。这时,红四军向广东省委提出增派军事干部的要求。聂荣臻选派了洪水等人前往红四军。

然而,当洪水到达东江地区时,红四军已转战到江西东部。于是,洪水便留在广东东江地区,进入五华、丰顺、揭阳3县交界的八乡山革命根据地,参加了古大存领导的当地的工农革命军(红十一军前身),担任连政委,投入当地的游击战争,多次参加激烈的战斗。在战斗中,他总是身先士卒,作战勇敢,表现出领导才能。为工农红军在八乡山、大南山建立和巩固这两块小苏区做出了贡献。

第四章 第二次到中国投入武装革命斗争

苏区的"苏"字是俄语（CABET）汉译文"苏维埃"的简称，意为"代表会议"或"会议"，即十月革命后苏联的基本政治制度。中共二大明确提出在中国逐步建立类似苏联的政治制度——苏维埃制度，因此，此后建立的革命根据地都简称为苏区。

红四军在江西东部没有长时间停留，而是在毛泽东、朱德的领导下，3次入闽（福建）作战，与张鼎丞、邓子恢等人领导的闽西地方党组织和地方革命武装相配合，进一步巩固和扩大闽西革命根据地。

1930年5月，闽西特委根据党中央的指示，将成立不久的红九军改称为红十二军，并将当地5个赤卫团整编成3个纵队，编入红十二军。洪水也从红十一军调到红十二军。7月，红十二军编入朱德担任总指挥、毛泽东担任政委兼前委书记的红一军团，所辖3个纵队改称第34、35、36师。由洪水的黄埔军校第四期同学伍中豪任军长，政治委员是谭震林。

从此，洪水开始了在毛泽东、朱德直接领导下的武装革命斗争生涯。从1930年8月开始，洪水跟随红十二军参加了长达3个多月的运动战，亲身感受了毛泽东军事思想的英明伟大。

在黄埔军校第四期学习时，洪水和伍中豪都在步兵科第一团，全团共9个学生连，每连80-90人，洪水在第四连，伍中豪在第八连。所以，他们十分熟悉。老同学相见非常兴奋，伍中豪知道洪水聪明能干，所以，立即任命洪水为红34师102团政委，很快又调任该师的政治部主任。

10月，伍中豪在江西安福县同地主武装作战时牺牲，年仅27岁。听到他牺牲的消息，随同一起参战的洪水十分难过，几天不思茶饭。

伍中豪牺牲后，12月，左权调任红十二军军长，黄甦任政委，转战于龙岩、永定、上杭一带。左权是黄埔军校第一期毕业生，是洪水的学长，又曾留学苏联，先入莫斯科中山大学学习，后入伏龙芝军事学院深造。洪水对他十分敬重。黄甦与洪水一起参加了1927年12月11日的广州起义。洪水与黄埔军校师生一起跟随教导团冲在前。黄甦是工人赤卫队敢死队队长，更是起义的先锋队。起义失败后，他们都转移到香港。黄甦继续从事工人运动。洪水则转往泰国。1928年6月，洪水从泰国来到香港，在香港海员工会从事工人运动的组织工作，而黄甦也在香港，先后任摩托车职工总会书记、中共香港市委组织部部长。现在，他们在红十二军再次聚在一起，老战友相聚，共同战斗，心里格外高兴。

1930年11月至1931年1月，国民党军队集中10万兵力对以瑞金为中心的革命根据地（即中央苏区）展开"围剿"。在毛泽东、朱德领导下，中央苏区人民坚壁清野，红军和游击队不断袭扰深入中央苏区的敌军，致使其疲劳沮丧，补给困难，弱点不断暴露。洪水所在的红十二军在闽西侧后支援，连续出击，不断骚扰敌军，最后，在江西省南部地区，红一方面军主力开始进行反击，终于粉碎了国民党军队的第一次"围剿"。

这时，受中共临时中央少数领导人"左"倾路线的影响，中央苏区开展了肃清AB团的运动，1930年10月，红一方面军总政治部成立肃反委员会，不久，红十二军也成立了肃反委员会，黄甦任主任，洪水任副主任，在闽西苏区肃反委员会的领导下，开展肃清"社会民主党"的运动。

第四章 第二次到中国投入武装革命斗争

这完全是一场错误的运动，在所有的苏区都根本没有社会民主党，是少数人受"左"倾思想影响，小题大做，实际打击对象都是闽西苏区地方和红军的领导骨干，而且有严重的逼供信和扩大化问题，甚至有不少干部遭到杀害。对此，洪水完全不理解，认为这场运动给闽西苏区带来的损失太大了，于是，对运动开始消极工作。这样，1931年初，洪水被调离红十二军，来到闽西长汀、连城一带，参与组织地方武装——汀连纵队，任纵队政委。在汀连纵队，洪水拒绝开展肃清"社会民主党"的运动，保护了纵队的许多干部群众。

1931年2月至5月，蒋介石调集18个师另加3个旅，共20万兵力，对中央苏区展开了第二次"围剿"。西面主战场在江西省南部。东面主战场在江西省东部广昌县至福建省西部建宁县地区，正处在洪水所指挥的汀连纵队活动地区的北面，于是，洪水参与指挥汀连纵队在南面呼应，牵制敌军，支援红一方面军主力的战斗。在毛泽东、朱德领导下，红军共歼敌3万人，取得第二次反"围剿"的胜利。

1931年7月至9月，蒋介石亲任总司令，调集30万兵力，对中央苏区展开第三次"围剿"，主战场在江西省南部地区。这时，红一方面军主力还在闽西开展群众工作，没有收缩兵力和进行必要的休整补充，给反"围剿"带来极大困难。洪水参与指挥的汀连纵队也正在这一区域即闽赣边界地区活动。得知敌人进攻后，红一方面军临时总前委决定贯彻"诱敌深入"的指导方针，主力迅速回师中央苏区。

这时，正当盛夏，暑热难当。洪水所在的汀连纵队正配合红一方面军主力开展群众工作，现在，立即转变"角色"，当向导，运物资，做好后勤保障，支援红一方面军主力急行军。

7月底,红一方面军主力终于到达瑞金北部的壬田县至赣江东岸的兴国县一带,完成了千里回师任务,开始集中兵力,寻机歼敌。

临时总前委在毛泽东、朱德的领导下,以黄甦为军长的红十二军伪装成主力,向江西东北方面佯动,洪水所在的汀连纵队也参与其中,以此吸引住敌人。而红一方面军主力2万余人则向江西西南方向突围,再次跳出敌人的包围圈。

就在此时,两广军阀发动了反蒋战争,蒋介石不得不下令结束"围剿"。红一方面军抓住机会,再次反攻,彻底打破了敌军的第三次"围剿"。

1931年11月,中华苏维埃共和国中央革命军事委员会(简称中革军委)决定,将闽粤赣、闽西、赣南各红军学校与红一、三、五、八军团各随营学校合并,组建红军中央军事政治学校(简称红军学校、红校)。校址选在瑞金城东的谢氏祠堂,学制3至6个月不等,具体学习时间则根据所学内容和前线需求而定。

对此事,毛泽东说:新旧军阀都懂得,有权必有军,有军必有校。国民党办了个"黄埔",我们要办个"红埔",我们是人民的军队,为了战胜反动派,也要学会办校、治军,一定要把红校办成培养军事人才的基地,向部队源源不断地输送经过学

1931年,参加"反围剿"的洪水

校培养的、军政素质好的红军指挥员。

苏区中央局、中革军委对创办这所学校十分重视。1931年11月，中革军委先后任命萧劲光、刘伯承、叶剑英、何长工为校长；刘伯承、叶剑英先后兼任政委。

这时，红校急需一批有文化、有理论、有实践经验的指挥员担任教员。在血与火的锤炼中，特别是经过3次反"围剿"的磨炼和考验，洪水已成长为中国工农红军的师职领导干部，在政治、军事等方面已臻成熟，既有文化知识又有丰富的战争、战役、战斗理论与实践经验。于是，中革军委决定从闽西苏区抽调洪水到该校任教。

在参加中国武装革命20年的历程中，这是洪水第一次较长时间专门从事军队教育工作。

同时在红校先后担任各级领导和教员的还有左权（1931年初与洪水先后调离红十二军）、欧阳钦（黄埔军校第五期步兵科学生）、杨至诚（黄埔军校第五期步兵科学生、红十二军副军长）、黄火青、伍修权、吴亮平、郭化若（洪水在黄埔军校第四期时的同学、炮科大队第二队学员，因遭诬陷被开除党籍，到红校任教员）、陈伯钧、张如心、危拱之（女，洪水广州起义时的战友）、张爱萍、罗贵波、成仿吾（洪水在黄埔军校第四期时的教员）、李一氓、周以栗等。

经过校领导和全体教职员工的艰苦努力，短短一年多的时间，红校已初具规模，下设训练部、政治部、校务部。校部领导一身三任，既是领导，又是教员和学员；驻校学员仍保持战斗序列，编成连队，教学内容主要是军事政治理论、战略战术、政治工作、部队管理教育等。

在红校，教员和学员没有严格的身份界限。大家同吃、同住、同操练、同娱乐,共同探讨问题。教员和学员完全打成一片,亲密无间。洪水认真负责、一丝不苟的教学态度,给大家留下很深的印象。

1932年,中革军委陆续调李伯钊(女)、赵品三、石联星、崔音波(朝鲜人)、危拱之(女)等到红校开展文化教育工作。洪水在越南已经是师范学校学生,在红军队伍中算是知识分子了。他生性好动,能说会唱,一方面给学员上文化课、政治理论课,一方面与李伯钊、危拱之、红军学校俱乐部主任赵品三等一起创办了红军历史上第一个剧社——工农剧社,洪水任社长,危拱之任副社长,李伯钊任党支部书记。

剧社的办公地点就在瑞金沙洲坝中华苏维埃共和国临时中央政府(简称中央苏区政府)办公楼。中华苏维埃共和国中央执行委员会、中央人民委员会在里面办公,毛泽东还在楼上居住。

因为在一个楼里办公,所以,洪水与毛泽东、朱德、周恩来、项英、刘伯承、聂荣臻、叶剑英、邓小平等中央苏区党、军队、政府领导和各部门领导经常见面,有的几乎每天都见面,使他们跟这个越南人越来越熟悉,革命友谊越来越深。从那时起,到1934年10月红军长征前的一年多时间里,洪水的主要精力用在革命根据地的文化工作上,同时还在红校兼课。

在中央苏区政府办公楼所在地的叶坪村,有一块占地20多亩的宽阔的荒坪。这里被开辟成广场,建起一个红军烈士纪念塔和检阅台。洪水和工农剧社经常在广场上搭一个戏台,在各支部队从前线打仗回来休整时,由工农剧社给他们演出自编自演的各种文艺、说唱、话剧节目,慰劳指战员。经常参加编剧和演出的有赵品三、钱壮飞、李伯钊、崔音波、张爱萍、蒋耀德、铁轮等。洪水还教大家弹琴、唱歌、跳舞，活跃根据地的文化生活。他还在瑞金中央戏校讲课，宣传马克思主义的文艺理论。他曾写过几个剧本，可惜由于长期艰苦的战争生活，没能保存下来。

工农剧社下面有一个剧团叫蓝衫剧团。蓝衫剧团与直属队一起表演新剧、哑剧、舞蹈、活报剧，演得非常出色，观众的精神经常随之进入高潮。当时，工农剧社及其蓝衫剧团举办的演出活动很多，除了会演，还逢圩（赶集）演戏，开会演戏，扩红演戏，支前演戏，文化卫生运动演戏，甚至战场也演戏。特别是，在前方打完仗，红军指战员回到瑞金休整时，更要演戏慰劳他们；中央苏区的戏剧组织遍地生花，戏剧活动遍及各个角落；可以说，戏剧演出是当时最活泼有效的宣传形式，同革命战争的需要紧密联系在一起。工农剧社担负着领导、指导中央苏区戏剧运动的任务。洪水这时的工作何其繁忙是可以想见的。

当时，中央苏区上演过一台有名的话剧，名为《上海的火焰》，反映的是上海人民 1932 年 1 月 28 日与国民党十九路军一起抗击日本侵略者的动人事迹。洪水与红军学校卫生所所长蒋耀德演主角，张爱萍是导演。演出非常成功，受到瑞金广大军民的热烈欢迎。

毛泽东、周恩来、朱德、项英、刘伯承、聂荣臻、叶剑英、邓小平等党政军领导都看过工农剧社的演出，对工农剧社的工作十分赞赏，称赞他们是"拿起文艺的武器同敌人作斗争"。周恩来见到洪水时，时常会谈起在黄埔军校的经历，谈起离开黄埔军校后的革命征程，谈起自己在越南青年政治训练班讲课而洪水听课的旧事；聂荣臻、叶剑英都在黄埔军校担任过教官，又都与洪水一起参加广州起义，是他的直接领导，见面时谈话的话题就更多了。见到洪水领导的工农剧社如此有成绩和受到红军指战员的欢迎，他们都夸奖他能文能武。

1932年冬，蒋介石调集近40万兵力，开始对中央苏区进行第四次"围剿"。当时，毛泽东被撤销了红一方面军总政委的职务，而李德等人尚未来得及直接掌控军事指挥权，周恩来也刚刚担任总政委，对部队和敌情尚不十分了解。所以，重任就全部落在了朱德的肩上。他不负众望，以其一贯的机动灵活的战略战术，指挥红一方面军打了一系列漂亮的歼灭战，仅黄陂、草台冈两仗，就歼敌近3个师，俘敌1万余人，缴枪万余支，至1933年3月底，取得了第四次反"围剿"的胜利。这次反"围剿"，洪水没有上前线，而是在瑞金组织工农剧社编排各种文艺节目，亲切慰问从前方回来休整的作战部队，发挥了独特的作用。

1933年11月7日，中革军委代主席项英发布命令，将红校分编为中国工农红军大学（也称中央红军大学，简称红军大学、红大），何长工、周昆、张宗逊、彭雪枫先后任校长兼政委，校址在江西瑞金大窝村的森林中，培养红军营团级以上的干部，分设高级指挥、上级政治、上级指挥、上级参谋4科，学习党的建设、社会发展史、红军政治工作、步兵战斗条令、野战条令、基本战术等，许多中央领导在此兼课，还派遣学员赴前线指挥战斗，或参加地方扩军、选举、生产节约、武装保卫春耕和秋收等活动；还建立了彭杨步兵学校、公略步兵学校以及通信、特科、卫生、供给等4所专业学校。洪水仍在红大兼课，教学任务完成得很好。

洪水还是红军大学马克思主义研究会的成员。由于他在法国就接触了马克思主义，与中国留法的许多著名共产党员建立和保持着深厚友谊，又在广州越南青年政治训练班接受过系统的马克思主义教育，所以，他的理论功底比较深厚，积极研究和宣传马克思主义，成为最活跃的研究者和宣传者之一。

由于他在红校和红大能说会道，授课水平高，受到学员的好评和欢迎，加上工农剧社在中央苏区产生了相当大的影响，洪水在中央苏区干部群众和红军指战员中的知名度也随之大大提高。

1934年1月，经中华苏维埃共和国第二次全国代表大会组织者研究和提名，让他参加了在瑞金召开的这次代表大会。因为洪水是外国人，如何确定他的身份成为一个问题。对洪水十分了解的周恩来提出一个办法，让洪水以"少数民族"代表的身份参加大会。所以，在会上公布的代表名单上，洪水的名字后边注着京族。

在这次大会上，洪水被选为中华苏维埃共和国中央执行委员会委员（相当于现今的全国人大常委会委员），同朝鲜人毕士悌一起，成为中央苏区工农民主政府中仅有的两名外籍委员。

当时，临时中央在中央苏区推行"左"的政策，1931年的赣南会议之后，毛泽东接连遭受不公正的对待和批评。1932年10月，宁都会议之后，他又被撤销红一方面军总政委职务，调回后方专做政府工作。此后两年内，毛泽东的处境更加艰难。

1933年9月至1934年夏，中央苏区开展了第五次反"围剿"作战。由于中共中央领导人博古（秦邦宪）和共产国际派来的军事顾问、德国人李德先是实行冒险主义的进攻战略，后又实行保守主义的防御战略，致使红军在战场上失利，中央苏区和各地的苏区日益缩小。10月初，国民党向中央苏区的中心区域进攻并迅速占领了兴国、宁都、石城一线。红一方面军的机动余地更加缩小，在中央苏区打破国民党军的"围剿"已无可能，于是被迫退出中央苏区，进行战略转移。

从自己的亲身经历，特别是在前3次反"围剿"战斗中，洪水深深体会到毛泽东军事思想的正确和军事指挥艺术的高超，所以，在毛泽东受排挤期间，洪水始终态度鲜明地支持毛泽东，同"左"倾机会主义的领导坚决作斗争。于是，他们派人查工农剧社的账，说少了20块银元，还说剧社的章程有问题，据此，把他打成"高级特务"，开除了党籍。这是他参加中国革命斗争3次被开除党籍的第一次。

第二节　随中央红军参加长征

1934年10月初，红一方面军即将开始长征。根据中革军委的命令，由中革军委、红军总司令部、总政治部及各直属机关组成第一野战纵队（也称红星纵队），以叶剑英为司令员兼政委；中共中央机关、苏维埃政府机关、总工会、团中央等机关和卫生部、供给部、中央干部团、军委二局组成第二野战纵队（也称红章纵队），以李维汉为司令员兼政委。

红军大学、彭杨步兵学校、公略步兵学校和各专业学校合并编入中央干部团（也称红色干部团），陈赓任团长，宋任穷任政委。在朱德、刘伯承的关心和保护下，洪水被编进由董必武、林伯渠、徐特立、吴玉章、谢觉哉等老同志，蔡畅、邓颖超、贺子珍、刘英、李坚真、危拱之、邓六金等约30名女同志组成的直属队（仅他一人是外国人）。虽然被"开除了党籍"，他仍然作为直属队支部的宣传委员，负责这支队伍在长征途中的宣传和鼓动工作。

10月10日，洪水随红章纵队从瑞金的梅坑出发，12日到达于都县集结，10月16日至19日，又随中革军委、红军总司令部和中央直属机关和红一、三、五、八、九军团共8.6万人分别从于都县梓山的山峰坝、花桥，县城的东门、南门、西门等渡口渡过于都河，踏上漫漫的长征路。

于都县成千上万的男女老幼从四面八方走上桥头，涌向渡口，送上一杯杯茶水、一顶顶斗笠，说不尽对红军的无限情意，红军战士们则凝望着根据地的山山水水，依依惜别送行的乡亲们。这动人的场景令洪水十分感动。

中央干部团的普通战士都是连排级别的干部学员，其任务既要为红军培训后备干部，也要保证行军途中中央和军委机关的安全，必要时才参加战斗。所以，长征初期，干部团参战的机会不多。

中央红军向西走了一个月，蒋介石军队的前三道封锁线都被突破。于是，蒋介石调湘军北下、桂军南上、粤军西追，30万大军三面合围，逼迫中央红军一路向西行至湘江。在对岸，蒋介石军队紧急加修了140座碉堡。加上湘江天堑，蒋介石认为这一仗肯定胜券在握。

洪水随中央纵队行军。行军的人数很多，又携带着各种笨重的重武器，甚至还有印刷机器、工兵机械、大批纸张和印刷品以及各种后勤物资，队伍长达数十里，行军速度十分缓慢。

每天只能走二三十里。洪水看在眼里急在心里。但是在博古、李德的错误指挥下，无法改变现状。

11月25日，中革军委终于正式决定打过湘江去，突破敌人的第四道封锁线。在湘江边，敌我双方展开了激烈的战斗，直打到12月2日。湘江两岸和江水里飘着5万名红军战士的尸体，鲜血染红了湘江。过江前的8.6万名红军，过江后，只剩下3.6万人。

12月1日，洪水随中共中央、中革军委及直属机关渡江。看到湘江两岸和江面上惨不忍睹的景象，他又是悲伤又是愤怒。他看到了国民党反动派的凶残，看到了前面等着他的危险。但是，他没有害怕，没有退缩，反而坚定了他与敌人血战到底的决心。

渡过湘江后，中央红军进入贵州省。12月18日，中共中央政治局在贵州省黎平县召开会议，会上采纳了毛泽东的意见，放弃在湘西与贺龙、任弼时、萧克、王震领导的红二、六军团会合的计划，改向敌人力量薄弱的贵州前进。同时，不顾李德的反对，中革军委任命刘伯承为红军总参谋长，并兼任中央纵队司令员。

湘江血战后，红军人数锐减，1000余人的中央干部团开始在战斗中崭露头角，冲到战斗的第一线。

黎平会议后，中央红军准备北渡乌江，向遵义前进。刘伯承统一指挥红一军团第二师、中央纵队、中央干部团直插乌江南岸。乌江约有250米宽，水深浪高。由于没有船只和相应器材，红军架桥的任务十分艰巨。刘伯承亲自带领红一军团工兵连和中央干部团工兵连在江边试验架设浮桥。大家献计献策，终于想出了利用竹子、石块搭浮桥的办法，用竹筐装填重石代替铁锚，以多层重叠的竹筏充当桥墩，中间再以竹筏连接起来，上铺木板作桥面。1月3日下午，洪水随中央纵队和第五军团顺利通过了浮桥。

渡过乌江后，1月7日，红军夺下了遵义城。1月8日，朱德任命刘伯承兼任遵义警备司令，由中央干部团担任遵义的警卫工作。1月15日至17日，中共中央政治局在遵义召开了扩大会议，即具有伟大历史意义的遵义会议，撤销了博古、李德的指挥权，决定由中革军委主要负责人周恩来、朱德指挥军事，推选毛泽东为政治局常委，组成毛泽东、周恩来、王稼祥三人小组，代表政治局常委领导军事。从此，无论在政治方面还是军事方面，毛泽东的意见都受到了尊重，事实上确立了以毛泽东为核心的新的中共中央领导，结束了第三次"左"倾路线在中共中央的统治地位。

在红军攻入遵义城前夕，地下党员周斯团结当地拥护红军的群众组织了一个"红军之友协会"，积极筹备欢迎红军入城的工作。周斯向当地党组织和红军总政治部汇报了"红军之友协会"的情况和所做的工作。第二天，总政治部就批准了这个组织，并派洪水、李伯钊（女）、李健真（即李坚真，女）具体指导这个协会的工作。

攻占遵义城后，为了在当地建立红色政权，筹建遵义县革命委员会和回山乡革命委员会，洪水与邵式平、谢维俊、李伯钊、李健真一起走街串巷，到工厂、学校、商店进行调查摸底并做了大量组织工作，出色地完成了任务。在县乡政权建立后，根据红军总政治部抓紧组织群众、武装群众、扩大红军、巩固革命根据地的部署，洪水等人深入宣传动员，并把打土豪没收的浮财、盐巴、腊肉、粮食、衣物等分发给穷苦群众。群众的积极性很快被调动起来，组织起工人赤卫队、革命先锋队等组织。当红军撤离遵义时，这些组织的许多成员都参加了红军。后来，许多人成了党的重要领导干部。

遵义会议期间，中央干部团担任警卫工作，实际上也是一次休整的机会。洪水和中央干部团的干部战士并没有休息，一边完成警卫任务，一边到附近的农村做群众工作，筹粮筹款，动员青壮年男人参加红军（扩红）。他在遵义开展工作的情况，至今都有记载。

遵义会议后，会议的有关精神和组织变动立即在中央干部团中传达到全体干部战士。洪水一贯坚决支持毛泽东的战略战术，认真贯彻毛泽东的军事思想，听到遵义会议的决定，知道毛泽东实际上恢复了在红军中的领导地位，将重新领导红军摆脱目前的被动局面，非常高兴。会后，经中央纵队党委批准，撤销了对他的所谓"处分"。他的斗志更加昂扬，革命信念更加坚定。

1月19日，中央红军离开遵义，分三路挥师北上，1月26日至29日，与川军郭勋祺的部队陷入苦战。敌人打到位于土城（地名）的中央军委指挥部的前沿。土城背后就是赤水。背水一战的局面使朱德都冲上前线指挥战斗。毛泽东不得不急令中央干部团加入战斗。这是中央干部团打的第一场大仗，也是力挽狂澜的生死之战。

当时，中央干部团装备了冲锋步枪和钢盔，敌人从没见过戴钢盔的红军战士。更让他们胆怯的是，中央干部团前仆后继的精神和一刻不停的反冲锋。洪水也跟着向前冲，狠狠地打击敌人。

看到川军凶猛的进攻被压下去，毛泽东很兴奋。战斗结束后，他说，中央干部团的学员是红军宝贵的财富，以后要谨慎使用。

这一仗打胜后，毛泽东领导红一方面军第一次渡过赤水，准备北渡金沙江，向北挺进；由于张国焘不执行中央的命令，未率红四方面军接应中央红军，迫使中央红军于2月18日至20日二渡赤水，回师遵义，歼灭尾追之敌。

在二打遵义的战斗中，中央红军与国民党吴奇伟的部队陷入了僵持状态。毛泽东再次命令中央干部团加入战斗。洪水也随中央干部团参加了这场恶战。

全体干部战士个个奋勇向前，打得十分勇猛顽强。2月28日黄昏，中央干部团配合红三军团夺取了老鸦山制高点，歼敌第59师大部，迫使残敌逃窜，全线溃退。战场形势立刻扭转。国民党吴奇伟将军一直退到乌江边，过江后，惊慌失措地砍断了浮桥，使未过江的3000余人当了红军的俘虏。在这场激战中，洪水因作战勇敢，受到刘伯承的表扬。

3月16日，中央红军三渡赤水，再入四川南部，把敌人的大量兵力引向那里。然后，3月22日，中央红军四渡赤水，一直向南，渡过乌江，展开大踏步前进、大踏步后退的运动战，牵着敌人的鼻子走，摆脱了数十万敌人的围追堵截，巧妙地跳出了敌人的包围圈。

长征的下一步是渡过天堑金沙江。

为了抢渡金沙江，战前，中央红军派部队佯攻昆明，诱使防守金沙江的部分滇军回援，防守昆明，使防守金沙江的兵力和云南北部的兵力减少，为红军渡过金沙江创造了有利条件。

中央红军抓住这稍纵即逝的战机迅速渡江，1935年4月底，周恩来亲自给中央干部团下达了作战命令。在刘伯承的亲自指挥下,中央干部团以一昼夜行进 100 公里的速度强行军,走了 160 里,5 月 3 日晚,赶到金沙江边,占领了金沙江南岸皎平渡口,缴获停留在江上的两条渡船,并偷渡成功,歼灭国民党川康边防军一个排和江防大队一部,占领北岸渡口。

为了夺取威胁渡口安全的通安县城,巩固渡口,陈赓率领中央干部团的部分指战员在陡峭狭窄的山路上急行军。山路的一边是猛烈的火力,另一边是万丈绝壁。一番激战之后,中央干部团以 4 死 6 伤的代价毙敌数百人,占领了该县城,并在通安县城附近击溃川军 2 个团,牢固地控制了渡口。红一、三军团分别抢占龙街渡口和洪门渡口,但兵多船少,大部队难以迅速过江,于是,除留少量部队在洪门渡口渡江外,主力红军全部改由皎平渡渡江。9 日,红军主力从皎平渡渡口全部渡过金沙江。

洪水与中央干部团一起巧取金沙江皎平渡口,一起保证了中央红军主力安全渡过金沙江,战斗过后,赢得了中革军委的嘉奖。刘伯承战后也感叹道:"干部团的同志怎么能一天走这么远的路呢?他们做到了,还打了胜仗,靠的是什么?靠觉悟,靠党。"飞夺皎平渡一战让中央干部团更加出名。

1935 年 5 月 24 日晚,中央红军先头部队第一师和中央干部团经过近百公里的急行军,赶到大渡河的渡口。25 日清晨,刘伯承、聂荣臻亲临前沿阵地指挥。7 时,强渡开始,红军架在岸上的轻重武器同时开火,掩护突击队渡河。炮手赵章成打出两发迫击炮弹,命中对岸碉堡。突击队 17 勇士冒着川军的密集枪弹和炮火,在激流中前进,终于登上了对岸,控制了渡口。后续部队及时渡河增援,一举击溃川军,巩固了渡河点。随后,红一军团第一师和中央干部团由此渡过了被国民党军视为不可逾越的天险——大渡河。洪水也参与了这一战斗，度过了紧张惊险的时刻。

渡过大渡河后，在四川省境内，中央红军又连打数仗，突破敌人芦山县、宝兴县一线的防线，1935年6月8日，来到长征路上的第一座大雪山——夹金山。

洪水和大多数红军战士一样来自气候炎热、潮湿的南方亚热带地区，以前从未见过雪，更不用说雪山了。见到连绵不断的雪山，白雪皑皑，一片银色，雪连天，天连雪，全是雪的世界，觉得非常壮观，可真正攀登它时就完全顾不上欣赏那美景了。

因为夹金山的高度在海拔4000米以上，山上空气稀薄，终年积雪，当地老百姓说，连鸟儿都飞不过去，只有神仙才能翻越它，所以，它又被叫做神仙山。

洪水和其他红军指战员一样，经历数月激战和长途行军，粮食不足，长时间吃不饱，已经筋疲力尽。刚登山时，觉得还行，后来，进入银白耀眼的冰雪世界，那洁白的雪刺得睁不开眼睛。山上空气的氧含量只有山下的一半，感觉最难受的是喘不上气来。山上完全没有路，只能在厚厚的雪里和冰上攀登或滑行，失足摔倒后，喘不上气，浑身无力，要站起来，很不容易。洪水亲眼看见有的战士永远倒在终年积雪的雪山上。

6月12日，中央红军先头部队终于翻过了人迹罕至的大雪山，到达懋功县（今小金县）、金川县，与红四方面军的先头部队会师。随后，洪水所在的中央干部团也走到懋功。这时候，洪水同大家一起才大大地松了一口气。

红一、四方面军先头部队会师后，8月，党中央决定，把中央干部团和红四方面军红军学校合并，成立新的中国工农红

第四章 第二次到中国投入武装革命斗争

军大学，任命倪志亮（洪水的黄埔军校第四期的同学）为校长，何畏为政委，刘少奇为政治部主任，李特为教育长，莫文骅为总支书记。洪水也被合并到该校担任教员。

第三节　与张国焘面对面进行斗争

红一、四方面军两大主力红军会师后，红军总部决定北上抗日，但时任中共中央政治局常委、西北革命军事委员会主席、川陕革命根据地实际负责人的张国焘却以种种借口拖延红四方面军北上，并以改组党中央和红军总部相要挟。

1935年6月26日至28日，在四川省小金县城北面的两河口镇，中共中央召开了政治局扩大会议，通过了《关于一、四方面军会合后战略方针的决定》，否定了张国焘的错误主张，决定集中主力向北进攻，在运动中消灭敌人。

为维护红军的团结并争取张国焘本人，7月18日，党中央发出通知，任命张国焘为红军总政委、中央军委副主席。同时，为了增强一、四方面军的团结和信任，进一步统一两大主力红军的行动，7月21日至22日，党中央在四川省的芦花县（今黑水县）举行会议，决定组织前敌总指挥部。以四方面军总指挥部兼任前敌总指挥部，徐向前兼前敌总指挥，陈昌浩兼政委，叶剑英任参谋长。8月4至6日，党中央又在四川省北部毛儿盖大草地以南的沙窝村开会，决定将红军分成左右两路：右路军由前敌总指挥徐向前和陈昌浩、叶剑英率领，毛泽东、周恩来为首的党中央、中央军委随右路军行动；左路军由红军总政委张国焘率领，朱德、刘伯承留在左路军。

会后，右路军进入四川北部的毛儿盖大草地，8月20日，穿过毛儿盖大草地，到达松潘县西部的毛儿盖镇。中共中央政治局在此召开会议，批评了张国焘的错误，并决定迅速穿过与甘肃省交界的若尔盖大草地，向陕西、甘肃发展，占领洮河流域地区，建立川陕甘根据地。

8月21日，在毛泽东、周恩来的直接率领下，右路军开始越过若尔盖大草地；27日，走出草地，到达草地北部边沿若尔盖县的包座村、班佑村、巴西村一带，等待左路军前来会合。

8月21日，在朱德等人率领下，左路军先头部队攻占了四川省北部的阿坝县。但张国焘无视中央关于左路军应向班佑村靠拢的决定，在阿坝县按兵不动，延迟了一周。8月底，在党中央和右路军前敌指挥部的一再催促下，张国焘才率领左路军第一纵队向东进入若尔盖大草地，开始朝班佑村前进，同时向位于四川省北部马尔康县卓克基镇的第二纵队发出北进并向右路军靠拢的命令。

9月3日，左路军抵达阿坝县北部噶曲河（现称白河）边的日干乔村。在即将过河的关键时刻，张国焘借口噶曲河涨水、渡口没有渡河工具，违抗党中央要其北上的决定，命令左路军停止北上，率部南下，返回马尔康县城。他还电令陈昌浩率右路军一起南下。

获悉张国焘的错误决定，党中央在巴西村召开了紧急会议，决定率领红一、三军团北上，迅速脱离险境。12日，党中央又在俄界村召开了政治局扩大会议，做出了关于张国焘错误的决定，号召全体同志巩固党和红军的团结，反对张国焘的

第四章 第二次到中国投入武装革命斗争

分裂主义错误。

13日，在阿坝县城边的格尔登寺院，张国焘召开了川康省委及红军中党的活动分子会议，史称阿坝会议，公开表明了坚持南下、反对中央北上的方针，正式与中央"分裂"。朱德、刘伯承明确反对他这么做。

在红军大学里，教育长李特积极贯彻张国焘的错误命令，鼓动红四方面军的学员南下，并把他们编成"红军大学干部队"，随同红四方面军作战部队行动。洪水也被编了进去。但洪水坚决支持朱德、刘伯承的正确主张，支持党中央北上抗日的正确路线，并与张国焘面对面地争论起来。结果，张国焘大发雷霆，用反对他而被他抓起来的胡底的遭遇威胁洪水。

胡底是20世纪30年代初在上海的中共中央特科卓越的情报员，与钱壮飞、李克农一起，打进蒋介石的最高特务机构——国民党中央党部党务调查科，建立了共产党特别小组，冒着生命危险，深入龙潭虎穴，传递出大量敌人的机密情报。周恩来曾给予他们"龙潭三杰"的赞誉。1931年8月，3人来到瑞金中央苏区。中央红军开始长征后，胡底任中央军委侦察科科长。他也跟随朱德、刘伯承到左路军工作，对张国焘的分裂行为异常不满，常在一些场合流露他的愤懑。张国焘得知后恼羞成怒，竟将他和李克农、钱壮飞诬陷为"国民党特务"，给他扣上"反革命"的帽子，严格控制起来，取消了他的乘马和勤务员，逼患病的他自己背着背包"戴罪"行军。1935年9月，行至松岗镇附近时，张国焘下令将其杀害。牺牲时，他年仅30岁。

洪水没有被张国焘的威胁吓倒，仍然与他激烈辩论，强调党中央北上抗日的正确性，反对他分裂党。张国焘气得暴跳如雷，给洪水扣上"国际间谍"的帽子，当场就开除了他的党籍。这是他一生3次被开除党籍的第二次。

张国焘还想像对待胡底一样，禁闭他，杀害他。朱德、刘伯承出面予以制止，洪水才幸免于难。但张国焘把他调到随左路军行动的红五军团，交给军团长董振堂、政委李卓然"严加监管"。

在朱德、刘伯承等人的坚持下，张国焘只能率左路军从马尔康县卓克基村出发，进入若尔盖草地，准备与已过草地的右路军会师。

若尔盖大草地位于四川西北部与甘肃交界的地区，纵横600里左右，杳无人烟，禽兽罕见，大树小树也没有，甚至连一块休息坐的石头都找不到，只有一望无际的野草和一片片没有路的沼泽，千百年来的野草一层一层覆盖在深不可测的沼泽上面，只要陷入泥潭，就会越陷越深，直到被淹没。洪水亲眼看见有的战士就这样牺牲了。队伍走了一天又一天，洪水极目四顾，所看到的，除了单调的无边无际的野草外，没有别的东西。9月的大草地，昼夜温差很大，不是下雨，就是雾气弥漫，经常是乌云密布，把大地衬托成灰暗而阴沉的地狱。走不了多远，所有的人都会浑身被泥水打湿，夜晚被高原的寒风一吹，冻得全身发抖。在这样艰苦恶劣的环境中，洪水始终保持旺盛的革命精神。他和战友们互相关心、互相帮助，每天只吃几把干炒青稞麦，主要靠吃野菜和草根，终于走出了茫茫的大草地。

这是他在长征过程中3次爬雪山过草地的第一次。

9月下旬，左路军走到若尔盖县，即将完全走出草地，张国焘突然表示不愿继续北上与右路军会合，强迫左路军走回头路返回阿坝县。这就要再过大草地。为了争取张国焘回心转意，避免红军分裂，朱德、刘伯承也暂时服从张国焘的错误决定而随左路军南下，被迫第二次过草地，沿走过的老路再次南下。

刚刚艰苦跋涉，受了那么多常人难以忍受的苦和累，牺牲了那么多战士，走过了大草地，现在，又要再次付出新的生命代价，重受难以想象的苦和累，洪水完全想不通，公开表示反对。经过朱德、刘伯承、董振堂、李卓然耐心说服，他不情愿地也随红五军团第二次过草地，再次经历在极其恶劣的环境下的艰难困苦。9月30日，左路军到达马尔康县松岗镇一带休整。

10月5日，在松岗镇附近的卓木那村（今马尔康县脚木足村），张国焘公然打出反党旗帜，组成非法的"党中央""中央军委"和"中央政府"，继续破坏党和红军的团结和统一。洪水同朱德、刘伯承一样都表示坚决反对张国焘这一分裂党和红军的行径。

第四节　再度从事军队教育工作

10月9日，以红军大学原红四方面军干部队为基础，在卓木那村再次成立了红四方面军红军大学（以下简称红军大学）。张国焘免去刘伯承的红军总参谋长的职务，任命他为校长。

红一、四方面军分别行动后，中央苏区时的红军大学的教职员工、学员也分开行军，随中央红军北上的那部分恢复了干部团称谓。为了向留在红四方面军的红军大学的教职员工和学员宣传党中央的正确主张，引导他们走上党中央、毛泽东所指引的"团结一致，北上抗日"的正确道路，并提高红四方面军指挥员的军政素质和管理教育部队的能力，刘伯承顾全大局，同意担任校长。校政委是何畏，参谋长兼高级指挥科科长是张宗逊，王新亭任政治部主任。每期学员的学习时间定为3个月。

红军大学的学员都是团营两级军政干部，组成上级政治科和上级指挥科两个队。上级政治科科长是彭绍辉，教导员是李井泉；上级指挥科科长是周子昆（后为陈伯钧、曹里怀），教导员是李培南（后为黄志勇）。10月下旬，中级干部队成立，由皮定均任队长、黄志勇任指导员。

在红军大学担任过教学工作的军事教员有周子昆、陈伯钧、彭绍辉、郭天民、曹里怀等；政治教员有张际春、黄志勇、罗世文、潘自力、朱光等。

因为红军大学学员的文化程度大都很低，有的甚至不识字。刘伯承专门把洪水从红五军团调回来，负责全校的文化学习。在参加中国武装革命20年的过程中，这是他第二次专门从事军队教育工作。

洪水讲授文化课时，结合开设的中国革命史、中共党史、马列主义理论知识和军队政治工作等课进行，结合着讲红军的性质、任务和宗旨，讲党的抗日民族统一战线政策，使学员既学了文化，又提高了理论，生动活泼，易于接受，很受学员的欢迎。

在长征路上办红军大学，没有固定校址，随着战局的发展和粮秣筹集情况，不断地行军转移，只能抓紧宿营的时间进行教学和训练，环境特殊，条件恶劣，物资供应异常困难，要边打仗、边行军、边教学，确实史无前例。当时，红军大学在少数民族地区活动，刘伯承还要求教职员工和学员了解少数民族的风俗习惯，遵守保护寺庙和宗教信仰自由等政策，并且向当地群众宣传民族自治、民族平等、民族联合和国家统一的道理。

1935年10月21日，洪水随红军大学转移到四川省的绥靖县（今金川县）的沙尔乡，在那里搞了大约3个星期的训练，然后，又随左路军总部继续南下，途经丹巴县、泸定县懋功镇、小金县达维镇、宝兴县等地，第二次翻越夹金山大雪山。

这是他长征中3次爬雪山的第二次。

12月5日，部队到达天全县的红岩坝。因为是在老首长刘伯承领导下，是正常的转移行军，所以，完全没有在张国焘领导下的压抑和气愤，翻越雪山时，就是吃再大的苦，他也心甘情愿，毫无怨言。

在天全县红岩坝，红军大学共住了70天。1936年2月13日，为了避开国民党军队的围剿，红军大学决定向北行动。

洪水随部队第三次翻越夹金山大雪山。对于爬雪山时严寒、艰辛的考验，洪水已经非常有经验了。需要做的准备工作，他都做得很充分，而且还帮助和指导别人，在途中，也是尽量帮助和鼓励别人，特别是对没有经验的干部群众。所以，这次爬雪山比前两次要顺利多了。

翻越雪山后，洪水随红军大学继续向西行军，途经宝兴县、小金县达维镇、泸定县懋功镇、丹巴县、道孚县，4月4日，到达四川西北部非常边远的炉霍县。

炉霍县是藏族等少数民族聚居区。刘伯承在教职员工和学员中更是强调进行少数民族政策教育，要求大家尊重少数民族的生活习惯、宗教信仰，保护群众的安全；提出人人做群众工作，并开展调查研究、帮助群众打扫卫生，做好事。经过耐心细致的宣传工作，跑上山去的喇嘛和少数民族群众陆续返回，还多次和红军举行联欢会，表演歌舞，欢迎红军的到来。在喇嘛庙里，洪水和教员们上课，学员们听课学习，喇嘛念经拜佛，大家相安无事。

炉霍县非常偏僻，交通不便，气候恶劣，经济条件很差，补给困难。但在大喇嘛庙里存有许多羊毛，洪水和全校教职员工一起利用这些羊毛，学习捻线，织毛衣、毛裤、毛袜，打草鞋，不久，每人都织成一套半毛衣，打好3双草鞋，基本解决了穿衣穿鞋问题。随带的粮食吃完了，只能就地筹粮，吃青稞面，为了弥补粮食的不足，洪水和全校教职员工响应校部的号召，挖野菜来补充，学校还专门举办了采野菜的短训班，组织挖野菜比赛来推动这项工作。红军大学在炉霍县住了将近3个月。

1936年6月22日，红二、六军团和红四方面军的部队在四川省炉霍县以西的甘孜县会师。7月初，红二、六军团合编为红二方面军，决定与红四方面军一起经过阿坝县，过草地，沿着红一方面军走过的路线北上。

红军大学也奉命从炉霍县北上，与红二、四方面军会合。出发时，红军大学每人配给了15斤糌粑，配给了酥油、食盐、茶叶各一斤，全校还统一准备了一些牦牛和羊群随军行动。因为不知道要走多长时间，所以，规定每人每天只准吃二两炒面，其他主要靠挖野菜充饥。

走了一段路后，随带的粮食吃完了，沿途又筹不到粮食来补充，就规定每个伙食单位每天杀一头牛。牛也一天天减少了，人员营养不足，行军很吃力，根本不可能进行教学了，只能在行军中与饥饿和疾病作斗争。终于走过了茫茫的大草地。这是洪水在长征中3次过草地的第三次。

走过草地后，刘伯承带领红四方面军红军大学迅速北上。

这时，接到中央指示，红四方面军红军大学并入新的中国工农抗日红军军政大学（简称红军大学、红大），立即前往陕西省安定县（现为子长县）完成合并事宜。洪水也接到命令，进入新红军大学学习。在他到新红军大学报到后，校领导代表中央宣布撤销了张国焘给他的所谓"处分"。

10月9日，朱德、张国焘、徐向前、陈昌浩等率领红四方面军主力进入甘肃省会宁县。10月10日傍晚，红一、二、四方面军会师的庆祝大会在会宁县城的文庙大成殿举行。大会用两张门板搭成讲台，以供桌当讲桌，红一、四方面军团以上干部2000多人坐在长条凳上，两万多红军战士、群众坐在大成殿外广场上。洪水从宝安县的红大赶来参加了盛大的庆祝大会。

庆祝大会由红四方面军政治部主任李卓然主持。朱德宣读了中央的贺电，徐向前等人讲话。3个方面军的领导人还一起合影留念。庆祝会表演了精彩的文艺节目，一直持续到晚上。洪水与在场的干部群众一起又唱又跳又叫，欢庆红军的伟大胜利。

洪水3次爬雪山过草地，历尽千难万险，成为跟随中国工农红军第一方面军自始至终走完二万五千里长征的4个外国人之一（其他3人为朝鲜人毕士悌、武亭，德国人李德）。

注：有一些老同志回忆说，洪水曾被编入左路军。左路军正式从阿坝南下，向天全、芦山一带进军。洪水跟随朱德、刘伯承以及左路军的广大指战员第二次过草地，爬雪山，又经历了一次磨难。

左路军在南下的过程中，虽然也打了不少胜仗，但在敌强我弱的形势下，在国民党军队的围追堵截和张国焘的错误指挥下，左路军遭到很大挫折。

洪水所在的部队被敌人打散，为寻找部队，他孤身一人继续北上。他化装成当地老百姓，第三次爬雪山过草地，单枪匹马向延安进发。他望着天上的北斗星判断自己的方位。一路上，他放羊，放骆驼，讨吃要饭，终于一个人走到了延安。

当洪水身穿又脏又破的藏袍、骨瘦如柴、蓬头垢面地出现在同志们面前时，大家都认不出他来了。同志们都为洪水不屈不挠的革命精神所感动。

第五节　进入中国工农红军大学学习

随中央红军长征北上的中央干部团到达延安后，与陕北红军学校合并，建立了中国工农红军学校，不久改称中华苏维埃共和国西北抗日红军大学，很快又改称为中国工农抗日红军军政大学（简称红军大学、红大）。

1936年6月1日，新红军大学正式开学，毛泽东任政委，林彪任校长，罗瑞卿任教育长，杨尚昆任政治部主任。毛泽东、张闻天、周恩来出席了开学典礼。毛泽东讲话时说，第一次大革命时有一个黄埔军校。它的学生成为当时革命的主导力量,领导北伐获得成功。但到现在,它的革命任务还未完成。我们红大就要继承黄埔的精神,要完成黄埔还未完成的任务,争取民族的独立解放。办红大是为了提高干部的水平,为革命储蓄干部。要办好红大就要艰苦奋斗。我们这里,要教员,没有;要房子,没有;要经费,没有。怎么办?就是要艰苦奋斗。

红大下设3个科(高级科、上级科、普通科即第一科、第二科、第三科),共1038名学员。第一科主要是军师两级干部,都是林彪亲自点名入学的,陈光任科长,罗荣桓任政委。学员有林彪、罗荣桓、罗瑞卿、刘亚楼、陈光、张爱萍、彭雪枫、杨成武、陈士榘、谭政、周建屏、彭加伦、许建国、张经武、张达志、张文彬、宋裕和、郭述申、黄永胜、童小鹏、吴富善、王平、耿飚、莫文骅、谭冠三、苏振华、赵尔陆、杨立三、肖文玖、贺晋年等40人。林彪、罗荣桓、罗瑞卿、刘亚楼、陈光、莫文骅等既是学员也是红大的领导干部。学员中有两位外国人:越南的洪水和朝鲜的武亭。

林彪和洪水是黄埔军校第四期步兵科的同学,洪水在第一团第四连,林彪在第二团第三连。当时,林彪不足18岁,洪水不足17岁。入校时,林彪虚报2岁,洪水虚报5岁。原来林彪比洪水大一岁,结果,反倒比洪水小两岁。这成为他们之间经常谈论的笑话。在黄埔军校时,他们都很年轻,都很聪明伶俐,记性又好,又都活跃好动,很快就小有名气,互相之间也熟悉起来。1926年10月毕业时,林彪差2个月19岁,洪水刚过18岁生日。两个人就如初生牛犊,意气风发,林彪去参加北伐,洪水留在黄埔军校工作和在李瑞(胡志明)创办的越南青年政治训练班中学习，于是各奔东西。1930年4月，洪水从广东东江的红十一军调到闽西的红十二军和汀连纵队。6月，林彪任红四军军长，也经常到闽西作战，在第一、二、三次反"围剿"战斗中，有时他们还并肩作战。1932年初，在瑞金，洪水到红军学校、红军大学作教员，担任工农剧社社长，同年3月，林彪任红一军团总指挥（后称军团长）。他们经常在政府办公楼里遇见，林彪从前方打仗回到瑞金，也会同指战员一起看洪水弹琴、唱歌、跳舞、演戏。对洪水活跃中央苏区的文化生活所做的大量工作，林彪也看在眼里，非常满意。现在，他们又在延安的新红军大学朝夕相处，共同学习、生活和训练，更是无话不说，情同手足。

红军大学一开始设在陕西省安定县（现为子长县）瓦窑堡村，中共中央和中革军委领导机关、陕甘根据地革命政府也在这里。6月底，国民党军队突然袭击了瓦窑堡。为了安全，红大随中共中央和中革军委领导机关、陕甘根据地政府一起转移到陕西省保安县。

洪水报到时，红军大学开学已经一个多月，已转移到保安县。老百姓给红军大学腾出一些无人居住的破窑洞、废庙、牛棚、马厩作校舍，集中在县城东南的一个半山坡上。洪水与红军大学的教职员工和学员们都说，爬雪山过草地，我们穿着草鞋照样走，这点困难算什么。

于是，他们不论职位高低，一起清理环境，打扫窑洞，投入建校劳动。他们用石块垒窑洞门，找来旧木料做门框，用茅草编成厚厚的草门帘。小一点的窑洞用作卧室，一间最大的石洞作教室。这间石洞原来是个羊圈，洪水和同学们一起把羊粪、杂草清除掉，打扫干净，又在石壁上凿出一块大石板作黑板、课桌、课椅也是石头砌成的。他们形容自己的学校：田野是操场，院子是课堂，石头是凳子，膝盖是书桌。

不久，毛泽东来到学校讲课。学员们在教室门口用树枝扎了个牌坊，上面写着4个大字"主席您好"。这天上午，毛泽东、张闻天、博古（秦邦宪）、徐特立等来到红军大学。毛泽东向学员们一一介绍了随来的人员，然后说："前一时期的革命形势不好，弄得我们两只脚一走就是二万五千里。我们红军曾经有几十万，现在只剩两三万。要不是刘志丹给我们安排这么一个好地方，我们还不知道到哪里去呢。"

接着，他又讲了当前的形势和为什么把斗争口号改变为"逼蒋抗日"。他说："对蒋介石，就要前面拉着，后面推着，不行就抬着他走抗日的路。如果他硬是不走，就只有当汉奸、卖国贼而遗臭万年。对此，他也是要考虑考虑的。"他还讲了学习的必要性。

洪水认真地听，仔细地记，生怕漏掉毛泽东讲的哪一句话。他被毛泽东幽默深刻的分析所打动，不时发出会心的微笑。

课后，毛泽东参观了学员的宿舍。看到用石头自制的一件件用具，他诙谐地说："你们过着石器时代的生活，学着当代最先进的科学——马克思列宁主义。你们是'元始天尊'的弟子，在洞中修炼。什么时候下山呢？天下大乱，你们就下山！"他鼓励学员们安心学习，迎接抗日高潮的到来。

走进洪水住的窑洞时，他开玩笑地说："小洪，你这个南蛮子，对北方的生活习惯吗？"洪水笑着答道："报告主席，一切都习惯。"

对于毛泽东对自己的关心，洪水十分感动。

后来，毛泽东又到红军大学讲过几次课，内容就是后来的

《中国革命战争的战略问题》一书，来讲课的还有张闻天、凯丰、博古、杨尚昆、李维汉、徐特立等人。

红军大学的学风是在实践中学，学以致用，从来不讲空洞的理论。一方面学习理论，总结过去的经验；一方面联系实际，研究在各种情况下，如何对付敌人，学会打骑兵、打平地战、打山地战、打河川战、打隘路战、打麻雀战，学习怎样带兵、练兵、用兵；还开设了《苏联红军战斗条令》和《苏军野战条令》课程，是刘伯承在戎马倥偬之中一字一句翻译出来的；还开设了条令课、军事地形学和射击原理等课程；战术课则从单兵训练到班排连的作战指挥，还进行野外练习等；还开设了马列主义原理课，目的是把学员培养成为有高度政治觉悟、有指挥作战本领、有管理教育能力、有艰苦奋斗不怕牺牲精神的红军干部。总之，学习内容既实用又生动具体。

洪水和所有学员一样都十分珍惜宝贵的学习时光，一方面认真阅读学习材料和讲义，一方面联系自己十多年的政治、军事斗争的经验教训，认真清理思想，搞好总结。在研讨会上，洪水总是积极发言。白天的时间不够，他们就在夜晚点上土产蜡烛照样读书。那时的讲义印在用过的废纸背面，有时还是红纸、绿纸，印得不太清楚。学员们坐在石凳上，伏首石桌，照样读得津津有味。

中央对红军大学学员的生活很关心，要求能让学员们每周吃到一头猪或一只羊。罗荣桓组织学员到几十里外的农村集市去买猪买羊。洪水总是自告奋勇前去，和其他学员一起赶回猪和羊。刚开始，学员们吃的只是小米饭、土豆、萝卜、白菜和干豆角，现在增加了猪肉、羊肉，大家都很高兴。

当时，学员们都是年轻人，洪水也只有28岁。为了丰富学员们的课余生活,罗荣桓亲自组织开展篮球活动。没有球架,他们就埋下4根柱子,钉上几块木板;没有球筐,他们找来两个桶箍,固定在木板上。他们还自己动手,平整出一块球场。罗荣桓叫人找来一个羊皮缝制的土篮球,没有气筒,学员们就用嘴把它吹鼓。篮球活动就这样开展起来了。另外,他们还组织课外演戏,洪水都是积极分子。

红一、二、四方面军在甘肃会宁县会师后不久,朱德、刘伯承、贺龙、关向应等来到保安。红军大学的学员们和当地老百姓一起敲锣、打鼓、吹锁呐,夹道欢迎。

洪水和学员们一起到朱德的窑洞去问候,窑洞被挤得水泄不通。朱德看到洪水,高兴地说:"小洪,这可是个学习的好机会啊!"洪水笑着对自己的老首长说:"我一定会抓住这个机会,在红大努力学习。"

这以后,休息时,朱德经常到红军大学来打篮球。他一般是打前锋,但又时而当球员,时而当裁判。洪水也是篮球场上的积极分子。他们经常在一起打球,友谊更加深厚了。

1936年12月12日,为了劝说蒋介石改变"攘外必先安内"的政策,停止内战,一致抗日,张学良、杨虎城将军发动了西安事变。对此,红军大学学员的反应十分强烈,都要求杀掉蒋介石。亲身经历了10年血腥的内战,洪水看到多少革命先烈献出了自己年轻的生命,这种深仇大恨使他慷慨激昂地坚决同意这种要求。

过了两天,在宝安县召开了一个大会,红军大学全体学员都参加,毛泽东在大会上讲话。他问道:"现在,已经把蒋介石抓起来了,大家看怎么办?"毛泽东的话音刚落,洪水和大家都激动地喊:"杀掉他!"

毛泽东说:"我知道你们会这样回答。杀掉他,很容易。有一把刀,一下子就杀了。可是,脑袋只有一个,杀了,就安不上了。人总是要死的,有老死的、病死的、在战场上打死的,有站着死的、坐着死的、躺着死的。蒋介石也是要死的。但是,中央主张现在不叫他的脑袋搬家,因为杀了他,就没有戏唱了。这对抗日是不利的。何况杀了他,还会有蒋介石第二、蒋介石第三。中央也不主张把他关起来,而是主张把他放了。过去,诸葛亮对孟获还七擒七纵,对蒋介石,为什么不能一擒一放呢?"

毛泽东既深刻又通俗的讲话,使洪水和红军大学全体学员豁然开朗,心服口服,一下子就统一到中央的决策上来了。

第六节 在抗日军政大学第二期继续深造

1936年11月9日,即将在红军大学毕业的洪水,同邵式平一起找到时任中央组织部副部长的李富春,询问红军大学毕业后的工作分配问题。李富春立即提笔给周恩来副主席写了一个便条,介绍他们去见他。便条上写道:"洪水、式平二人今日由此来中央。"

周恩来接到李富春的便条时,恰好中央正考虑第一期学员毕业后,红军大学如何办的问题。经研究,中央决定,1937年1月20日,中国人民抗日红军大学改名为中国人民抗日军事政治大学(简称抗日军政大学、抗大),林彪任校长兼政委,刘伯承任副校长,刘亚楼任训练部部长,傅钟任政治部部长，杨立三任校务部部长。红军大学第一期定为抗大第一期，新招收的下一期学员被定为抗大第二期。

1937年1月，洪水于红军大学第一期（即抗大一期）毕业。鉴于洪水进红军大学学习时已开学一个多月，毛泽东、周恩来、林彪商议后，安排他在抗大第二期第二大队再学习一期。抗大二期第一、第二大队同红军大学第一期第一科一样，大部分是红军的军、师级高级干部。洪水、邵式平、张经武（1936年8月13日离开红军大学前往西安做统战工作，也未学完）是从红军大学留下来继续学习的仅有的3个学员，在第一大队学习的有陈赓（任队长）、梁兴初、赖传珠、余秋里、胡耀邦（任支部书记，后任政委）、冼恒汉、周纯全、王诤、罗华生等，在第二大队学习的有杨得志、康克清、姚喆、伍云甫、张际春（曾任党支部书记）、陈奇涵、倪志亮（任队长）、肖望东（曾任党支部书记）、何廷一、杨秀山、王世泰等。

1937年3月2日，抗大第二期举行开学典礼，毛泽东出席并讲话。从5月份开始，毛泽东连续3个多月陆续讲授了110多个学时的辩证唯物论，后来整理成著名的《矛盾论》《实践论》等哲学著作。

毛泽东还到抗大来做形势报告。没有礼堂，洪水和学员们就露天听报告；没有凳子，坐在地上听。毛泽东站着讲话，前面就放一张条桌，桌上放一个茶缸，倒些白开水，供他润喉咙用。在讲话中，他强调红军一、二、四方面军要团结，与陕北的红军要团结。他说，只有团结才有力量，有力量才能战胜敌人；不但红军内部要团结，还要团结工农群众，团结知识分子……

中共中央其他负责人也来讲课，例如，朱德讲党的建设，董必武讲中国现代革命史，张闻天讲中国革命基本问题，博古讲马列主义基础知识，罗荣桓、罗瑞卿讲政治工作等。

洪水本来就热爱学习，求知若渴，手不释卷，刻苦读书，加上这么多革命家、理论家讲课、指点和答疑，虽然只有短短的5个月，他的马克思主义基础理论和中国革命理论水平有了很大提高。

抗大二期的办学条件仍然非常艰苦，一切因陋就简，露天上课，场院当课堂，背包当小凳，膝盖当课桌，没有教科书，讲义印在又黄又粗的土纸上或敌人传单的背面。学员除基本口粮外，每人每天只有3分钱菜金。洪水以苦为乐，积极乐观地对待一切困难，认真学习军事、政治理论。

学习期间，蒋介石曾派考察官员20多人到延安考察，其中也考察了抗大住的、吃的、用的、军容、军纪、内务、学习内容、学校精神、卫生、文娱体育等。洪水从心里反感国民党军官，十年内战中，他们杀害了无数老百姓和红军指战员，够上深仇大恨。但是考虑到建立抗日民族统一战线的大局，他还是控制住自己的感情，有礼貌地接待了他们并回答了他们的询问。考察后，他们对毛泽东说："你们共产党办的是真正的抗日军政大学。"

1937年7月7日，日本军队挑起的卢沟桥事变爆发。为了适应抗日前线对干部的迫切需要，8月，抗大二期提前结束。学校颁发给洪水一枚铸有"抗大第二期毕业证章"字样的铸铜圆形证章，正中还铸有"1937"字样，还发给他一个毕业证，上面有毛泽东的题词"勇敢、坚定、沉着，向斗争中学习，为民族解放事业随时准备牺牲自己的一切"。

毕业后，他被分配到工农红军总政治部（后改为八路军政治部）民运部工作。不几天，他便随八路军总部和一一五师东渡黄河，到达晋东北（山西省东北部），参与抗日根据地的创建工作。

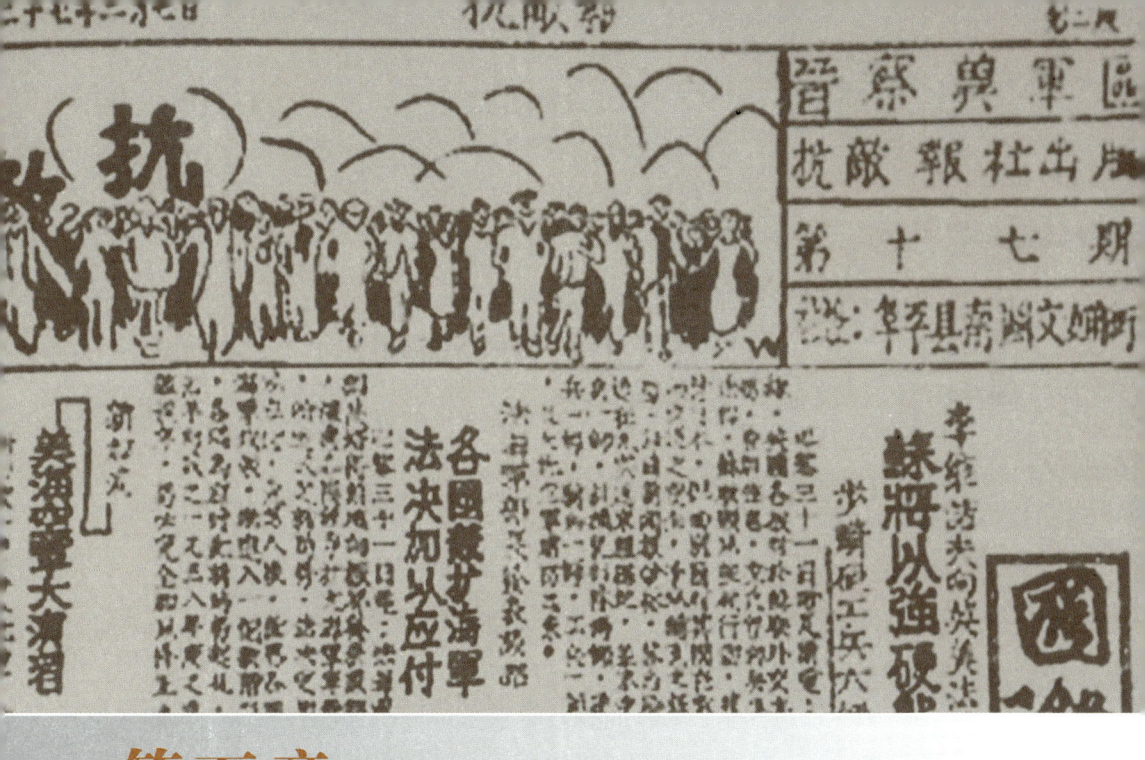

第五章
晋东北的一段曲折经历

- 第一节 捅了山西军阀阎锡山的"马蜂窝"
- 第二节 喜结良缘与推动五台县的妇女工作
- 第三节 主办晋察冀根据地党报《抗敌报》
- 第四节 与白求恩大夫在前线相遇

第一节 捅了山西军阀阎锡山的"马蜂窝"

在创建晋东北抗日根据地的过程中,洪水的工作并不是一帆风顺的。

山西"土皇帝"阎锡山的老家——河边村就在洪水任动委会主任和区委书记的五台县四区。阎锡山的父亲、岳丈、内弟等亲属和亲信有钱有枪,有权有势,在当地影响很大。他自己提出"有钱出钱,有枪出枪,有人出人,有知识出知识,团结一致,抗日救国"的号召,但其亲属亲信只是空喊口号,实际上不出钱、不出枪、不出人、不出力,还对八路军的工作百般刁难。当地的一些群众害怕他,不敢听八路军的话,使发动群众的工作受阻。

经过洪水做工作,四区的抗日积极分子发动了起来,对说空话不行动的顽固势力十分不满。他们来到河边村阎锡山的家里,取出枪支、弹药、布匹、粮食,还令其家属承担了"合理负担"的款项,给当地群众很大鼓舞。

按照八路军民运部"要运用阎锡山提倡的'合理负担'的口号,使之变成真正的合理负担"的指示,洪水支持了群众的行动,给群众撑了腰。

但这件事捅了阎锡山的"马蜂窝"。

阎锡山是这样一个人:年轻时,他经商失败、从军不成,就去日本留学,在日本专修军事的振武学堂结识了正在日本流亡的孙中山,并参加了孙中山发起的中国同盟会和"铁血丈夫团"。1911年10月10日，武昌起义爆发，他在山西积极响应，领兵占领了太原抚署，当上了山西都督，并得到孙中山的赏识，说："共和国成立，须首推山西阎都督之力为最。"从此，他任山西都督，独揽了山西军政大权。1912年，辛亥革命失败，他又投靠袁世凯，解散全省国民党，捕杀革命党人，蒋介石上台后，他又投靠蒋介石，直到抗日战争开始，他始终是山西的"土皇帝"。

从阎锡山老家拿走枪支和粮食之事，被阎家人告状，惹恼了阎锡山。他给由其亲自任命的山西第一行政区公署主任兼五台县县长宋劭文（中共地下党员）发去电报，大发雷霆，说洪水抄了他河边村的家，要以破坏统一战线为由，向八路军提出抗议，让宋劭文查办。宋劭文向晋东北特委作了汇报。但特委的干部支持洪水，认为他把群众发动起来了，武装建立起来了，做出了成绩，不能处分。特委书记王逸群也同意大家的意见，没有给洪水处分。

阎锡山抗议的事很快传到晋察冀军区司令员聂荣臻那里，他把洪水叫到设在五台山区金岗库村的司令部驻地，批评了他一通。为了团结阎锡山共同抗战，晋察冀军区领导还是决定给予洪水"开除"党籍处分，调他到晋察冀军区政治部工作，同时让他在晋察冀军区主办的《抗敌报》上做检讨。这是他一生3次被开除党籍的第三次。

实际上，聂荣臻对洪水一直关怀备至，每当革命的紧急关头，都想到这个越南人，并且委以重任。从在法国第一次见面起，聂荣臻就与洪水建立起非常深厚的友谊。大革命时期，洪水曾跟随他参加了广州起义。起义失败后，洪水又随他退到香港。1928初夏，正当井冈山斗争处于最严酷的时期，为了支援红四军，时任广东省委军委书记的聂荣臻通知洪水再次到中国来参加武装革命斗争。到达香港后，在聂荣臻的住所，他们长时间地交谈。聂荣臻先是把他安排在香港海员工会从事工人运动，接着，又把他派到广东，加入工农红军。1934年1月，在瑞金，洪水和聂荣臻经常见面，在中华苏维埃共和国第二次全国代表大会上，他们同时被选为中央执行委员会委员。看到经过几年武装革命斗争的锻炼，洪水已经成长为既有军队工作经验、又有地方工作经验的领导干部，聂荣臻由衷地高兴。

但这次见到洪水，为了维护刚刚建立起来的八路军与阎锡山的抗日统一战线，聂荣臻还是批评了他的爱将。为了保护四区革命群众的抗日积极性，洪水主动承担了全部责任。

在这件事上，晋东北特委一直支持洪水，肯定他的工作成绩。特委书记王逸群曾回忆说："当时，对于洪水同志，我们特委研究过，他很有成绩。五台县四区群众发动起来了、武装起来了，党的基层组织、政权组织都建立起来了。为抗战而借枪，为什么还要给处分？有钱不出钱，有枪不出枪，对这种顽固势力，为什么不能碰一碰？处分了洪水，怎么发动群众抗战？我们特委的同志为他顶着，没给处分，悄悄地将他调离了四区。但阎锡山仍然咬住不放，共产党为了团结这股势力共同抗日，不得不做些让步，给洪水同志开除了党籍。1938年，他调到孙毅校长领导的抗日军政干校工作，经晋察冀军区批准，恢复了他的党籍。难为这位外国人啦！我们怕他受不了，本想劝他几句，他却劝起我们来了。他说：'别说啦，局部和全局的关系，我懂。阎锡山是二战区司令长官，为团结他的部队一起抗战，莫说是我的党籍，牺牲了脑袋也值。但有一条，借出的枪，不能退回去，地方武装不能解散，合理负担不能给穷苦老百姓增加过多负担。重点要放在有钱有势的大户身上。至于我自己，组织上虽然不是党员了，但我思想上并没有一刻的放松。仍像往常那样分配我工作吧！'好几位领导同志听了这番话，都被这一片痴情所感动，眼泪都要掉下来了。大家对他不但没有歧视，反而更尊重他、更倚重他了。"

洪水先被调回特委，仍任特委副书记兼宣传部长，不久，又被调到军区政治部，住在五台山镇海寺的军区政治部里。虽然被"开除"了党籍，但他的工作热情一点也没有受影响，又与罗亦经、肖文玖等一起，动员镇海寺庙里的喇嘛把章嘉活佛卫队原存的200多支枪捐献出来，送给了前线部队。

1938年初，洪水被调到设在镇海寺、白头庵村一带的晋察冀抗日军政干校，校长孙毅于1932年在瑞金红军学校曾与洪水同时担任教员。老朋友相聚，分外高兴。在那里，经请示晋察冀军区同意，撤销了给洪水的"处分"。

第二节　喜结良缘与推动五台县的妇女工作

在这之前，由晋东北特委主办、洪水主持的第一期抗战青年短训班结束。经过一个多月的学习，同陈剑戈一起学习的100多人的思想政治觉悟和政策理论水平都有了很大提高。陈剑戈对洪水也有了进一步的了解。洪水这个名字深深印在她的心里。

根据抗战形势发展的需要，为了更广泛地动员和组织全县妇女投入到抗日救亡运动中，晋东北特委决定成立五台县妇女救国会。为此，特委把陈剑戈留在县里，负责妇救会成立的筹备工作。这样，陈剑戈与洪水有了更多的见面机会。

一天，在晋东北特委开完会，洪水径直来到妇救会。他吩咐警卫员在门外等候，兴冲冲地推门而入，顺手搬过一条长凳，坐在陈剑戈的对面，一开口就向她提出结婚的事。陈剑戈虽然对洪水有好感，但他这样直截了当地求婚，弄得陈剑戈无法开口，她说："我当有什么喜事呢，你这么高兴。"

"结婚还不是喜事？陈剑戈同志，咱们结婚吧！"

洪水又重复了一遍。他用热切的目光看着陈剑戈，并等待着回答。

看着洪水满脸喜悦和认真诚恳的样子，就像同陈剑戈商量一件上级新布置的工作，陈剑戈不由自主地说了声："行！"

"好！就这样定了。"没等陈剑戈再开口，洪水满心欢喜，带着警卫员离开了。

1938年除夕那天，陈剑戈和洪水从五台县城赶回东冶镇。特别疼爱陈剑戈的外祖父在堂屋摆下"喜宴"，也就是找人做了一桌酒菜，还端上了过年吃的白面馍馍、黄米年糕和枣泥油糕。陈剑戈和洪水特意请县人民政府的徐继之、赵鹏飞、马致远等一起工作的战友来喝喜酒。在座的都是战友和自家人，也没有什么礼仪和客套。在婚礼宴席的兴头上，马致远起身，展开他带来的一卷红纸，为婚礼写了一首诗助兴：

洪浪汪洋灌台东，
水萍邂逅话长征。
玉人素抱抗日志，

第五章 晋东北的一段曲折经历

英雄早怀游击心。

恋君单矛出安南，

爱依双刀劈日本。

纪功统一思壮志，

念念不忘八路军。

马致远指着每句头一个字连起来念道："洪水玉英恋爱纪念。"

在座的人都拍手喝彩，连声称赞："好！写得好！"

几盏过后，洪水黝黑的脸上透着微红，炯炯有神的大眼睛显得更加明亮。他很兴奋，经过十几年的艰苦奋战，在异国他乡寻觅到一个终身伴侣，总算有个贴心人，有了一个温暖的家。这一天，洪水完全融入到中华民族这个大家庭之中。

结婚那天，陈剑戈和洪水在东冶镇的一家小照相馆里照了一帧珍贵的结婚纪念照。这张照片一生都珍藏在陈剑戈的身边。

但八路军当时有一条纪律，即到

洪水与陈剑戈结婚纪念照

· 103 ·

前方的指战员一律不许谈恋爱和结婚。陈剑戈并不知道这条纪律。婚后的一天，特委书记王逸群找她，问起结婚的事，她才听说这条规定，但生米已经煮成熟饭。为此事，特委批评了洪水。这一消息传到延安，考虑到这是关系军心的重大问题，随后，由八路军总部颁布了"二八七团"的规定，即年满28岁、7年以上军龄、团级以上干部可以结婚。洪水、陈剑戈在位于冀中的晋察冀军区第九分区（五台县属第二军分区）补领了军分区政治部颁发的《订婚批准证》（战争中遗失，现被收藏家王茂安收藏）。

筹备成立五台县妇救会的工作进展得很顺利。1938年1月中旬，在五台县沟南村的天主教堂召开了五台县历史上第一次全县妇女代表大会。在会上，陈剑戈被推选为县妇救会主任。大会结束时，她宣读了《告全县妇女书》，号召全县的妇女姐妹们在县妇救会的领导下，团结起来参加抗日救亡工作，想方设法帮助八路军解决生活中的困难，做军鞋、缝洗衣服，为抗日做各种力所能及的工作，并在斗争中争取妇女自身的解放。《告全县妇女书》在妇代会上得到妇女代表的一致通过。五台县妇救会的成立使五台县的妇女运动进入了一个新的阶段。

县妇救会成立后，陈剑戈非常珍惜全县妇女给予她的荣誉，也深感自己肩上的责任。晋东北特委、五台县委、四区区委的领导包括洪水反复指导她：如何才能把全县的妇女工作做好呢？只有依靠群众、发动群众。

东冶镇所在的四区是五台县文化水平较高的地区，受过初小、高小教育的青年妇女比较多，加之党组织、八路军在这里开展工作较早，从中锻练培养了一批妇女干部，其中一些人还被派到五台县各区担任区妇救会主任。

第五章 晋东北的一段曲折经历

在县妇救会的领导下，各村也相继建立起妇救会。其干部大多是贫雇农家庭的妇女，或者是童养媳。她们的革命热情很高，但她们中间很多是文盲。为了提高她们的文化水平，使她们摆脱蒙昧，县、区妇救会组织有文化的妇女为她们办起了识字班。这些生活在社会最底层的妇女，受压迫最深，革命的要求最强烈。当她们懂得如何摆脱自身的命运后，很快就成了村妇救会的骨干力量。她们积极宣传减租减息，动员男人们参加八路军和抗日自卫队，组织民工支前，各项工作都干得非常出色。

五台县是阎锡山的老家。在他的长期统治下，反动势力非常顽固，斗争形势也很复杂。八路军来开辟晋东北抗日民主根据地，遭到顽固势力的激烈反对和千方百计的破坏。以地主富农为核心的"民众防共"的反动组织"主张公道团"、县保安团等反动地主武装不断与八路军闹磨擦。当地的一些地痞流氓和地主富农的狗腿子也寻机破坏。

五台县境内大多是山，道路高低不平，村庄相距较远。从妇救会所在地的五台县城到二区的耿镇有80多里山路，到六区的台怀镇有180里地。陈剑戈和妇救会的女干部下乡，全靠两条腿步行，天蒙蒙亮，就从五台城起身，怀里揣上一个窝窝头，在山沟里绕来绕去，一直走到天黑，才能到达目的地。有时一天要走八九十里路，走很长一段路，都看不见一个人影，只能听到自己唰唰的脚步声。

陈剑戈从小念书，从没走过这么远的路，一开始很不适应，一天下来，脚上磨出好几个血泡，两条腿拖也拖不动了，到达目的地后，恨不得倒头就睡。但她心里想着自己的任务，要把更多的妇女群众发动起来参加抗日，支援前线，就不觉得苦和累了。她回忆说，自己一个人在穷乡僻壤长途跋涉，从来没有害怕的感觉，既不怕苦，又不怕累，原因就在于心中有远大的革命理想，任何艰苦的工作环境和生活条件很快就适应了。

台怀镇在五台山的中心，被群山和庙宇包围着。这里地域偏僻、贫困落后、封建宗教统治根深蒂固，加之妇女干部少，开展工作困难较多。因此，陈剑戈在那里工作的时间最长，努力帮助那里的基层妇救会逐步把工作开展起来。

五台山的土地虽然贫瘠，但庙里的方丈、住持却都相当富有。悬殊的贫富差别，带来了台怀镇不良的社会风俗。为了生存，不少妇女沦为暗娼，受和尚、喇嘛中不良之徒的欺凌。有些和尚、喇嘛做完佛事，怀里揣着供品或从镇上买来的胭脂、香粉、小花布，神不知鬼不觉地溜出庙门，钻进村里，窜上寡妇、小媳妇的热炕头。村里的男人一早就出去种地，女人们的事，他们虽然知道，但有什么办法？多少年来，台怀镇风气不好，是远近有名的。

所以，妇救会的女干部一般不愿意到台怀镇附近的村里去，所有的活动都是请农会的男同志帮助打"前站"，先把村里的妇女集合在一座大庙里，再由妇救会去做工作。

陈剑戈真心为这些受凌辱的妇女姐妹难过，在大庙里给妇女姐妹们办起了识字班，教她们唱革命歌曲，向她们宣传抗日救国，动员她们为八路军做军鞋，还给她们上课，讲革命的道理，尽力提高她们的觉悟。

陈剑戈严肃地对她们说，妇女应该努力参加生产劳动，才能真正做到男女平等，而不应该依靠男人养活，更不能靠不正当的办法去赚钱，这样生活是妇女的耻辱！到会的妇女都没有吭声。

第二天，村干部对她说，村里的妇女很不满意她昨天的讲话。回到村里，她们七嘴八舌说的怪话可多了，有的甚至还哭诉：

"难道我们愿意过这种生活？不就是因为穷吗？"

"我们来五台，还不是为了活命！"

"光靠男人们种地，养活得起一家老小吗？"

"我们的眼泪也是往肚子里流啊！"

……

她们的一番话是对吃人的旧社会的血泪控诉。这些肺腑之言深深教育了陈剑戈，使这个学生出身的女干部认识到，对旧社会的黑暗面只有激愤是不够的，还必须设身处地地去体谅受压迫的妇女姐妹，同情她们的遭遇，帮助她们认清遭受苦难的社会原因，逐步提高她们的阶级觉悟。这样，她们就会自觉地起来反抗封建统治势力的压迫，扫除旧社会给她们带来的一切不良影响，不切实际的空洞说教和不加分析的指责，不利于团结广大被压迫的妇女。从此，在工作中，她更加注意深入妇女群众中去，了解她们的疾苦，启发她们的自觉性，六区的工作局面逐步被打开了。

在党组织的领导和帮助下，陈剑戈带领县、区妇救会的干部不断深入基层，调查了解妇女群众的生活、需要和情绪，针对妇女的特点有的放矢地开展工作。她在实践中边干边学，逐步总结出一些行之有效的工作方法和经验。随着抗日救亡运动的深入，五台县的妇女工作水平不断提高，广大妇女发动起来了，撑起了全县的半边天。

年初，晋东北特委举办的短训班刚刚结束，洪水也被调到晋察冀军区政治部；3 月，调到《抗敌报》社，一个月后，又调到晋察冀抗日军政干部学校。

陈剑戈和洪水虽说是结了婚,建立了家庭,但他们连一块安歇的地方都没有,更谈不上爱巢了。陈剑戈只是利用下乡工作的机会,顺路到洪水那里看看他。有时只能歇歇脚,有时甚至只有洪水抽一袋烟的工夫。尽管这样,他们的心被革命理想这根红线紧紧拴在一起。

1938年7月,在五台县二区的石嘴村召开了晋察冀边区第二次妇女代表大会。陈剑戈作为五台县的妇女代表出席了这次会议。

毛泽东曾赞誉聂荣臻领导的晋察冀边区是"抗日模范根据地"。陈剑戈时常想,这里也有五台县妇女的一份贡献。

第三节 主办晋察冀根据地党报《抗敌报》

1937年11月18日,晋察冀军区领导机关从五台县迁至河北省阜平县城。军区司令员聂荣臻、政治部主任舒同和边区党委书记黄敬等共同商议,办一份晋察冀全区性的地方党报。

12月11日,在抗击日寇围剿阜平县城的战斗期间,晋察冀抗日根据地的党报——《抗敌报》在阜平县正式创刊了。军区政治部主任舒同亲自兼任报社主任、著名摄影家沙飞任副主任。

在战争环境中办报,条件十分艰苦。印刷《抗敌报》用的是石印机,即在青石板上刻字制版,然后放在石印机上,印刷在4开毛边纸上。它只能印单面,每期印两个版面,共印

第五章 晋东北的一段曲折经历

1500份，由军区政治部通过军邮和地方的支委会向军内外免费发放赠阅。

1938年3月5日，日寇飞机轰炸了阜平县城，正在印刷中的《抗敌报》第24期连同石印机被敌机炸毁。报社的工作人员随晋察冀边区领导机关转移到五台山脚下清水河边的大甘河村，与军区政治部住在一起。

这时，政治部决定，在大甘河村迅速恢复出版《抗敌报》。洪水刚刚从晋东北特委调到晋察冀军区政治部不几天，就命令他接替沙飞，任《抗敌报》报社副主任，主持日常工作。为了此事，政治部还在报社召开了一次鼓动军心的动员会。会上决定，由洪水组织编辑人员和印刷工人连夜出版第25期《抗敌报》，以鼓舞晋察冀边区军民的抗日斗志。

在洪水的带领下，报社全体人员连夜撰稿、刻石、印刷，第25期《抗敌报》很快以充实的内容和活泼的形式出现在晋察冀边区广大军民面前。许多人评价这期《抗敌报》是该报初创时期最可纪念的一页，是坚持敌后游击出报的一个范例。

为了适应抗战时期游击办报的需要，洪水一方面领导报社编辑出版报纸，一方面加紧筹划报社技术装备的更新改造。在这期间，冀中任丘、定县抗日政府动员来一批铅字和印刷器材，例如，8开铅印机、2号和3号铅字等。洪水和报社的干部职工一起动手，在金岗库村古佛寺大殿安装起来，还建了晋察冀军区印刷厂，铅印机很快就运转起来。

到4月初洪水离开《抗敌报》社时，报纸又出版了5期。洪水带领报社工作人员，采编文稿、编辑、校对、印刷、发行，使《抗敌报》及时出现在晋察冀广大军民面前。随着晋察冀解放区的扩大，《抗敌报》越来越广泛地流传开，取得了很好的宣传效果。聂荣臻肯定了洪水在领导编辑出版这份报纸所做的贡献。

后来,《抗敌报》改为晋察冀边区党委机关报——《晋察冀日报》。由邓拓接替舒同、洪水任社长。邓拓十分敬佩洪水的战斗精神,赋诗一首《赠洪水同志》,为他送行:

> 回首红河创痛深,
>
> 人间从此任浮沉。
>
> 北来壮志龙仙运,
>
> 南国诗情天下心。
>
> 十载风波三万里,
>
> 千秋血泪一生吟。
>
> 东方望眼浪潮急,
>
> 莫道飘蓬直到今。

1948年6月15日,由《晋察冀日报》和晋冀鲁豫《人民日报》合并的中共中央华北局机关报《人民日报》在河北省平山县里庄创刊,实际担负着党中央机关报的职能。毛泽东为《人民日报》题写报头。1949年3月15日,人民日报社迁入北京。同年8月1日,中共中央决定将《人民日报》转为中国共产党中央委员会机关报,并沿用始于1948年6月15日的期号。因此,洪水也是《人民日报》的奠基人之一。

离开《抗敌报》社后,洪水仍然在晋察冀解放区的各种报刊上发表文章,积极宣传党的抗日救国的方针、路线、政策,还不断给边区党委的机关报刊《前线》《晋察冀日报》以及军区的机关刊物《抗敌月刊》撰写通讯报道、经验总结和理论文章,在当时颇有影响。洪水还仿照莎士比亚的文体写过一些诗剧,如《春耕》《从军潮》;还写了不少诗文。他的长诗《天真的悲剧》分三次在《晋察冀日报》上连载，为千万个在前线受伤的战士增加了克服困难、顽强战斗的勇气，同时提高了人们防奸、防特的警惕性。

随着抗战形势的发展，八路军的队伍不断壮大，晋察冀军区在耿镇办起了一个被服厂。陈剑戈被调离五台县妇救会，到被服厂女工部担任指导员。

在《抗敌报》创立的同时，一个敌后文化工作队——抗敌剧社也孕育而生。初创时，抗敌剧社的演员很少，特别缺少女演员。为了工作需要，1939年初，组织上调陈剑戈到抗敌剧社去当演员。她从被服厂带去了5个年轻女工。所以，和洪水一样，陈剑戈也是晋察冀边区文化战线的老兵。

在1994年出版的《聂荣臻传》中，有这样一段记载：抗敌剧社在阜平成立时，最初称晋察冀军区政治部宣传队。演出一些红军时期的舞蹈、抗战歌曲等比较简单的节目，以配合作战和发动群众等中心任务。后来从城市来了一批知识分子，刘佳、胡可、杜烽等，演出的节目就丰富一些了。1939年初，开始有了女演员胡朋、陈剑戈、陈群等，演出的水平更进了一步，可以演出多幕话剧了。

第四节 与白求恩大夫在前线相遇

1938年4月，在《抗敌报》工作期间，洪水的痔疮犯得很厉害，已经影响行动了。经政治部主任舒同的动员，他才到设在五台县二区松岩口的晋察冀军区战地医院去治疗。这时，白求恩大夫刚从延安来到晋察冀边区，正好在战地医院巡回医疗。为了一个共同的目标，两个国际主义战士相聚在中国的土地上。初次见面，洪水和白求恩感到分外亲切，紧紧拥抱了一下。洪水会讲英语，能直接与白求恩大夫交谈。白求恩大夫已经50多岁了，非常谦逊地对洪水说：

"洪，你来中国已经十几年了，是个老战士了，我才是个新兵。"

洪水连忙说："要说当八路军，咱们都是新兵。"

白求恩听懂了洪水的意思，他俩会心地哈哈大笑起来。

白求恩告诉洪水，从延安出发时，毛泽东亲切接见了他，还讲了《水浒传》中鲁智深大闹五台山的故事。毛泽东十分风趣地告诉他："五台山，前有鲁智深，今有聂荣臻。五台山就在晋察冀边区，聂荣臻就是当今的鲁智深。"洪水也讲了与毛泽东的友谊和在他领导下走过的革命历程。

白求恩讲述了他来晋察冀解放区的感受，谈到要在松岩口建立一座前线医院的设想。洪水则介绍了晋察冀解放区抗日武装斗争的形势。两个人真有说不完的话……

白求恩决定亲自为洪水做手术。抗战时期，解放区的药品供应十分匮乏。麻药是战争环境中必不可少的手术药物。为了把麻药留给前线负伤的同志，洪水再三要求，手术时，不要使用麻药，白求恩同意了。

洪水知道，在动手术时，白求恩最不愿意听到病人喊叫。手术前，白求恩给洪水一块纱布，让他疼痛时咬住纱布，以免舌头和牙齿受损伤。洪水拒绝了。在做手术的过程中，他自始至终未哼一声。

手术结束了，白求恩翘起大拇指赞扬说："洪，好样的，你真勇敢！"

在白求恩的精心治疗和调理下，洪水恢复得很快。陈剑戈到耿镇去工作而顺便看望他时，他已经能下地行走了。他向白求恩介绍说："这是我的夫人，名字叫陈剑戈。"白求恩笑着说："好，你的夫人很漂亮。名字又是剑又是戈，很厉害。"

1939年10月，听到白求恩牺牲的消息后，洪水十分痛心。他为这位在抗战前线新结识的伟大的国际朋友默默致哀。

洪水有两个嗜好，一是爱吸烟，二是爱吃肉。他的烟瘾很大，白天烟斗不离口，半夜醒来，还要吸上几口。陈剑戈和他住在一起，如果住几天还无所谓，住久了，天天生活在烟雾缭绕的环境中，真让陈剑戈受不了。但他们是夫妻，又不能躲开，陈剑戈只好勉强忍受着，从来不因为吸烟的事责备他。如果陈剑戈说讨厌烟味，他就会故意站在陈剑戈面前喷云吐雾了。

洪水爱吃肉，有时馋得像一个小孩。有一次，不知他从哪里弄到一块猪肉，要陈剑戈帮他切洗。陈剑戈从小不喜欢吃肉，即使过年也很少沾荤，家里只好为她做一些素食。切洗生肉太难为她了。见她不洗，洪水生气了，把肉朝地上一摔。陈剑戈则一句话没说，扭头跑回工作单位。

洪水的脾气有时非常急躁，但跟陈剑戈发脾气也只有这一次。他知道陈剑戈的性格偏强，不管发生多大的事情，陈剑戈从不和别人争吵，只是采取暂时躲开的办法。回避一段时间后，大家就会心平气和了。后来听说，是勤务员替洪水炖了一锅红烧肉，还在街上打来烧酒。酒肉穿肠过，洪水的气也就消了。

还有一次，洪水煮了一锅狗肉让陈剑戈尝尝。陈剑戈坚决拒吃并挖苦他说:"你也太馋了,连狗肉都吃,就差吃老鼠肉了。"他不以为然,一边有滋有味地吃着,一边嘲笑陈剑戈说:"狗肉多好吃呀,你们山西人土包子,这不吃,那不吃的。"不管他怎么说,陈剑戈看都不看一眼。他只好自己闷着头吃起来。一边吃,还一边发出声响说:"啊,好香啊!"

聂荣臻的妻子张瑞华大姐早年在广东省委工作时就认识洪水。她和聂荣臻都知道洪水的性格。在边区妇女代表大会上,张瑞华见到陈剑戈,笑着问她:"洪水同志这么活泼好动,你这样文静,你们怎么在一起相处呢?"陈剑戈毫不掩饰地回答说:"还不是我让着他。"

"可不能惯出大男子主义哟!"张瑞华好像是在开玩笑,却又十分认真地嘱咐陈剑戈。陈剑戈走近她,悄声说:"他属猴,我属虎。山中无老虎,猴子称大王。"她会意地笑了。

陈剑戈听洪水讲过,越南民族有许多风俗与中国相同。不仅姓氏特征与中国汉族相似,就连一年24个节气和春节、清明、端午、中秋等节日也与中国一样,生肖12属相和排列都与中国相同,所不同的是中国的卯年属兔,越南的卯年属猫。洪水属猴,陈剑戈属虎,中国和越南都认可。

第六章
在日寇大扫荡中痛失爱女

- 第一节　第三次从事军队教育工作
- 第二节　痛失爱女
- 第三节　摆脱痛苦继续战斗

第一节 第三次从事军队教育工作

在《抗敌报》工作期间，洪水多次到设在海会庵村的晋察冀军区抗日军事政治干部学校（简称军政干校）和边区教育学社讲课，受到军区首长和学员的表扬。1938年4月，他正式离开《抗敌报》社调到位于清水河畔的军政干校任政治教员。

当时，孙毅任校长，红军时期就与洪水熟悉的郑维山任军事教员。他们经常交流思想，探讨问题，友谊深厚。学员们除了学习，每天还在清水河畔操练开展各种简单的交体活动。洪水是热情的参考者，受到学员们的欢迎。

1938年12月，日本侵略军进攻陕甘宁边区，出动飞机对延安进行狂轰滥炸；国民党顽固派也对陕甘宁边区进行封锁，造成了边区严重的财政经济困难，使广大沦陷区和国民党统治区的革命青年难以通过封锁线投奔延安。为了打破敌人的封锁，便于为前线部队培养干部和就近吸收敌后广大爱国知识青年入学，也为更好地吸取前线丰富的实际斗争经验，减轻陕甘宁边区的财政困难。1938年12月，遵照党中央的指示，抗日军政大学总校派出一部分教职员挺进敌后，分赴晋东南、晋察冀根据地建立了第一、第二分校（简称抗大一分校、二分校）。

抗大二分校的校长是陈伯钧（1940年后为孙毅），副校长是邵式平，政治部主任是袁子钦（后为李志民）。1939年1月28日，他们率领2000多名学员，经过1个多月的长途行军，到达河北省灵寿县陈庄东北的韩信台。3月，抗大二分校第一期开学。晋察冀军区军政干校撤销后，洪水调到抗大二分校，任政治教育科副科长。在参加中国武装革命20年的过程中，这是他第三次专门从事军队教育工作（第一次是在瑞金中央苏区红军学校、红军大学，第二次是长征中在红四方面军红军大学）。

同年3月，陈剑戈也调到抗大二分校供给处工作，第一次穿上了灰色的军装，头戴军帽，腰系皮带，还打着绑腿。1940年，陈剑戈调到抗大二分校女生队担任指导员。女生队毕业后，因灵寿县迫切需要妇女干部，陈剑戈被调到灵寿县妇救会任会长。

在抗大二分校的4年多是陈剑戈与洪水在一起生活最长的一段时间。

在深处敌后的晋察冀根据地办学，既无固定的校舍，也无上课的教室，农舍、棚圈就是校舍；大自然的山峦、原野、河边、树林就是课堂；背包为凳，膝盖为桌，其困难是可以想象的。根据地离敌占区不足百里，敌人随时可能出动。每天上课，随时都要准备自卫，甚至直接参加战斗。全校教职员工和学员共几千人，没有安稳的教学环境，其流动性和战斗性非常突出。

从成立之日起，在聂荣臻和抗大总校负责人罗瑞卿等的领导和关怀下，尽管条件极其简陋，抗大二分校还是成长壮大起来。学校从晋察冀部队选调了一些政治、文化教员，多数是高中或师范程度，还有少数是大学生，洪水也在其中。他在担任政治教育科副科长的同时，还被选定担任主任政治教员，和其他教员的待遇一样，没有任何特殊。他对艰苦的生活毫无怨言，孜孜不倦地学习，勤勤恳恳地从事政治教学和政治教育领导工作。

洪水（第二排左一立者）与抗大二分校干部、学员们在一起

从1938年11月起，晋察冀根据地进入巩固发展的时期。各分区捷报频传。特别是1939年秋冬季，八路军在晋察冀山区腹地打了3个大胜仗，彻底粉碎了日寇的冬季"围剿"。

9月，以贺龙为师长、关向应为政委的八路军一二〇师主力部队与晋察冀军区一部，在抗大二分校所在的河北省灵寿县陈庄地区，对进犯的日伪军进行了伏击，挫败了日伪军寻歼八路军主力部队的企图。

陈庄大捷后，晋察冀军区的部队也憋足了劲，想打个痛快的大胜仗。而日军也发誓要报陈庄的一箭之仇。11月3日凌晨，坐镇张家口的日军混成第二旅团的旅团长阿部规秀中将派

第六章 在日寇大扫荡中痛失爱女

瞭村宪吉大佐率 1500 多名日伪军分别向水堡村、走马译村、银坊村方向进犯晋察冀边区。边区八路军在雁宿崖（地名）采取了诱敌深入、切断退路、封锁峡谷、两侧夹击的战术，当敌人进入张家坟村时，出其不意，勇猛夹击，敌人如瓮中之鳖，全军覆没。

独立混成第二旅团是日军的精锐部队，52 岁的旅团长阿部规秀在日本军界被捧为精通"山地战"的"名将之花"。他擅长运用"新战术"，头脑灵活，指挥果断，又是一个月前刚被晋升为中将军衔，所以、骄纵成性、暴戾自负。瞭村宪吉大队全军覆灭，阿部规秀感到脸面无光，4 天后，即 11 月 7 日，他不顾一切地亲自带领日军深入根据地腹地。但在黄土岭上庄子村陷入杨成武领导的华北八路军的重重包围，使之毙命沙场。

击毙日军中将高级指挥官，在华北战场上还是第一次，在中国人民的抗战史上，也是第一次。日本朝野为之震惊。日军华北方面军司令官多田骏撰写了"名将之花凋谢在太行山上"的悼词。日本《朝日新闻》调子低沉地说："中将级指挥官阵亡，皇军成立以来，未曾有过""护国之花凋谢了"。

当黄土岭战斗胜利的消息传到抗大二分校时，洪水备受鼓舞。他说："花既谢，非花也，正成了肥料呀！"仿照苏联早期著名诗人马雅可夫斯基的文体，他写了一首《名将之花，做了太行山上的肥料》的诗，盛赞反"扫荡"的伟大战绩。诗文写道：

"牛刀子战术"，
"分攻合击"，
"分区扫荡"，
……
还有什么把戏
　　　　可以耍的，
尽情地耍吧！
"黄菌"（皇军）的英雄们！
"九路进攻"，
"七路围剿"，
　　……
　　　　好几次了，
终于如同"侵略"迷梦般地，
　　　　　　成了泡影。
然而，
死猪是不怕开水烫的：
　　　还想来，
　　　　还要来的，
　　　　　还是来了！

　　　"陈庄战役"
　　　　这个尝试，
　　　教训得不够深刻，
　　　　"银坊、雁宿崖的
　　　　　歼灭战"
　　　　　　也不够。

第六章 在日寇大扫荡中痛失爱女

所以"阿部中将"
　亲征出马，
　　要显一显名将的威风，
　　　要开放名将之花。
　　　　　　惜哉！
　　　"花"总是"命薄"的。
名将之"花"
　也逃不掉
　　"花"的悲惨命运。
　　　　　呜呼哝嘻！

路是那么险峻，
(《朝日新闻》报登着)
　是的，
　路，
　　　中国的路，
侵略者在中国走的路，
　　　总是险峻的，
　　　　　无论在南方，
　　　　　　在北方。
"中将"
　也要走这一条路
　　——险峻的路——
奈何？
　辛勤，
　　跋涉。

您真是
　　辛勤，
　　　跋涉。
从张家口到走马驿，
　　到……
　　　　你死去的地方！

"中将"
　　您的黑运，
不，
　天皇的黑运，
　　害了您，
　叫您麻木掉，
　　　认不清
路碑上
　明白地写着的
"张家口"的"口"字出，
"张家坟"的"坟"字进，
　　　　　（对不起，
　　　　　别见怪！
　　　　　中国没有姓阿部的，
　　　　　百姓薄上
　　　　　第一个姓是"张"呀！）
所以，您，
刚跨过"坟"界，
炮弹，

第六章 在日寇大扫荡中痛失爱女

——无礼的炮弹——
　　　　　迎接了您。
您到达了目的地。
　辛勤，
　　跋涉，
　　　许久
才到达的目的地：
　　　　"阿部"坟。
　　　　（上庄子）
"阿弥陀佛"！
观世音菩萨
　救了您的苦，
　　救了您的难！呀！
侵略战争只是您的苦与难！

"中将"
您太爱护您的部下
　　"辻村"部队长。
您伤心他
　在雁宿崖，
　　辛苦，
　　　奋战，
　　　　……
　　　　　都是白费！
您流泪，
　您握手，

您更陪着他

　　　死去。

真是"仁爱之至"！

　　　　我们，

　　　　　　这一群

　　　　　　　太行山上的子弟，

也要感谢您

　　从石山县

　　　——您的家乡——

辛勤地，

　　跋涉地

　　　输送了

给这一块

　　穷土地上

　　　多添了些肥料：

名将之花

　　做了太行山上的肥料！

1940年2月，第三期学员开学，成立了特科大队，培养营团级干部，洪水被调任特科大队任主任教员；8月，特科大队划分成高干科、上干科，洪水任上干科科长；1941年3月，洪水又改任直属工作科科长兼党总支书记。

1941年，抗日战争进入相持阶段。日本帝国主义和伪军对各抗日根据地进行了更加残酷的扫荡。各抗日根据地进入最艰苦、最困难的时期。

从8月中旬起，日军华北方面军司令官冈村宁次调集了5

个师 6 个混成旅及伪军共 7 万余人，采取"铁壁合围""梳篦清剿""辗转抉剔"等战法，进行了大规模的扫荡，妄图摧毁晋察冀抗日根据地。

在党中央、毛泽东主席正确方针的指引下，晋察冀解放区全体军民开展了反扫荡、反蚕食、反清乡的英勇斗争。八路军主力部队适时转移到敌人后方，并以无数游击队和民兵困扰、阻击敌人。山区和平原军民互相支援，互相配合，狠狠打击了日本强盗。

抗大二分校为八路军培养了大批优秀的军事指挥人才，为地方输送了大批出色的领导者，早就被敌人视作眼中钉，也成了日寇围剿的重点。

1941 年 8 月，陈剑戈怀孕近 8 个月。领导安排她回抗大二分校休息。正是在日寇大扫荡的前夕，她回到了抗大二分校。

第二节　痛失爱女

1941 年 8 月底，接到上级的命令，要求抗大二分校向灵寿县东北方向的行唐县转移，以避开日寇扫荡的锋芒。学校政治部的一部分、校文工团及供给处被编为二梯队，由时任直属工作科科长的洪水负责指挥。陈剑戈也跟随二梯队转移。抗大二分校第二团（简称抗二团）派第三营作掩护。

为了不暴露行动目标，队伍白天隐蔽在山沟里休息，夜晚突击行军。陈剑戈带着 8 个月的身孕，行动极为不便，跟着大部队行军感到非常吃力。黑洞洞的天，不见星星和月亮，山间小路坑坑洼洼，行军中深一脚浅一脚，不是踢在石头上，就是碰在树桩上，一不小心崴在小坑里，就会跌倒在地。遇到很陡的下山路，还要蹓遛着向下滑。陈剑戈累得满头大汗，呼哧呼哧地喘着粗气。她多需要休息一会儿呀！哪怕坐一下也行。但她心里明白，坐下来就要掉队，就是死亡。因此，她只有一个想法，必须咬着牙坚持和队伍走在一起，一定要跟上部队。

敌人进入晋察冀边区的腹地，实行野蛮的"三光"（烧光、杀光、抢光）政策，尽力寻找八路军主力部队。但是敌人屡屡扑空，又到处挨打。因此，敌人疯狂地破坏边区军民的生存条件，每到一处，就砸烂坛坛罐罐，甚至在老百姓的炕上和灶台上拉屎，真是禽兽不如。

从屡次失败中，敌人也得到一些教训，有时不动声色地设下埋伏。这种事就让洪水碰上了。有一天，洪水率领的队伍经过连续几天的急行军，在进入行唐县境内并向鳌鱼山前进时，意外的事情发生了。

那是一个没有月亮的漆黑的夜晚，伸手不见五指，四周静悄悄的，只隐隐地听见刷刷的脚步声和偶尔从远处村庄传来的狗叫声。突然，部队停止了行进，前面传来命令，原地待命。大家都在猜测是否发生了意外情况。

原来，因为天太黑，队伍被向导错误地领到了鳌鱼山下的一个小村子。发现领错了路，向导便偷偷地跑了。队伍和抗二团的掩护部队失去了联系，迷失了方向，但已经到了村边，不知村里有没有敌人。于是，洪水命令队伍停止前进，并派人进村去侦察敌情。

这时，敌人已经听到村外有动静，但不知八路军的虚实，鸣放数枪后，立即抢占了山上的制高点。待到洪水派去的人查

第六章 在日寇大扫荡中痛失爱女

明村里有敌情时，部队已陷入敌人的火力范围之中。敌人用机枪扫射，造成 5 人牺牲 8 人负伤。孙毅立即派抗二团团长任昌辉、政委李平带一个排的兵力去接应。抗二团赶到后，以火力掩护，才使队伍撤离出来。

部队冲出包围后，陈剑戈带着 8 个月的身孕实在跟不上部队撤离，只好隐蔽在山沟里。抗大二分校的年轻女医生李宁保护着她。她们钻进一条灌木丛生的小山沟，暂时隐蔽起来，与大部队失去了联系。

敌人开始搜山，其说话的声音，她俩都听得清清楚楚。她俩屏住呼吸，听着外面的动静，做好准备，万一被敌人发现，就和他们拼了，绝不做俘虏。

天大亮了，四周静悄悄的。看来，敌人的搜山已经结束。因为没有摸清敌人的动向，她们只好继续隐蔽在山沟里。直到下午，一个老大爷来山沟里掰玉米，她们高兴极了，喊了一声："老大爷……"但他吓得转身就跑。不知外面的情况，她们也不敢轻举妄动，只好一边猜测着外面的情况，一边互相鼓励着。

天渐渐黑了，外面仍然一点动静也没有。她俩猜想，敌人一定全部撤回据点了，如果再等下去，队伍会走得更远，要找到他们就更困难了。于是，她们离开隐蔽的那条山沟，向山顶爬去，决心找到队伍。

到了山顶，陈剑戈和李宁都傻了。四周全是连绵起伏的高山，看不见一个村庄，看不见一个人影，只是远处不时传来几声枪响。

这时，她们才想起，已经一天一夜没吃东西，实在饿极了。她们环视四周，发现山上有几棵枣树，绿叶中露出点点斑红。陈剑戈对李宁说："咱们先摘些大枣填填肚子吧！"她俩顾不得树枝的刺扎手，摘下一大捧红枣，狼吞虎咽地吃了起来。

天已经大黑了。她们也不知道到哪里去找部队，又累又困，不知不觉地在山上就地睡着了。

在山沟里转了两天，四周都是山，除了松树和灌木，只见满山的大石头。陈剑戈和李宁摸不清方向，只能找附近的老乡询问部队的下落。她俩爬上一个小山头，发现山下有一个20多户人家的小村庄，村里炊烟袅袅，还能清楚地看见有老百姓在村里走动。她俩估计附近已经没有敌人了，就急忙向村里的老乡招手、喊叫。村里的人听见呼喊声，又看不清是什么人，以为是敌人来了，大人孩子急忙往村外跑。这可把她俩急坏了，急忙跑下山去。当老百姓看清是两个八路军女战士时，才停住了脚步。

原来，老百姓连续几天都出去躲避敌人的扫荡。敌人撤回炮楼后，他们才陆续返回村子。恰巧有个老乡给抗大二分校的队伍当过向导，知道部队的去向。于是，由他引路，陈剑戈、李宁终于找到了部队。

因为鳌鱼山战斗失利，部队出现伤亡，陈剑戈和李宁又下落不明，洪水沉重焦急的心情是可以想见的。但是返回部队后不久，陈剑戈和洪水又不得不分开了。因为陈剑戈将要临产，实在不能适应部队紧张的战斗生活，如果再跟随队伍转移，只会给队伍增添更多的麻烦。组织上决定，由李宁医生陪伴她隐蔽在行唐县的一个小山村里，等敌人扫荡结束后，再来接她们。

临别时，能说会道的洪水好像不会说话了，呆呆地看了陈

第六章 在日寇大扫荡中痛失爱女

剑戈好一阵子才说:"我无法照顾你了,你要好好保重。反扫荡结束后,我们再见。你们一定要多加小心。"

陈剑戈知道洪水的担心,安慰他说:"你放心,我和李宁医生在一起,还有那么多老乡,不会出问题。我有思想准备,再大的困难也压不倒我。"

洪水点了点头说:"我知道你很坚强。"但是仍重复了好几遍:"那你一定要多保重,多保重。"

不料,日寇这次扫荡的时间特别长,陈剑戈遇到了难以想象的困难。一开始,村干部把她们安排在一户富农家里。但是,扫荡的时间一长,全村人长期在山沟里躲避敌人,这家人害怕受到连累,就躲得她们远远的。于是,村干部又把她们带到一户贫农的家里。

这户贫农很穷。土炕上除了一张破席、两条补丁摞补丁的被子外,再没有更多的东西。男主人带着刚成年的儿子支援前方去了,只剩下大嫂一个人在家。她40岁开外,身体挺结实,看得出是一个性格泼辣、举止干练的人。她热情地把她们领进窑洞,看着陈剑戈已经足月的大肚子心疼地说:"大妹子,你可真不容易!肚里怀着孩子,还要行军打仗。"

大嫂一边安顿她俩,一边絮絮叨叨地说个不停:"哎,女人嘛,就是这个命……这些小鬼子,都是挨千刀的,总有一天,八路军会把他们全都收拾了……"

她转身向村干部保证:"村长,你放心。人家八路军替俺们打鬼子,这两位妹子到了俺家,俺们就是一家人。俺一定照顾好她们。"

敌人的扫荡越来越频繁,三天两头出动,村子里呆不住了。于是,村干部带着全村老小搬到附近的一条深山沟里隐蔽起来。

山沟里，山坡上，这儿躺着一家，那儿躺着一户，还有几个正在发疟疾的农民，无医无药，只得躺在地上硬撑着。看到他们发病时哆哆嗦嗦的样子，陈剑戈心里十分难过。

已经是秋季，天气渐渐凉了。陈剑戈的衣物、行李在鳌鱼山战斗中全部遗失，只穿着两件单衣，在野地里风餐露宿，铺的是大嫂的那张破炕席，盖的是大嫂那条多处露了棉花的破被子。太阳落山以后，寒风一吹，身上冷嗖嗖的。为了不给大嫂和李宁增加麻烦，陈剑戈一声也不吭。

由于日本鬼子连续扫荡和大肆烧杀抢掠，地里的庄稼几乎没有什么收成。大嫂家本来就缺吃少穿，生活十分困难。在这样残酷的环境里，到哪儿去弄吃的呢？即使家里有点粮食，也都坚壁起来了。于是，山坡上满树的枣子就成了救命粮，饿了，就摘枣吃；渴了，就到沟里舀些山泉水喝。山里的大枣又脆又甜，可是，每天把枣子当饭吃，就受不了了。枣皮不好消化，吃多了常常感到肚子涨，几天都不大便，憋得人很难受。

来抗大二分校时，李宁医生先是在直属女生班学习。陈剑戈曾经当过她的指导员。那时，她还不到20岁，是来自国统区的青年女学生，身上透着江南淑女的窈窕和美丽。她不爱多说话，有股倔强劲儿。

10月的一天早上，陈剑戈突然感到腰酸背疼，腹部一阵一阵收紧，接着就是一阵一阵剧烈的疼痛，马上要分娩了。时下，日本鬼子还经常去村子里骚扰，根本回不去。而这荒山野岭，连一点遮掩的地方也没有。怎么办？李宁和大嫂急得团团转。

陈剑戈忍着一阵一阵剧烈的腹痛，对她们说："算了吧，着急也没用，反正是回不去了，找块僻静点的地方就行了。好在今天天气还好。"

大嫂不知从哪儿找来一把砍柴刀，非常利索地搂了一些蒿草，铺在一块比较隐蔽的石板上。李宁轻轻扶陈剑戈躺下……

山区的天气瞬息万变。刚刚还是晴朗朗的天，不大一会儿就乌云遮日，狂风大作。山沟里的风特别硬，把山上的小树吹得东倒西歪的。顷刻之间，暴雨像开闸的河水直灌下来。大嫂、李宁和陈剑戈就像从河里捞出来似的，浑身透湿。

腹中的胎儿在剧烈地躁动着，分娩开始了。不要说这野地里连一块藏身的地方也没有，就是有个能够安歇的小洞，陈剑戈也动弹不了了。大嫂举起两只胳膊撑着一领破席子"遮风挡雨"，李宁接生。只见那席子在风里上下翻腾，一会儿刮向这边，一会儿刮向那边，大嫂用两只手紧紧抓住席子的两边，才勉强不被狂风刮跑。看着雨水从大嫂的头顶顺着身子往下流，湿淋淋的头发贴在脸上，挡住了眼睛，陈剑戈感动极了。

风还在刮，雨还在下，一阵一阵的剧痛折腾得陈剑戈浑身一点劲儿都没有了……突然，一声婴儿的啼哭划破电闪雷鸣，一个新的生命在急风暴雨中诞生了。

"指导员，是个女孩！"李宁托起婴儿，激动地喊起来。

"好，好！一个小妮子！"大嫂一边撑着席子，一边伸着头看着李宁手中的孩子。

孩子生下来，没有衣服和尿布，就连一块包身子的布都没有。李宁二话没说，把自己带来的一条白被单一撕两半。这样，孩子才算有了一点保暖的东西，不至于赤身露体。

孩子生下来了，暴风雨也停止了。陈剑戈还没有完全从紧张的分娩中清醒过来，大嫂和李宁疲惫不堪地坐在她身边还没喘过气来，东边山顶上的"消息树"倒了，日本鬼子又出来骚扰了。大嫂赶紧抱起孩子，李宁搀扶着陈剑戈，随着村里的群众一起向西边的深山沟里转移。

在紧张的转移之后，陈剑戈才有机会仔细端详一下女儿，粉红的小脸长得挺秀气，长长的睫毛、鼓鼓的小鼻子，她的小嘴巴还在不停地吮动着。

陈剑戈撩起衣服准备给女儿喂奶。这时才发现，怀孕时涨鼓鼓的乳房随着婴儿的落地却一下子松软了。她试着用手挤了挤乳头，一滴奶水也没有。怎么办？在这荒山野岭，连一粒米也没有，怎么养活这个刚刚出世的小生命呢？陈剑戈的眼泪一滴一滴地落在女儿粉红的小脸上。

由于紧张的行军、战斗和野地生活，陈剑戈吃不好，睡不好，一个多月，是靠吃生枣生存的。孩子出生以后，她连一口米汤都没沾过，跑来跑去，躲避敌人的骚扰，自然是一点奶水也没有。孩子饿得哇哇直哭，那哭声简直要撕碎人的心。可有什么办法呢？到哪里去找适合婴儿吃的东西呢？

"来，把孩子给俺！这山沟里有好几个女人在奶孩子。俺向她们讨奶去，俺就不相信俺的妮子会饿死。"大嫂说。

大嫂抱着孩子去和人家商量："好心的妈妈们，这是八路军的小妮子，她爸爸正在前方打鬼子，俺们一人喂一口，救救这个孩子吧！"

听大嫂这么一说，好心的妈妈们纷纷解开衣襟，争着给孩子喂奶。

白天，大嫂可以抱着孩子讨奶吃，晚上就不行了。跑了一天，大家都很累，都要好好休息，怎能再去打扰老乡呢？一到天黑，女儿饿得拼命地哭。陈剑戈把她抱起来，轻轻地拍着摇着，不顶事，就把她放在地上，让她安静一会儿，也不行，她仍旧一刻不停地哭。大嫂和李宁早已累得不行了，睡得死死的。陈剑戈实在不忍心影响她们，就把孩子抱起来，一边晃着一边轻轻地拍着。孩子先是使劲地哭，渐渐地嗓子都哭哑了，最后，连哭的气力也没有了，才安静地睡着了。

每天夜晚就这样折腾来折腾去，陈剑戈根本无法合眼。跑了一天，已经筋疲力尽，孩子又不停地哭闹，她怎么也睡不着，结果，患了严重的失眠症，每天晚上，看着星星升，望着星星落。同志们在哪里？洪水在哪里？陈剑戈只能望着茫茫的星空寻思着……

为了照顾陈剑戈而离开部队，与老百姓一起隐蔽转移，李宁医生也吃了不少苦。但她一直很乐观，总是不慌不忙的，从来没有一句怨言，也从来没有一点不高兴的样子。生孩子以后，陈剑戈的身体虚弱，李宁怕她吃不消，对她备加体贴。每次转移，李宁总是帮她抱着孩子。孩子的两块包布根本替换不开，一会儿就尿湿了，一会儿又拉屎了。李宁一点不嫌脏，一见换下来的尿布，马上拿到河沟里去清洗，然后，挂在树杈上或晾在草地上，尽快把它吹干。李宁日渐消瘦，陈剑戈又感激又心疼。有时趁她不注意，陈剑戈赶快到河沟里去洗尿布。

已经是深秋季节了，天气越来越凉。陈剑戈仍然只穿两件单衣。夜晚，寒风袭来，浑身冻得直打颤，多么盼望有碗热汤，哪怕是一碗热水也好。寒冷使人难受，但最使人难以忍受的是陈剑戈仅有的两件单衣全都穿在身上，根本不能换洗，汗水、雨水、污泥和身上的脏东西混在一起，身上散发出一股恶臭。因为生孩子时风吹雨淋受了寒气，"月子"里一直躺在又湿又凉、毫无铺垫的土地上，陈剑戈不知得了什么怪病，浑身

第六章 在日寇大扫荡中痛失爱女

肿得像个面包,生了不少虱子,头发里长满了虮子。眼看进入冬季了,苍蝇还在周围飞来飞去,赶都赶不走。陈剑戈走到哪里,成群的苍蝇就跟到哪里。她不敢去人多的地方,不管转移到哪里,都远远地躲开人群。

抗日战争时期,这次扫荡是时间最长也是最残酷的一次。尽管陈剑戈遭受了巨大的磨难,身体已经很虚弱了,但从没有气馁。她坚信在党中央、毛主席的领导下,英雄的晋察冀军民一定能够粉碎日本鬼子的扫荡,一定会回到抗大二分校这个温暖的大家庭里去。

在暴风雨中降生的孩子,整天在野地里风吹日晒,过着半饥半饱的生活,身体虽然很瘦小,但她除了肚脐因感染化脓外,没生过任何病。多亏李宁带了一瓶红药水,每天给孩子擦几次,感染的地方居然没有再发展,还渐渐地好了起来。

离开部队已经一个多月了,10月中旬的一天,传来了晋察冀军民反扫荡胜利的消息,陈剑戈、李宁和老乡们一起回到村里。分娩以后,陈剑戈第一次喝到一碗热米汤,吃到一点粮食。在大嫂的窑洞里,她睡了一个安稳觉。这一觉睡得那么香那么沉。醒来时,看见女儿正张着小嘴、舞动着小手乐呢。

搬进村里不久,抗大二分校派人来了,带着瘦得像一只小鸡雏、总算还没有饿死的孩子,她俩依依不舍地告别了待她们胜似亲人的贫农大嫂,步行几十里路,终于回到了抗大二分校的驻地。

一进校门,洪水和同志们都出来迎接她们,簇拥着她们进了屋。有人打了洗脸水,还特地做了热腾腾的面条。校卫生队的医生也来看她们。回到温暖的集体之中,见到了自己的亲人,两个月来的酸咸苦辣一齐涌上心头,再也控制不住自己,陈剑戈失声痛哭起来。同志们安慰她,劝她好好休息。过了好久,她才平静下来,一下子吃了三四碗面条,汤里还打进了两个鸡蛋。她洗了澡,换了衣服,身上的臭味一扫而光。

同志们走了以后,洪水扶陈剑戈躺在他亲自铺好的床铺上休息。他抱起女儿轻轻地拍着,细细地端详着。喝了同志们送来的米汤,女儿睡得甜甜的。洪水靠在床边,详细询问了两个月以来陈剑戈与老乡们一起隐蔽的情况。

把自己遭遇的苦难和孩子所受的罪,陈剑戈一股脑儿地全都倾诉出来,心里舒坦了许多。洪水静静地坐在她身边,用心地听着她的叙述,脸上的表情很沉重,长长地叹了一口气说:"你和孩子能活着回来,太不容易了!假如你因生孩子丢掉了性命,我会永远自责的。"

完全平静下来后,浑身一点力气也没有了,陈剑戈瘫软在床上,再也起不来了。她真的病倒了。

回到抗大二分校以后,看到受过暴风雨洗礼的孩子,同志们给她起了一个有纪念意义的名字——暴风雨。

洪水整天忙于工作,陈剑戈一直卧病在床,只得把孩子托给邻村的一个大娘喂养。眼看着孩子一天天胖起来,样子非常可爱。不料,在她6个月头上,大娘的儿子得了麻疹,小暴风雨也被传染上了,不久又并发肺炎。可怜的小暴风雨刚刚睁开眼睛看了看世界,就离开了人间。这是陈剑戈和洪水的第一个孩子!她受了那么大折磨,吃了那么多苦,好不容易才活下来。陈剑戈几天几夜吃不下、睡不着,孩子降生以来的一幕幕情景,不断闪现在她的脑海里,使她的精神几乎崩溃了。

第三节　摆脱痛苦继续战斗

抗大二分校的校长孙毅来看望陈剑戈，安慰她说："孩子已经死了，不要太难过了，要养好自己的身体。"还鼓励她："今后的路还长着呢，你还要继续为党好好工作哩！"

孙毅校长的话使陈剑戈重新振作起来。虽然经受了难以忍受的苦难，但能活着回来，还能继续为党工作，陈剑戈想，这不是最大的幸福吗？她终于经受住了这次打击，经过治疗，病也慢慢好了，又继续投入新的战斗。为了避免引起痛苦的回忆，从此后，陈剑戈和洪水再没进过那个村子。

在陈剑戈卧病不起的一年中，洪水常常坐在她身边，攥着她的手，说一些体贴的话，有时还开一些玩笑。当时，条件很艰苦，从物质上洪水拿不出什么东西，但在精神上给了陈剑戈很大安慰，帮助她度过了最痛苦的岁月。

身体痊愈后，陈剑戈被分配到抗大二分校四大队当文化教员，教算术课。正当她专心进行教学工作的时候，不料得了疟疾。好在发病总在夜里，尽管夜里折腾得很厉害，白天她照常上课。这又是一个不大不小的考验。

1942年，敌人又在冀中（河北省中部）地区进行大扫荡，粮食运不过来，抗大二分校只分到一些马料——黑豆。伙房把黑豆磨成豆粉，蒸窝头吃。因为有不少黑豆已经发霉，黑豆面窝头又苦又涩，很难咽下去。黑豆面吃多了，许多人便秘。教职员工和学员只能配着吃些杨树、柳树、榆树的树叶和槐花、榆钱儿。直到运来小米，情况才有了好转。在最艰苦的时期，孙毅校长和李志民政委始终与大家同甘共苦，一起背粮食，一起挖野菜，一同搞生产，得到全校教职员工的拥戴。

就是在这样极端艰苦困难的环境里，抗大二分校培养出14000多名学员，为晋察冀解放区的巩固和发展做出了积极的贡献。每当人们回忆起这段历史，大家都不约而同地说，这里也有国际主义战士洪水同志的一份心血。

第七章
在延安共同度过的日日夜夜

- 第一节　长途行军回到延安
- 第二节　他们的孩子靠朱德任弼时批供的牛奶摆脱困境
- 第三节　旁听具有历史意义的中共七大
- 第四节　毛泽东周恩来给洪水送行
- 第五节　欢庆抗日战争的伟大胜利
- 第六节　与"马背摇篮"一起撤离延安

第一节　长途行军回到延安

1941年12月，太平洋战争爆发，日本军国主义侵占了越南。印度支那共产党（越南共产党前身）中央和胡志明多次提出，希望在中国党和军队中工作的越南同志能回国参加抗日战争，特别提到洪水。他两次到中国，时间加起来已十多年了，在军事斗争、政治斗争、群众工作、地方工作、政权建设等方面，积累了丰富的经验，目前，正是回国发挥作用的时候。胡志明与中共中央南方局的负责人周恩来、叶剑英多次当面和函电讨论此事。

1942年4月的冀中大扫荡后，洪水调到以河北省灵寿县为中心的晋察冀军区第四军分区任政治部宣传科科长，陈剑戈也回到那里继续担任妇救会主任。

经中共中央研究决定，先调洪水回延安，在中央党校参加整风学习，经过一番休整后，再动身回越南。陈剑戈也同时被调回延安。

1943年4月，洪水向接替他担任宣传科长的魏巍交接了工作，然后同陈剑戈一起离开河北省灵寿县，先回到驻在河北省阜平县的抗大二分校，向过去的老领导、老战友、老同事告别，恰好抗大二分校有一批学员要回延安，他们便编成一支队伍，配有一个班的战士护送，另外还给洪水派了一个十五六岁姓宋的小勤务员，配了两头驮行李的骡子。这支队伍便动身向延安进发。这又是一次小长征。

第七章 在延安共同度过的日日夜夜

他们从河北省阜平县出发，经山西繁峙、代县、宁武、岢岚、兴县各县，在山西临县的第八堡渡过黄河，到达陕北的绥德。他们晓行夜宿，行程 2500 多里，一路上经过的都是最偏僻最穷困的地区，还要通过好几道封锁线，特别是要翻越宁武县西北的摩天岭。他们甚至又一次遇到了死亡的威胁。

摩天岭终年积雪，坡陡路滑，在当地号称"小雪山"。他们上山时，天气很好，没感到有什么困难。但爬到半山腰时，天气突然变了，狂风大作，暴雪横飞。这支近 20 人的队伍被暴风雪刮散了。

洪水、小宋和陈剑戈牵着骡子躲在山崖下面的背风处。大约过了两个小时，狂风平息了，大雪渐渐停了下来，他们才牵着骡子走出山崖，踏着积雪继续向上攀登。

再回到山上时，已经分不清哪里是沟，哪里是路。山上山下被厚厚的积雪覆盖了。他们只能摸索着前进，方向稍有不对，就有可能跌下万丈深渊。他们的一头骡子就是蹄下一滑，滚到山崖下摔死了，行李也全部跟着掉下山崖了。

翻过高山后，他们来到岢岚县的一个村庄里，在一位老乡家歇脚。同行的人被暴风雪刮散后，再没看见过。听老乡说，山上有冻死的人。洪水、陈剑戈躲在山崖下，才避免了一次横祸。

经过 3 个月的长途跋涉，他们离延安越来越近了。1943 年 7 月，在盛夏的一个傍晚，他们终于到达了革命圣地延安。

顺着清澈见底的延河，他们向中央招待所走去，眼前的一切都是那么新鲜：延河两岸，人们三个一群，五个一伙，洗衣服的、谈心的、戏水的、操练的、唱歌的……一片温馨、祥和的景象。虽说是盛夏季节，但陕北高原的昼夜温差明显，傍晚的空气已带丝丝凉意。他们呼吸着干爽、清凉的空气，长时间行军的疲劳一扫而光。

回到延安，就像回到了家。洪水于1937年离开延安，有那么多老首长、老战友在此，延安的一草一木，他都熟悉。

从这一天开始，在宝塔山旁、在延河岸边、在篮球场上、在中央大礼堂的舞台上，人们又常常看见一个戴着贝雷帽的活跃的身影。这就是许多人都认识、都喜欢的越南人——洪水。他又回来了！

洪水、陈剑戈回到延安之前的1942年春，延安开展了整风运动。因为中国共产党建立20年来，有成功的经验，也有失败的教训，但对"左"、右倾错误一直没有机会进行系统的批判总结，其危害的严重性还未被全党认识。为了在全党确立正确的立场、观点、方法，以马克思主义的路线、方针、政策指导工作，中共中央决定在全党开展一次整风运动。

1941年5月，毛泽东主席在延安干部会上作了《改造我们的学习》的报告；1942年2月，又作了《整顿党的作风》和《反对党八股》的报告。从学习这3个文件开始，全党拉开了整风的序幕。在整风运动中，干部群众认真学习整风文件，联系个人的思想和工作实际开展批评和自我批评，总结成绩，弄清缺点错误，找到原因，达到"惩前毖后，治病救人"的目的。

1943年，各解放区的大批干部陆续来到延安参加整风。其中一部分人是准备参加党的第七次全国代表大会的代表；还有一部分人是通过学习，武装思想，适应新时期的需要，再奔赴全国各个战场。

中央党校分一、二、三部。一部的学员都是出席中共第七

第七章 在延安共同度过的日日夜夜

次全国代表大会的代表；二部是县团级以上的干部；三部是县团级以下的干部和机要人员。洪水和陈剑戈被安排在二部。部主任是洪水在闽西时的老领导张鼎丞。两个老战友相见，分外高兴，经常在一起谈天说地，介绍分别后各自的经历。张鼎丞还向洪水介绍二部的情况和学习安排，希望他学到更多的知识和本领，为回到越南更好地参加祖国的抗日战争打好坚实的基础。

通过整风，全党的党性修养和思想理论水平有了很大的提高，主观主义、宗派主义等错误思想有所克服，达到了空前的团结。

洪水、陈剑戈在中央党校二部开始了他们一直盼望的每天能见面的愉快的学习和生活。虽然他们不是每天都能住在一起，而是在星期六和星期日休息时才能住在一起。但他们觉得这也来之不易，非常珍惜。

当时，陕甘宁边区开展了大生产运动。前方回来的干部也都参加大生产运动。有的人找个纺车纺棉线，用纺出的棉线换来棉花和布匹；有的人在河滩上种菜，以解决吃菜的问题。其实，洪水、陈剑戈从前线回到延安，他们觉得党校的伙食办得非常好，每天的午饭都有好几个菜，还有肉吃。每当端起饭碗，他们就不由得想起前方的同志。所以，他们积极参加大生产运动，尽量给前方的同志减轻负担，以自力更生的实际行动支援前方。

洪水学过纺棉线，但他生性好动，总是坐不下来，始终没有学好。陈剑戈就加倍努力，把洪水应该完成的任务也干出来。

延安的文化生活很丰富。中央党校二部有时还组织干部们学跳交谊舞。每次开舞会，汽灯把整个院子照得像白天一样。参加舞会的人很多，有的人是学跳舞，但多数人是围观看热闹的。陈剑戈也是围观者之一。她不是看跳舞，而是借着明亮的汽灯坐在舞场边纳鞋底。这是在五台县做妇女工作时组织妇女做军鞋养成的习惯。有些大城市里来的知识分子朝她指指点点，对她利用这种场合纳鞋底觉得好笑。对此，陈剑戈觉得无所谓。

在中央党校二部参加学习的干部来自全国，相互之间不了解，除了学习文件外，主要是开展批评与自我批评，公开自己思想、作风、工作上的缺点错误，然后，根据自我批评的情况，大家进行分析，帮助提高认识。由于二部主任张鼎丞和副主任安子文严格执行党的政策，整风运动进行得很平稳。

回到延安不久，洪水带陈剑戈去看望被大家亲切地称为蔡大姐的蔡畅。洪水和蔡大姐是老熟人。洪水在法国和在广州胡志明身边工作时就结识了蔡大姐。那时，洪水还是一个十六七岁的小青年。蔡大姐很喜欢这个聪明英俊的越南小伙子。1926年，蔡大姐和李富春介绍洪水进入黄埔军校第四期学习，长征前期又一起征战。现在，蔡大姐是中共中央妇女委员会书记，是中国妇女的领袖。怀着敬畏的心情，陈剑戈跟着洪水来到蔡大姐工作和生活的窑洞。

蔡大姐热情地把他们领进窑洞，又捧出红枣招待他们。蔡大姐穿着一身洗得发白的灰色女制服，显得端庄、有气度。

洪水首先把陈剑戈介绍给蔡大姐："这是我的爱人陈剑戈同志，是山西五台人。"蔡大姐微笑着向陈剑戈点点头，一边和她握手，一边说："欢迎你！"

随后，蔡大姐又风趣地对洪水说："小洪，你现在成了中

第七章 在延安共同度过的日日夜夜

国的女婿,咱们更是一家人了。"在和蔼可亲的蔡大姐面前,洪水倒显得有些腼腆了。"小洪,你离开延安一晃也有五六年了,谈谈晋察冀边区的情况吧"

洪水把在五台县、在《抗敌报》社、在抗大二分校工作的情况向蔡大姐一一作了汇报。当蔡大姐听说陈剑戈在晋察冀边区做过妇女工作时,非常高兴,饶有兴趣地问了许多有关边区妇女工作和生活的情况。在陈剑戈讲话时,蔡大姐听得非常认真,不住地点头称道。蔡大姐还关切地问她和洪水的学习、生活情况。中午,蔡大姐带他们到中央机关的饭厅里去吃饭。在这里就餐的都是中央领导,伙食和党校二部的伙食一样,没有一点特殊。

在饭厅里、在离开饭厅的路上,洪水和陈剑戈碰到好几位中央首长,其中有刘少奇和周恩来。看见洪水和陈剑戈,他们都非常热情地打招呼。洪水不厌其烦地向他们介绍陈剑戈。他们都热情地同陈剑戈握手,亲切地问候她,一点架子都没有。

在返回党校的路上,陈剑戈对洪水说:"你看,蔡大姐是我们党内资历最深的妇女领导人,可她一点领导干部的架子都没有,刘少奇、周恩来也是那样和蔼,又那样平易近人。"洪水说:"这就是党中央的领导作风,他们是我们整风学习的楷模。"

第二节　他们的孩子靠朱德任弼时批供的牛奶摆脱困境

到延安之前，陈剑戈又怀孕了。距离预产期还有两个月，她就住进延安中央医院。医院的条件与在野地里生女儿"暴风雨"时相比，真是天壤之别。这时已是1943年年底，是陕北最寒冷的季节。广袤的黄土高原，风沙弥漫，窑洞外不时飘落着雪花。中央医院的窑洞里却暖烘烘的。宽敞的窑洞、舒适的病床、可口的饭菜，还有耐心和蔼、服务周到、医术高明的医生和护士。特别是洪水经常到医院来看陈剑戈，她的心里踏实多了，人也长胖了，脸色红红的。

1944年1月15日，孩子降生了。36岁的洪水"喜得贵子"，自然很开心。他抱着儿子在病房里转起圈来，又把儿子高高地举过头顶，嘴里还念念有词地说："好儿子，等你长大了，爸爸带你去打仗！"陈剑戈在一旁插话说："孩子长大了，要建设新中国，像苏联人民一样过和平幸福的生活。"

洪水把孩子抱在怀里，轻轻地拍着，出神地看着孩子的小脸蛋说："是啊，我们今天吃苦就是为了他们能过上好日子。"那一年，延安的大生产运动取得丰收。为了纪念这一盛事，洪水给孩子起名——小丰。

小丰出生以后，困难还是来了。生第一个孩子时，因为营养不良，陈剑戈就没有奶水，第二个孩子出生后，奶水仍然很少。不得已，洪水给朱德打了个报告，请求帮助解决困难。很快，朱德批给小丰每天一小罐牛奶，解决了这一困难。

抗日战争时期，延安的奶牛很少，只够供应中央领导同志用。朱德批的一罐牛奶，等于分食了中央领导的营养供应。它体现了朱德对干部的体贴和关怀。以后，陈剑戈总是教育小丰："你是喝朱总司令批给的牛奶长大的。朱总司令的恩情，我们永世不能忘记。你将来要好好工作。这样，才对得起朱总司令，对得起党。"

中央党校原来不接收有孩子的女干部学习，为的是让孩子妈妈们专心带孩子。洪水和太行区党委的一个干部联名给中央打报告，要求党校允许带孩子的女同志也能参加学习。中央批准了他们的请求。陈剑戈和一个姓刘的女同志搬到中央党校二部去住。一开始，带孩子的女干部只有她们两个人，以后，逐渐增加，就编成一个妈妈支部。她们之间都互相关心、互相体贴。

在中央党校二部，陈剑戈和洪水分在两个支部学习。洪水在第六支部，陈剑戈在第十四支部，分住在两个地方。延安的窑洞一层一层高低错落。为了照顾有孩子的女同志，陈剑戈带着小丰住在最低的一层。洪水则住在坡顶上的窑洞里。这样，小丰

1945年，洪水和儿子陈寒枫（小丰）在延安

第七章 在延安共同度过的日日夜夜

只能由陈剑戈一个人照看。照看孩子常常与参加集体学习发生矛盾。有时，陈剑戈出去听半天报告，把小丰一个人留在窑洞里。没人照看，孩子饿了渴了，只能是自己在窑洞里哭喊，大小便弄得满身满床，甚至弄到脸上嘴上。听完报告，陈剑戈回到家，还得用半天时间给小丰擦洗。1945年，洪水回越南之前，他们才搬到一起住。

喝了朱德批给的牛奶，小丰长得很壮，10个月就能沿着小床走来走去。他很调皮，总爱用小手打人，加上洪水风趣、爱开玩笑，中央党校二部的同志们都爱逗小丰。晚饭后，陈剑戈和洪水经常抱着小丰到延河河滩上去散步。有时，洪水高兴了，抱着小丰飞快地往坡下跑，陈剑戈在后面紧追。同志们看见了，就把这对父子拦住，都想摸摸抱抱小丰。可小丰不让摸，不让动，谁要碰一下，他就打谁一巴掌。洪水高兴得哈哈大笑。陈剑戈在一旁也掩饰不住内心的喜悦说："瞧这对活宝！"

在延安，洪水是有名的活跃分子，还是延安女子篮球队的教练。有时，他抱着孩子走下山坡，正好球场上在举行篮球比赛。球场的哨声和叫好声一下子就把洪水吸引住了，他连忙把孩子交给陈剑戈，立刻奔到球场边，跃跃欲试。他有时当教练，有时当裁判，有时当运动员。他经常打中锋，满场地跑，嘴里还不停地叫喊着，指挥着。

陈剑戈抱着小丰坐在"观众席"上兴奋地看他们比赛。

在延安的日子是陈剑戈、洪水一家最快乐的时光。

1946年2月，回国半年后，洪水和陈剑戈的第二个孩子出生了，又是一个男孩。为了纪念洪水的祖国，陈剑戈给孩子取名小越。

小越出生后，又遇到没奶的难题。洪水离开延安回越南前告诉陈剑戈，他已经把孩子托付给任弼时作孩子的监护人了。有困难可以找他。不得已，陈剑戈给任弼时打了一个报告。很快，任弼时就批给小越每天一小罐牛奶。收到牛奶后，陈剑戈激动地哭了。她想的是，怎样报答朱德和任弼时同志对自己和孩子的恩情呢？她想，只有把自己的终生奉献给党和革命事业，在任何艰难险阻面前不动摇，永远忠心耿耿、勤勤恳恳地为党工作，才能对得起中央领导，对得起党组织的关怀和照顾。

第三节　旁听具有历史意义的中共七大

1945年，世界反法西斯战争获得节节胜利，德意日法西斯面临彻底覆灭的命运，中国的抗日战争也到了胜利的前夜，为了系统总结中国革命的基本经验，为彻底打败日本侵略者、建设新中国做准备，经过长期准备，中国共产党决定召开第七次全国代表大会（简称中共七大）。

这一年，随着越南革命运动和抗日武装斗争形势的发展，推翻保大封建王朝、建立人民共和国的时机也已经成熟。为了越南国内斗争的需要，印度支那共产党（越南共产党前身）中央再次向中共中央提出：希望洪水等越南同志回国参加战斗。

经过研究，党中央决定同意洪水回国，但鉴于中共七大即将召开，为了使洪水更好地理解和掌握中国革命的经验，决定让他旁听中国共产党的七大,大会结束后,再返回越南。

1945年4月21日至6月11日,中国共产党的七大在延安杨家岭中央大礼堂举行。出席大会的正式代表547人、候补代表208人,旁听人员15人。除洪水是越南人外,其他旁听人员也主要是在延安的外国友人,还有一些华侨和少数民族干部,例如,日本的野坂参三(后来任日本共产党主席)、河田好长、佐藤猛夫、冈田文吉,朝鲜人崔昌益、金白渊,苏联人弗拉基米洛夫,印度尼西亚人阿里阿罕,华侨陈子广、钟庆发、林仲、匡沛兴,回族干部马青年,台湾共产党负责人蔡孝乾等。

大会期间,洪水同全体到会人员一起听取了毛泽东所作的开幕词和闭幕词、《论联合政府》的报告、关于形势和思想政治问题的报告、关于讨论政治报告的结论和关于选举问题的讲话,听取了朱德所作的《论解放区战场》的军事报告和关于讨论军事问题的讲话、刘少奇所作的《关于修改党章的报告》和关于讨论组织问题的结论,听取了周恩来所作的《论统一战线》的讲话和20多位党政军重要领导人的发言。

中国共产党的七大总结了中国共产党长期奋斗的历史经验,为争取抗日战争的胜利和新民主主义革命在全国的胜利奠定了政治和思想基础。洪水参加大会的积极性特别高,早早就来到中央大礼堂同全体到会人员一起认真听取大会的报告和发言,认真参加小组讨论,尽管小组会都是在院子里席地而坐。在会议短暂的休息时间里,他还抓紧时间同他熟悉的中央领导同志和与会的代表讨论甚至争论他所关心的有关问题。

这次大会使全党特别是党的高级干部对于中国革命的发展规律有了比较明确的认识,也使洪水有了清醒系统的认识,为他回到越南更好地灵活运用中国革命的实践经验,打下了坚实的思想和理论基础。

为了回越南参战进一步做好准备，洪水和黄晋光（越南名为阮庆全，从苏联来到中国）、梁金生（华侨）等几位准备回国的越南同志集中在一起学习了一个多月。结合中共七大文件，他们着重研究分析了世界反法西斯斗争的形势以及越南抗日战争和国内的革命形势，研究学习了对越南民族解放斗争有实用价值的军事理论和战略战术。为了更好地借鉴中国革命的经验，洪水还把毛泽东的《论持久战》《中国革命与中国共产党》等著作翻译成越南文。除了在思想上、理论上做了精心准备，为了应付长期艰苦的战争环境，他还在身体上作了准备，甚至在延安中央医院切除了盲肠。

第四节　毛泽东周恩来给洪水送行

返回越南的日子到了，洪水到枣园向中共中央的领导同志辞行。毛泽东在枣园的窑洞前接见了他。特来为洪水送行的还有周恩来、叶剑英等领导人。

毛泽东微笑着走出窑洞。洪水兴奋地迎上前去。在毛泽东面前，他一个立正，行了一个庄严的军礼："报告主席，我们即将返回越南，特来向您辞行，请您作指示！"

看着洪水严肃、认真的样子，毛泽东乐了。他慈祥地注视着洪水，他们的双手紧紧地握在一起。

握着毛泽东那双力挽狂澜、指引中国革命不断走向胜利的巨手，一股暖流涌上洪水的心头。毛泽东是他最敬仰的中国革命领袖,在参加中国武装革命斗争20年的实践中,他亲身感受到毛泽东军事思想的伟大。在被错误路线打成"高级特务""国际间谍"并被开除党籍的日子里,洪水始终坚信,跟着毛泽东,革命一定会胜利。所以,他跟随毛泽东领导的中国工农革命武装从成立一直走到了今天。

毛泽东请周恩来、叶剑英和洪水围坐在窑洞前的石桌旁。他深情地看着这位跟随中国革命军队出生入死成长起来的国际主义战士、优秀的指挥员,真有些依依不舍。他语重心长地说:"小洪,我们和你是依依惜别,只能同意你走,那里是你的祖国嘛。条件艰苦,就得艰苦奋斗。我们了解你,你是个好同志。可你到了越南,一定要和越南同志搞好团结。"望着最敬重的革命领袖,聆听着他的教诲,句句话都铭记在洪水的心里。

谈话时,毛泽东经常开几句风趣的玩笑。他的玩笑生动、形象,跟他谈话,使人感到非常轻松。他戏谑地对周恩来、叶剑英说:"洪水的性格是执着、透明的,这样的干部使用得好,是驰骋千里的骏马,否则就是爱尥蹶子的马。使用不好,他还会踢人哩。"

毛泽东、洪水和在座的人都笑了起来。

周恩来也充满关怀地嘱咐说:"现在,中国革命的条件一天天好起来,可你要走了。越南的条件仍然十分艰苦。从国外回到越南的干部有两种,一是从欧洲、苏联回去的干部;二是穿过草鞋的、从中国回去的干部。你回去后要注意团结,注意解决问题的方式。"

周恩来还告诉洪水,抗日战争即将胜利,蒋介石的权力欲望也极度膨胀,他身兼几十种"要职",从政治、经济、军事到

第七章 在延安共同度过的日日夜夜

文化教育，几乎无所不包，成为中国"绝对的领袖"；从军队实力来说，国民党的力量占据较大优势，其军队人数由抗战初期约 200 万人发展到 430 余万人，而我们只有 127 万人，双方兵力对比是 3.37 比 1。蒋介石妄图独掌大权，迫使我们交出军权和政权，并准备发动内战，为了争取时间并转嫁内战责任，蒋介石有可能会提出国共两党进行谈判的主张，因为你懂法文、英文、俄文，如果进行谈判，有可能会用得上，到重庆后，你先住一段时间，等中央的通知，再决定何时动身返回越南。

毛泽东、周恩来的谆谆教导寓意深刻，饱含依恋和信任，说明在同生死共患难的 20 年的武装斗争中，洪水与毛泽东、周恩来、叶剑英等中国领导人建立了多么深厚的友谊。亲切的谈话温暖着洪水的心。

这以后，洪水又去看望了朱德、任弼时、李富春、蔡畅等中央领导，与他们一一话别。

得知洪水要回越南，陈剑戈心里一阵痛楚。她又怀有身孕，不知道他这一走什么时候才能回来，不知他何时才能看到即将出世的孩子。但她又想，洪水是越南人，虽然为中国人民的解放事业奋斗了 20 年，但他是越南人民的儿子，当然爱他的祖国——越南，不论什么时候，只要祖国需要，他一定会响应祖国的召唤，为民族解放的正义事业而战斗。一个国际主义战士也一定是爱国主义的战士。

陈剑戈强忍着离别的痛苦，没说一句留恋的话，也没提将来她一个人带两个孩子会遇到什么困难，以免洪水为此牵挂、烦恼。对于离愁别恨，洪水内心的斗争也很激烈。但他始终没有正面和陈剑戈谈将要回越南的事。

一天晚上，洪水不停地抽烟斗，一斗接着一斗。望着眼前缭绕的烟雾,踌躇了良久,他才对陈剑戈说:"剑戈,我要回越南的事,你可能听说了。将来你一个人带两个孩子,遇到的困难一定很多。我离开了,你遇到困难,怎么办?我真是寝食不安。"

听洪水这么一说,陈剑戈的鼻子一酸,眼泪在眼眶里直打转。她极力克制住自己,不能在洪水面前表现出一丝伤感。她安慰洪水说:"只要你回越南后,努力工作,做出优异的成绩,就是对我的安慰。延安还有组织。组织上会帮助我的。我一定能战胜一切艰险和困难,你就放心地走吧!"

洪水闭上眼睛,好像在想什么,再也没说什么。洪水知道,这次离别是上前线,是去为祖国的解放而战斗,生死未卜,很难说是否能活着回来。他实在放心不下陈剑戈和孩子。

在洪水将要离开延安的前几天,他又对陈剑戈说:"以后,你会遇到很多困难。但我相信你不会屈服于困难。我已经把你们母子托付给中共中央秘书长任弼时同志了,有困难,你就找他吧。"

为了减轻陈剑戈的负担,临出发前,洪水把小丰送进延安第二保育院养育。当时,小丰只有一岁半,是保育院中最小的孩子。像所有初上保育院的孩子一样,因为环境陌生,小丰抱着洪水的腿又哭又闹不让他离开。洪水是个硬汉子,又是一个感情丰富的文化人。洪水爱孩子,听着小丰声嘶力竭的哭喊,洪水蹲下身,轻轻擦干了他的眼泪,将他抱起来,在院子里慢慢走了好几圈。洪水用手轻轻地拍着小丰,不时亲亲他的小脸蛋,又逗着他说了两段简单的儿歌,然后毅然把小丰交给保育员,头也不回地离开了。

关于小丰不愿上保育院而且又哭又闹的情况,回来后,洪水一点都没向陈剑戈流露。他只是说，延安第二保育院是在朱德总司令和康克清大姐的关怀下创建的，条件很好很正规，你就放心吧！

1945年8月初的一天，洪水就要离开延安了。离别之际，他长时间地紧紧地攥着陈剑戈的手，眼睛里深藏着离别的苦楚和对重聚的期盼："剑戈，你多保重。总有一天，我们会团聚的！"

陈剑戈站在窑洞前，看着他走下山坡，目送着他渐渐远去……

洪水是从延安机场乘飞机去重庆的，到重庆后，特意托人给陈剑戈带回一块蓝底的小花布，表示他对未出生孩子的一片爱心。

第五节　欢庆抗日战争的伟大胜利

1945年8月15日，日本天皇裕仁宣布无条件投降。中国人民的抗日战争和全世界的反法西斯战争取得了最后的胜利。宝塔山下，延河两岸，一片欢腾。广大群众敲锣打鼓，欢庆胜利。那些日子，干部群众高兴的心情难以用语言表达。洪水在重庆听到这个好消息，也无比激动、无比兴奋，与重庆市民一起走上街头，欢庆胜利。这是他和中国人民、世界人民共同的胜利。

此时的蒋介石仍未放弃消灭共产党及其领导的军队的企图，但他对挑起全面内战也有顾忌：一是经过8年抗战，全国人民普遍期待和平地建设国家，包括民主党派甚至国民党内部均有人反对战争；二是美苏两国都不赞成中国发生内战；三是抗战期间，国民党政府的精锐军队大都退到中国西南和西北地区，要迅速开赴共产党控制区还需要一段时间。权衡利弊之后，蒋介石在调兵遣将的同时，也发动和平攻势，于1945年8月14日、20日、23日连续3次电邀毛泽东到重庆谈判，尽一切可能争取准备内战的时间。

8月23日，中共中央在延安召开政治局扩大会议，认为抗日战争已经结束，新阶段的任务是和平建设，应当力争一个和平建设时期，避免内战或使全面内战尽可能地推迟爆发，要通过和平途径建设一个独立、民主、和平的新中国。于是，中共中央派毛泽东、周恩来、王若飞等为代表，赴重庆与国民党谈判。8月28日，毛泽东等在美国驻华大使赫尔利、国民党政府代表张治中的陪同下，从延安乘专机赴重庆。

这时，洪水正在重庆。中共代表团到达重庆后，要求洪水参加谈判期间中共方面有关的工作。他十分愉快地留了下来。于是，直到10月10日签署《政府与中共代表会谈纪要》即《双十协定》共43天里，他在周恩来的直接领导下参加了有关的工作，完成了交给自己的任务，还了解了谈判的全过程，增长了对敌斗争的知识和才干。

10月11日，毛泽东在张治中的陪同下飞回延安。周恩来、王若飞仍留在重庆，与国民党继续商谈尚未达成协议的问题。

完成组织上交给自己的全部工作任务后，经过周恩来的同意，洪水踏上返回越南的归途。

毛泽东去重庆谈判，延安的广大军民都在为他的安全担心。毛泽东在重庆的43个日夜，也是延安军民夜不能眠的43个日夜。毛泽东平安回到延安，大家悬着的心才放了下来。

返回延安后,毛泽东给中央党校的学员作了一次关于重庆谈判的报告。党校二部的全体干部、学员都聆听了报告。陈剑戈也到现场听了报告。毛泽东生动的讲演、诙谐的比喻、有力的手势,深深吸引着在座的每一个人。会场上不时爆发出一阵阵笑声和暴风雨般的掌声。毛泽东浓重的湖南口音使陈剑戈这个山西人听起来很费劲,但有一句话她听得真真切切:"世界上没有直路,要准备走曲折的路……我们和全体人民团结起来,共同努力,一定能够排除万难,达到胜利的目的。"

第六节 与"马背摇篮"一起撤离延安

1946年6月26日,小越刚刚出生4个多月,国民党、蒋介石撕毁了"停战协定"。内战全面爆发了。

1946年11月,国民党第一战区司令长官胡宗南调动25万兵力,悍然向延安发动了进攻。解放军在延安的兵力只有两万多人。在中共中央、毛泽东主席的领导下,延安军民采取了放弃延安、诱敌深入、寻机消灭敌人有生力量的策略,准备抗击10倍于我的敌人。

为了准备打仗,中央要求在延安的一切非战斗单位一律撤离延安,向其他解放区转移。

陈剑戈所在的中央党校二部的一部分学员分配到全国各地工作,一部分撤离延安。陈剑戈被安排与中央党校三部一起撤离。她和三部一些带孩子的妈妈们与延安第二保育院相随在一起,在部队掩护下,向以山西晋东南为中心的太行解放区转移。

出发前，陈剑戈把小丰从第二保育院接回来。这时，小丰只有两岁半，小越出生才8个月。考虑到带两个幼小孩子行军的困难太大，领导就把跟随陈剑戈和洪水回延安的勤务员小宋又分配给她。

11月12日，就要离开延安了。早饭后，一切准备就绪，队伍在宝塔山下集合。即将走出窑洞时，陈剑戈不由自主地返回去，轻轻抚摸着留在窑洞里的每一件物品。虽说她和洪水在这间窑洞里住的时间不长，但这里毕竟是他们温馨的家。这里仿佛还留着洪水的气息，留着他们一家幸福的欢笑声。陈剑戈慢慢地退到门口，深情地环视了一周，深深地吸了一口气，才恋恋不舍地背起小越、牵着小丰的手转身走出了窑洞。

陈剑戈和小宋一起赶着骡子走下山坡。

出发这天，天气很冷。雾气笼罩着巍巍的宝塔山。准备撤离延安的队伍人山人海，集合在宝塔山下的河滩上，人喊马叫，熙熙攘攘。

陈剑戈仰望着巍然耸立的延安宝塔，默默地向洪水发誓：

"洪水同志，请你放心。今天我带孩子们撤离了延安。我相信，我们一定会回来的。我和小丰、小越将在延安等着你胜利凯旋！"

在中央党校三部妈妈队伍的旁边，有一支更加庞大的队伍——"马背摇篮"大军。这就是准备和他们一起撤离的延安第二保育院的队伍。这支驮队近百头牲口，每头牲口两边各驮着一个特制的小木床，还有20多头牲口驮着行装和给养。驮床里活泼可爱的孩子，大的不过五六岁，小的不到两岁。

第七章 在延安共同度过的日日夜夜

在"马背摇篮"中长大的小丰（右）和小越

一声长长的哨音吹响，这支"马背摇篮"大军立刻安静下来。只见一个年轻威武、身穿灰色军装的男同志站在队伍前面的土坡上。有人说，这是院长张炽昌。他扫视了一下整个队伍，然后，简短有力地进行行军动员："同志们！蒋介石、胡宗南匪帮调动了 25 万兵力包围我们陕甘宁边区。为了保证孩子们的安全，党中央要求我们立即向太行解放区转移。我们这支队伍里有 136 个孩子。他们的父母都在前方打仗。不要小看这 136 个孩子，他们可是各路大军的宝贝疙瘩，每一个人都牵动着几万人的心呢！我们能够把这些孩子安全地转移到太行解放区，就是支援解放军打胜仗。这次行军，任务艰巨，责任重大，无论遇到什么艰难险阻，我们都要不惜牺牲自己的生命来保护孩子们的安全。大人在，孩子在，大人不在，孩子也要在！同志们，有没有决心克服困难？！"

保育员们齐声表示："有！"一些大一点的孩子也跟着喊了起来。

张炽昌接着命令："各中队再检查一下自己的队伍，10分钟后出发！"

张炽昌走到队伍中来，一队一队地进行认真细致的检查。

"出发！"只听他一声号令，"马背摇篮"大军浩浩荡荡地开拔了。

陈剑戈带着两个孩子和中央党校三部的妈妈队紧随在"马背摇篮"的后边，告别延安，踏上长途转移的征程。

队伍行进在陕北高原上。在各地政府的协助下，打前站的人为大队人马先行开道，安排好吃住、征集下一段路程使用的民工和驮队。就这样，晓行夜宿，队伍从延安出发，经安塞、子长、清涧、绥德、吴堡等县，向晋西北行进。胡宗南军队不时派出飞机侦察延安周围的动向。在行军途中，还经常有敌机俯冲扫射，阻挡队伍前进。

到达绥德县东三十里堡村时，又遇上了敌机。陈剑戈和小宋赶紧把两个孩子从小驮床里抱出来，迅速跑到山脚下隐蔽。敌机俯冲下来，滥肆扫射，子弹扫在黄土上，溅起阵阵黄尘。由于大家躲避及时，没有出现伤亡现象。但为了躲避敌机，队伍改为夜间行军，11月24日拂晓前，赶到了吴堡县的黄河渡口——军渡。

渡口只有几条小木船在黄河上来回摆渡。经过一整夜的忙碌，天刚破晓，全队人马终于从河西渡过黄河来到河东，来到山西省的柳林镇，踏上了晋绥解放区的土地。上午9点左右，敌机在军渡上空侦察时，黄河边上已经空无一人。

第七章 在延安共同度过的日日夜夜

在柳林镇休息了几天，正好彭德怀从前方回延安，路过柳林镇。得知延安第二保育院要带孩子们去太行解放区后，他说："现在，天气太冷，在这个季节翻越绵山，别说孩子，就是大人也受不了啊！"他要大家在柳林镇多住些时间，等明年春天天气转暖了再走。于是，"马背摇篮"队伍在柳林镇驻扎下来。

一路上，陈剑戈带着两个孩子与延安第二保育院同时行军，同地驻宿。接触多了，便得知保育院是在朱德和康克清的多方关怀与指导下开展建院工作的。朱德亲自选定院址，将保育院建在枣园川南面小砭沟的半山腰上。1945 年 6 月 1 日，筹建工作尚未结束，许多家长急着上前线，保育院就开始接收孩子入院了。也正是这个时候，洪水把小丰送到第二保育院。朱德非常关心保育院的各项建设，百忙中抽出时间几次来院视察指导工作。孩子们的身体健康状况、伙食标准、传染病的预防、保教人员的思想工作等，朱德都一一关心到了。1945 年 12 月，朱德还亲切接见了延安第二保育院护理患麻疹病儿童有成绩的工作人员。1946 年"三八"国际劳动妇女节时，有几位保育员还被评为延安的模范保育员。

1947 年 2 月，黄土高原仍旧被严寒笼罩着。接到上级的通知，"马背摇篮"队伍立即从柳林镇出发，尽快赶到晋中灵石县的汾河边，在两渡口通过敌人的封锁线。

队伍冒着严寒从柳林镇出发了，经过离石县，向汾河方向挺进。走了几天，队伍终于到达了宿营地——位于灵石县东北部的军寨村。

这时，恰好徐向前从这里路过。得知这支特殊的妇女儿童队伍连续急行军几天几夜，已经筋疲力尽了，于是，他命令陈赓派一个营的兵力守卫在军寨村，让大家安安稳稳地休息了一夜。

第二天，359旅打败了守护在两渡口的阎锡山部队，在汾河上临时抢架了浮桥。接到浮桥架通的消息后，穿越封锁线的队伍连续急行军，赶到灵石县的两渡口。

这里聚集了近万人马，有中央党校三部的妈妈队、延安第二保育院、延安洛杉矶托儿所、延安中央疗养院和晋绥解放区的一些民工及运输大队。这么多人马同时通过封锁线，强渡汾河，跨越同蒲铁路，马嘶人喊，一片喧闹。远处，敌人炮楼的窗口还亮着灯光。敌人以为是解放军的大部队通过封锁线，连动都没敢动。

过河前，陈剑戈把两个孩子从小床里抱出来。她背着小越，小宋背着小丰，骡夫牵着骡子跟在后边。上岸后，虽然鞋袜全湿透了，还是得继续走路。走了近百里路，身上还背着孩子，路越是难走，陈剑戈心里就越是发急，累得直喘气，真想坐下来休息一会儿，可是不行，只有咬着牙继续前进，绝不能掉队，等到队伍停在太岳山区的一个小村庄里休息时，才发现小宋没跟上。

陈剑戈急得团团转，再也没有心思休息了。她站在屋门口等一会儿，又向刚才过来的路上走一段，张望半天，直到天色黑下来了，也没看见小宋和小丰的人影儿，再回到屋里去等。反反复复，出出进进，陈剑戈就像热锅上的蚂蚁，叫天天不应，叫地地不灵，心想，小丰丢了，怎么向洪水交代呢？

直到天亮了，小宋才背着小丰回来。小丰睡得正香。原来，过了封锁线后，小宋实在口渴，就到一户老乡家要水喝，还没等喝上水，就坐在炕沿上睡着了。他还是个孩子，却要像成年人一样肩负重担，实在太累了。小宋和小丰能平安回来，陈剑戈已经很高兴了，不能责备小宋。她拍拍小宋的肩膀，让他去吃饭，准备继续出发。

过了封锁线以后，"马背摇篮"队伍继续前往晋东南。陈剑戈和小宋背着孩子跟着队伍行进，骡夫则牵着牲口跟在后面。接着是翻越几座大山，盘山的羊肠小道曲曲折折，又窄又陡，经常走在悬崖峭壁边上，稍不注意，就有跌下悬崖的危险。背阴的山路覆盖着冰雪，滑得使人不敢迈步，只能慢慢地向前蹭。

天亮以后，敌人才发现这不是解放军的战斗部队，而是一支没有战斗力的妇幼队伍。于是，敌人从后面追赶上来。因为山路难走，敌人追了一阵后便放弃了。

从小山村出发后的当天夜晚，队伍来到绵山脚下，在又一个小山村里休整了两天，准备翻越晋中介休县境内的绵山。

绵山是从晋中通往晋东南的必经之路。翻越绵山必须连续翻过18座连绵的山峰，当地老百姓又把它称作"十八爬大山"。绵山顶上终年积雪，也有"小雪山"之称。山上的风很大，即使是晴天也非常寒冷；要是赶上下雪，风雪交加，更是寸步难行。附近的村民都说，在冬季几乎无人敢翻越绵山。

对于翻越绵山，陈剑戈心里真是没底。想起1943年和洪水一起回延安时，在宁武县西北的摩天岭上突遇暴风雪，队伍被吹散，骡子被摔死，同行的人有不少失踪了。当时，有洪水在身边，她感到很踏实。这次过绵山，孩子吃得消吗？她心里实在没底。

出发这天，队伍在天亮以前就集合了，接着，民工们就背起孩子，赶着牲口出发了。绵山又高又陡，还有很多树枝挡住

第七章　在延安共同度过的日日夜夜

山路，山顶山间的盘山小路有的地方还结着厚厚的冰，行走十分艰难。

翻过一座山，又是一座山，山峰连绵不断。哪里是"十八爬"，真有翻不完的山峰。

大家一边艰难地向上攀登，一边相互鼓励着。遇到难登的高石阶和难于通过的沟沟坎坎，大家都互相搀扶，避免出危险，决不让一个人掉队。队伍终于在中午之前翻过了绵山的主峰。

傍晚，队伍下了山，虽然已经疲惫不堪了，但因为进入了敌我拉锯地带，不能停留，必须连夜继续前进。

1947年2月中旬，经过3个多月的艰苦跋涉，"马背摇篮"队伍到达太行解放区的山西省襄垣县南里信村，并在这里安营扎寨。陈剑戈也被正式分配到延安第二保育院工作，任指导员。

在以后的两年里，延安第二保育院更名为华北实验保育院，曾长途转移到河北平山县的刘家会村，又迁到山西阳泉附近的平定县。1949年3月25日，中共中央、中央军委总部迁进了北平，并决定新生的中华人民共和国在北平定都。

7月的一天，接到上级的通知，华北实验保育院也要开进北平。听到这个消息，保育院的全体工作人员欢喜若狂，许多人流下了激动的热泪。铁道部的领导非常关心保育院的孩子们，专门拨给保育院两节车厢。院领导制订了严格的乘车纪律，要求一定把孩子们健康、安全地带到北平。

列车在飞速前进，望着窗外广阔无垠的原野，陈剑戈不由得心潮起伏，浮想联翩。1949年9月25日清晨，火车缓缓地驶进了德胜门火车站，把180多个身体健康的孩子带进了北平。他们中间将有更多的孩子回到自己父母的身边。这些孩子今后将是祖国的建设者和保卫者。幼教事业是一项多么伟大崇高的事业！陈剑戈和保育院的全体工作人员没有辜负党组织的重托。可以告诉远在千里之外的洪水的是，他的两个孩子也平安健康地来到了北平。

第七章 在延安共同度过的日日夜夜

第八章
回到日夜思念的祖国——越南

■ 第一节　越南民主革命获得胜利
■ 第二节　周恩来告诉他胡志明就是阮爱国就是李瑞
■ 第三节　分别20年后见到祖国的家人

第一节　越南民主革命获得胜利

1940年9月，日本入侵越南，越南人民掀起全国性的抗日斗争。1941年6月，越南独立同盟（以下简称越盟）成立，团结全国人民开展武装斗争，并在越南北部建立了抗日根据地。

1945年初，越南的抗日救国运动掀起高潮。胡志明领导创立的印度支那共产党（简称印支共）和越盟控制的解放区逐步扩大。在世界反法西斯战争即将胜利的前夕，8月12日，越盟发出起义令。8月13日至15日，印度支那共产党（越南共产党前身）在宣光省的新潮（地名）召开全国会议，决定集中力量、统一行动与指挥，立即发动起义。

8月15日，日本宣布投降。8月16日至17日，越盟立即在新潮举行国民大会，提出夺取政权、在完全独立的基础上建立越南民主共和国、武装人民和实行民主改革的十大政策，选出以胡志明为主席的民族解放委员会和以武元甲为主席的起义委员会，决定在盟军开进越南之前从日军手里夺取全国政权。

河静、广义两省人民首先发动起义。8月16日，越南解放军攻克北部的太原省，揭开起义序幕。8月19日，河内市人民起义，夺取了政权。8月23日，中部古都顺化市人民起义；25日，南部大城市西贡市人民起义，相继取得胜利。从8月17日至28日，越南全国有60个省市先后起义，从南到北建立了新政权。

8月27日，越南国民大会召开并决定成立越南民主共和国临时政府，推举胡志明为主席。30日，在顺化市故宫午门外，召开了有5万多人参加的群众大会。阮朝最后一个封建皇帝保大正式宣布退位，宣示越南几千年的封建君主制度永远废除了。

9月2日，10多万群众聚集在河内市巴亭广场，举行越南独立大典。胡志明代表临时政府在大会上宣读了《独立宣言》，宣布推翻长达80年的殖民统治和几千年的封建专制制度，取消法国在越南的一切特权，并宣告越南独立和越南民主共和国成立。至此，八月革命在越南全国范围内取得胜利，翻开了越南历史的新篇章。

第二节　周恩来告诉他胡志明就是阮爱国就是李瑞

这时，洪水正在重庆参加国共谈判。听到这一喜讯时，事情已经过去好几天了，但洪水仍然非常兴奋，只是不知道胡志明是谁。他兴高采烈地跑到周恩来的住地，告诉中国同志和战友这一好消息，同他们一起分享欢乐。

在交谈中，周恩来和有关人员告诉他，胡志明就是阮必成（胡志明的原名），就是阮爱国（胡志明在法国时的名字），就是李瑞（胡志明在广州时的名字），并详细告诉他1942年以后胡志明的一些经历。

1942年，越南人民的抗日战争取得重要进展。印度支那共产党领导的越盟在越南的许多地方展开了游击活动,但未能同国际反法西斯阵营中的任何国家建立联系。所以,如何同海外取得联系、进一步扩大越盟的影响、有效地争取国际援助,成为一个紧迫的问题。为完成这一重要而危险的任务,需要一位既了解中国又有威望的人前往中国。作为越盟创始人的阮爱国成为公推的人选。8月中旬,阮爱国离开越北高平抗日根据地,秘密来到中国。为保守秘密、转移外界的视线,他使用了一个新的名字——胡志明。

1942年8月25日,胡志明来到广西靖西县巴蒙圩住了3天。8月27日,前往德保县,走到该县足荣乡时,遭到国民党乡公所乡警的盘查。乡警发现胡志明除持有"国际反侵略协会越南分会"的证件外,还携有"中国青年新闻记者学会"会员证和国民党政府第四战区司令长官部的军用通行证,但所有的证件均已过期失效。乡警认定胡志明身份复杂、有重大间谍嫌疑,遂将他拘留。

8月29日,胡志明从德保县城被押解到靖西县城。靖西县警察局认为,胡志明是越南人,却持有中国的多种证件,有重大嫌疑,便决定将他送交广西最高军事机关——国民政府军事委员会桂林办公室审查。因为胡志明曾在桂林同靖西县县长见过面,便写信求见他,但他拒绝见面。胡志明又给国民党高级官员写信,也未有回音。一个同越南革命者有密切关系的中国农民到监狱探视胡志明,通过他向越南国内转交了胡志明写的信,报告了自己被捕坐牢的消息。

警察局每隔两周或一个月,便给胡志明更换一个监狱。每次转移都给他戴上手铐和枷锁,并有5名武装士兵押解。从1942年8月29日起,胡志明先后被囚禁在广西13个县的13

所监狱。1942年12月10日到达桂林。不久，又被押往柳州，交第四战区司令长官部政治部审查。

获悉胡志明在广西被捕坐牢，印度支那共产党中央多次以"国际反侵略协会越南分会"的名义致电中国国民党政府立法院院长孙科，查询胡志明的下落，后又通过美联社、路透社、法新社、塔斯社等新闻媒体制造舆论，想迫使国民党政府释放胡志明。但国民党政府不予理会。于是，印度支那共产党中央向中共中央求援。延安立即打电报给正在重庆的周恩来，请他想办法营救胡志明。

早在1920年，周恩来在法国就结识了胡志明（那时叫阮爱国）。大革命时期，他们在广州更是频繁交往，建立了深厚的革命友谊。接到延安的指示时，周恩来刚刚大病初愈，其父亲又刚刚去世，但他仍亲自去见蒋介石，当面进行交涉，同时，又委托爱国将领冯玉祥去游说桂系头面人物李宗仁，敦促广西方面尽速查找胡志明的下落。

周恩来对冯玉祥说："胡志明是我多年的老朋友，倘有不测，何以再谈人间道义。"冯玉祥既坚决抗日又同情共产党，反对蒋介石投降卖国。通过各种渠道，他了解到，胡志明一案是蒋介石亲自过问的，没有蒋介石点头，谁也做不了主。

经同国民党邀请的苏联顾问团商量，冯玉祥决定利用李宗仁与蒋介石的矛盾，迫使蒋介石释放胡志明。冯玉祥对李宗仁说："胡志明是在你们广西被捕的，你就不怕蒋介石嫁祸于你吗？"李宗仁觉得冯玉祥说得有道理，便同意与他一道去见蒋介石。

冯玉祥对蒋介石说："胡志明是否是共产党姑且不论，即使是，他也是越南共产党，我们有权力、有必要逮捕外国共产

第八章　回到日夜思念的祖国——越南

党员吗？苏联顾问团成员不也是共产党员吗？怎么不逮捕他们呢？同时，越南是支持我们抗战的，胡志明应该是我们的朋友，怎么成了罪人？假使把赞成我们抗战的外国朋友当成罪人，那我们的抗战不就是假的了吗？不就失去国际间一切同情和支持了吗？如果要真抗战，就应尽快释放胡志明！"在旁的李宗仁也帮腔说："释放胡志明的道理，冯先生已经讲了。我问你，为什么要在广西抓胡志明？这不是嫁祸于广西吗？这是下面的意思还是你的命令？"蒋介石无言以对，只得说："好了，马上叫人去调查。"这次谈话对蒋介石后来下令释放胡志明起了重要作用。

基于对胡志明的了解，国民党政府第四战区政治部中的一些有识之士也建议第四战区司令张发奎释放胡志明，让他参加"越南革命同盟会"的活动。后来，蒋介石命令第四战区释放胡志明。1943年9月10日，胡志明离开拘留所，被交第四战区政治部"查看感化"，名义上恢复了自由。

胡志明走出了牢房，但并未真正恢复自由。张发奎的意思是让胡志明为他的图谋服务。原来，1942年10月，越侨组织"越南革命同盟会"（简称"越革"）在广西成立，其执行委员会成员都是同国民党关系密切的人，为首的是一名叫张倍公的国民党将军；另一人是越南人阮海臣，已年届七旬，从1912年起一直在中国居住，基本忘光了越南语。从成立的第一天起，"越革"的头面人物就争权夺利、相互倾轧。此外，在昆明的部分越盟成员也相继给蒋介石和张发奎写信，宣布不承认刚刚成立的"越革"，因为该组织在国内没有代表，而且其执委会主席是由一名中国国民党将军担任。在这种情况下，1943年8月，张发奎在柳州成立了一个有越盟参加的组织——越南爱国者会议筹备委员会（简称筹委会）。他想请胡志明参加这个组织。

起初，胡志明拒绝参加。他说："我等待自由的时间已经很长了，如今没有权利再荒废每一天。国内有许多急迫和重要的工作等着我去做。这里将有我们的代表来代替我。"但第二天，胡志明便收到了张发奎的信，要求胡志明无论如何都要参加这个组织，而且用要挟的口吻表示，胡志明的参加是他恢复自由的前提条件。

张发奎了解胡志明的身世和威望，意识到今后打交道的对手正是他，所以，想让他参加筹委会来控制这次会议。"越革"中一些成员强烈反对同印度支那共产党和越盟合作，胡志明的参加使他们不再吭气了。

对于参加会议的成员，筹委会很快达成了一致，即印度支那共产党、越南独立同盟、越南革命同盟会、越南国民党和大越党。胡志明还邀请一些从不参与政治的团体如佛教会、开智会等参加，后来，又让工人救国会和农民救国会参加。

张发奎把第四战区的礼堂作为召开大会的地点。大会进行得颇为"庄严""隆重"。胡志明讲话时，着重介绍了越盟的活动，特别强调了共产党人在反对法、日帝国主义侵略斗争中的作用。张发奎多次对胡志明的讲话表示欢迎，并坚持出席到散会。在张发奎亲自坐镇的情况下，胡志明被选为"越革"执委会的候补委员。

在胡志明的支持和帮助下，张发奎达到了改组"越革"的目的。在请示了正在重庆的蒋介石之后，同意胡志明回国。这样，胡志明带领18名越盟干部，于1944年8月9日离开柳州回国，继续领导越南革命。

第八章 回到日夜思念的祖国——越南

听了周恩来和有关人员的介绍,洪水恍然大悟,更加兴奋,为自己祖国的伟大胜利,为自己崇敬的导师阮爱国、李瑞、现在的胡志明主席感到骄傲和自豪。周恩来嘱咐他,继续安心参加重庆谈判的有关工作,等到谈判结束回到祖国后,请他代表中共中央和他本人,向越南民主共和国临时政府的领导人、向胡志明主席表示祝贺。

第三节 分别20年后见到祖国的家人

重庆谈判的有关工作刚一结束,经周恩来同意,带着听到革命成功消息的喜悦,洪水兴冲冲地离开重庆,绕道云南、广西,急切地往越南赶路,以尽快报效祖国。

1945年11月初,越南人民还沉浸在八月革命成功、越南获得独立的喜悦中,洪水的越南家庭迎来了一个意外的大喜讯:失踪20年后,武元博突然回来了!全家人都惊呆了。那一刻,全家人的喜悦和欢乐无法描述,笑语、泪水、拉不完的家常……

因为越南历史上有一位非常著名的农民领袖叫阮氏山,洪水十分敬重他,回到越南后,就起了与阮氏山相近的名字——阮山,以表示对人民领袖的崇敬和坚决革命的决心。从此后,在越南的日子里,他始终使用阮山这个名字(本文由此往后叙述他在越南的经历也用阮山这个名字)。

阮山回到河内巴亭郡安宁街。在父亲建起的"三世同堂"的5座联排的楼房中,属于阮山的第四栋楼的厅堂里仍然摆着祭祀阮山的供桌，家里人为他祭祀了整整20年。

回到熟悉的家里，没有想到，家里人对他说："你女儿清阁正在法庭上打官司呢，快去吧！"

他急匆匆地赶到法院的审判现场，一眼便看到站在原告席上的日夜想念的亲生女儿武清阁。她肤色白皙、眉目清秀、中等身材、不胖不瘦、美丽动人，很像他20年前的原配夫人。

女儿的诉求是继承父亲武元博的遗产——祖上传给父亲的安宁街的那座小楼。

只见一个身穿笔挺而十分合身的军服、挂着手枪、威武雄壮的越南卫国军军官站在法庭上对法官说："我叫武元博，我没有死，今天回来啦！这位姑娘就是我的女儿武清阁。他所要继承的房子是祖上传给我的。我宣布，我同意让她去住这所房子"

法官当即宣布："鉴于房主到庭，此案不需再审，退庭。"

武清阁惊呆了，确信不是在做梦后，才一头扑进父亲的怀里，失声痛哭道："爸爸，你怎么现在才回来？世上的苦，女儿吃尽啦！"

清阁将父亲带到河内市中心还剑湖边一个用树枝、芭蕉叶、茅草搭成的茅草屋旁，边流泪边倒出了20年来的苦水："你离家之后，妈妈到处找你，一点消息也没有。我们等了3年，一直没音讯。封建意识很强的亲戚们闹起来，说我妈是克夫的命，把你气跑了，克死了，要她赶快搬出去。这时，奶奶和伯伯们相继去世，而叔叔年幼。妈妈受不了亲戚们天天吵闹，也没有生活来源，不得不抱着我离开了家，随便嫁给一个剃头匠，与他一起住到宣光省的山里。但是，后父亲的脾气非常暴躁，动不动就打我，还打我妈。

"实在受不了后父亲粗暴的殴打,12岁那年,我一个人跑回河内,家里的房子早被坚持传统观念的亲戚们占了,我要回去住,她们不让我住,甚至连家门都不让进。没办法,我去找我姨。我姨家也很穷,没地方住,只好带我在还剑湖边,用树枝、芭蕉叶、茅草搭起这个勉强遮风挡雨的茅草屋居住,过着乞讨为生的日子。

"我多次找亲戚们说理,求她们让我住回咱们的房子。他们都不理我。没办法,我就去找五叔。五叔带我去与亲戚们说理,说我有继承权。但亲戚们说,等我16岁以后有了继承权让法院去判决。

"我不再给五叔添麻烦,仍然回到这四面透风的破旧茅草屋里,继续过乞讨的日子。有时讨不到东西,就在垃圾堆里找吃的。稍微长大一点,我就在街上摆个小摊,靠卖小杂货、水果等,赚一点钱活命。

"总算熬到16岁,五叔带我去法院告状,因为没权没势,法院一拖就是三年多。直到今天才……"

听完女儿的哭诉,抱着自己朝思暮想的女儿,抚摸着她的头,阮山也流下眼泪。

他领着女儿来到安宁街那座老屋里,当着全家人的面对女儿说:"河内是人民的了,爸爸不走了,今后,这房子归你啦!"

与家里人见面之后,阮山首先问的是:"咱家有谁吸鸦片吗?"回答是:"没有。"他又问:"有谁在关圣街的国民党党部做事吗?"回答还是:"没有。"听到回答,阮山很高兴。全家也都极为兴奋。因为他不是国民党的武鸿卿,他是共产党的阮山!

第八章 回到日夜思念的祖国——越南

他给家里人讲，在出国的 20 年里，他非常想念母亲、想念祖国，他的内心时常是苦痛的；为了排解想家想祖国的情绪，为了不忘记母语，他每天都在用越语默诵越南的著名长诗《金云翘传》。

他相信家里人、尊重家里人、热爱全家人，真诚地鼓励大家，感化和教育大家。有一次，侄子武俊做了一件有损军人形象的事。阮山知道后，很不开心，与他进行了很长时间的谈话。那是一个皓月当空的夜晚，他们坐在庭院的竹榻上谈心。经过阮山耐心的说服教育，武俊和在场的所有小伙伴们都表示了悔过。

阮山非常尊敬和爱护含辛茹苦抚养孩子的嫂嫂们，从不禁止她们信奉佛教和参加祭拜活动。相反，回国之后，他马上重返故里，探访嘉林县骁骑村的祖居和亲朋，还上香扫墓，祭祀父母和先祖。他平易近人，亲切和蔼，逢年过节也能像大家一样玩纸牌，家里人总是夸他："阿博真是聪明，打牌没学几次就把大伙儿都赢了！"他还和家里的后辈小孩子一起踢球、踢毽子、下象棋。五叔的儿子武流与阮山下中国象棋，赢了一盘，阮山开怀大笑，表扬说："你这么小就这么厉害呀！"

有一天，阮山让侄女梅珠和她的小伙伴们唱《桃源曲》。当时，这类浪漫歌曲是禁唱的。看到孩子们犹豫，阮山笑着鼓励她们说："在家里唱是可以的！"于是，孩子们放松地、愉快地唱起这首动听的歌曲。

阮山骑马骑得非常好；骑自行车双手撒把，比顽皮的孩子还有本事；他喜欢看嘲剧；他每天夜里睡得很晚，一边敲击着打字机的键盘，一边吸着香烟……这一切都让家里人喜欢他、亲近他、尊敬他，使他成为最受全家人热爱的人。

阮山回家决定了武氏家族的道路：所有的人都跟着阮山走，武氏家族几乎所有的男女青年都陆续参加了越盟的部队。1946年12月19日，全国抗战开始后，所有家庭成员都忠诚于阮山的理想，参加了抗战，为维护祖国的独立、为胡志明开创的革命事业而战斗，为保持阮山所期望的品质而奋斗，没有一个人投敌，没有一个人颓废堕落，所有的人都活得堂堂正正，都是好公民，甚至有一些人还倒在战场上或抗战的道路上。

第九章
在越南抗法战争的最前线（一）

- 第一节 奉命到越南南方领导抗法战争
- 第二节 创建越盟军队的第一所军事学校
- 第三节 大胆起用日本投降军官作教官
- 第四节 调任国防部参谋长兼陈国俊中央陆军学校校长
- 第五节 领导第四战区军民阻挡住法军的进攻
- 第六节 越南的革命军事理论家
- 第七节 一次神奇的"神机妙算"

第一节　奉命到越南南方领导抗法战争

日本宣布投降前夕，1945 年 7 月，波茨坦会议召开。美英联合参谋部曾就印度支那的作战范围进行协商，同意以北纬 16 度线为界，16 度线以南属英国东南亚司令部指挥，以北属中国战区司令部指挥。

日本宣布投降后，按波茨坦协定划分的作战范围，英军和中国国民党军队陆续进入印度支那地区受降。但美国从其战后全球战略考虑，又表示不反对法国军队和法国当局回到印度支那去。

9 月 21 日，在越南宣告独立不到 3 周，在美国、英国的支持和纵容下，在法国海空军掩护和英军的协助下，法军先头部队 1 个团在越南南方最大的城市西贡以南登陆，23 日，全部占领西贡市，揭开了侵越战争的序幕，企图恢复在越南的殖民统治。

此后，法军又先后在越南南部、中部和北部沿海多处登陆，并以上述地区为基地，不断用武力扩大其占领东南亚的区域。至 1945 年年底，法军相继占领了柬埔寨全境、越南南部大部地区和中部部分地区，迫使新生的越南民主共和国政权陆续撤出了西贡等南方城市。

当时，越南人民武装力量还处于初创时期：1941 年 2 月，印度支那共产党领导的第一支抗日武装——北山游击队成立，全队仅 32 人，随后，在各地建立了许多抗日游击队。1944 年

第九章 在越南抗法战争的最前线（一）

12月22日，根据胡志明的指示，武元甲在北部的高平省原平县的林区里成立了"越南解放军宣传队"（后来，这一天被定为越南建军节），也仅34人。1945年4月，越盟召开首次军事会议，决定将救国军、越南解放军宣传队和其他武装组织统一起来合并为越南解放军。同年5月，在北部的太原省则珠地区正式成立越南解放军，统一编制和统一进行军政训练，全军编成13个连，约5000人。1945年8月14至25日，日本宣布投降前后，越南解放军参加了全国的八月起义，取得胜利。9月2日，越南民主共和国成立，越南解放军改名为卫国军，总兵力约5万人。

面对法国殖民者的侵略，11月，印度支那共产党中央召开常委会，发出"抗战建国"的指示，提出"巩固政权，反对法国殖民者的侵略"的紧急任务，决定在印度支那共产党和越盟的领导下，在越南掀起抗击法国侵略者的武装斗争，并建议召开国民大会，建立和扩大卫国军。

正在此时，阮山秘密回到越南首都河内市。他首先看望了胡志明、长征、范文同、武元甲、黄文泰等领导人。看到20年前在他身边工作的那个很有灵气的小青年已经长成一个英武的中年人了，胡志明高兴地拍着阮山的肩膀说："山弟，好样的！祖国正等着你呢！"

秘密回国后，他乘着电车经过安宁街自己的家。他目不转睛地望向自己的家，心中燃起了能掠视到老母亲身影的希望。但他知道，母亲已经故去。在电车上，他流下了眼泪。

12月，越南民主共和国政府决定成立越南南部抗战委员会，实际领导中部南区各省抗战。经胡志明、长征、武元甲等常委提议，印度支那共产党中央常委会任命刚回到越南仅一个月的、刚满 37 岁的阮山为越南南部抗战委员会主席。在法军占领中部南区之后，胡主席又委派阮山兼任中部南区抗战委员会主席，印度支那共产党中央常委黄国越任政委，原巴德游击队政委阮政担任委员兼任南部（主要是中部南区各省，即后来的第五战区）国防委员长。当时，越南南方划分为第五、六、七、八 4 个战区。刚到南方时，阮山同时担任第五、第六两个战区的司令员兼政委，随着战事的发展，后来仅任第五战区的司令员兼政委。

这时，为协助法军，8 艘美国军舰将法军第九步兵师和一个伞兵营共 5000 人运抵西贡市。法军在中部东区投入大量部队进行蚕食，先后占据了宁顺、平顺、同奈、多乐等省县和城市，并向芽庄、庆和等省及西原南部侵蚀。从 1945 年 10 月 22 日法军攻打芽庄市算起，到 12 月，经过一个月的激烈相持，越盟军队撤出邦美蜀省，法军占领了该省。

越盟年轻的军队顽强战斗，在战场上尽力对付法国军队（很多是外籍雇佣兵）的进攻。他们由凶横嚣张、富有实战经验的勒·克莱克（Lo Colec）将军和瓦雷（Va-Luy）将军直接指挥。其指挥的大规模的军事行动，例如，由勒·克莱克直接指挥的嘎窝（地名）军事行动，攻势都十分猛烈。另外，同越盟军队直接作战的还有刚刚向同盟国投降、站在法军一边来对抗越南革命的上千名骁勇善战的日本军人。从归仁战斗到芽庄战斗、潘切战斗、宁顺战斗，都有日军站在法军一边。

越南南方的军事形势异常艰难和紧张。战斗进行得很激烈，在嘎隘口（地名），越盟军队阻挡住了敌人的进攻，不让他们向富安省进展；在西原，法军则只能在波来古省的安溪设立据点。尽管取得一定的成功，但越盟的大多数正规战线都先后失守。

面对这样紧张的形势，回到越南不几天，刚得到印度支那共产党中央的口头命令，阮山便毫不迟疑地立即前往南方赴任，直接领导南方的抗法战争。半年后的 1946 年 7 月 16 日，胡志明正式签署命令，任命阮山为越南南方抗战委员会主席兼南中部抗战委员会主席。

当时，越盟卫国军面临着组建军队、补充武器装备和作战训练等一系列问题，特别是各级军事干部和部队缺乏作战经验是一个严重的问题。阮山把越盟军队进入南部的南进大队的一部分变为主力部队，一部分转为地方部队。他亲自率部取得了著名的波来古省安溪县万也（地名）战斗的胜利。

这场战斗的取胜是经过阮山精心策划的：万也据点即 18 号据点由伪军一个中队据守，有多处火力点，周围设有碉堡和厚五六米的铁丝网，铁丝网上安装了长约 5 厘米的像刷子一样又尖又密的铁蒺藜，只要踩上去，整个鞋底都会被扎穿。除了法国兵的军用皮鞋外，它能扎穿各种橡胶鞋底，那时，越盟军队连轮胎做的抗战鞋都没有。敌人狂妄地叫嚣，他们的工事是不可逾越的！

越盟军队几次攻打万也据点，都因伤亡大而撤回。看到部队情绪有些惶恐，阮山决心组织打一次大的胜仗来提升部队的士气。他安排建造沙盘和一个模拟的万也据点，亲自指挥部队进行进攻训练，没有能踩铁丝网的"铁鞋"，就让战士们找来木板绑在脚上代替"铁鞋"，用以踩着布满铁蒺藜的铁丝网越过去，向敌人发起进攻。

敌人自以为据点的防守固若金汤，夜晚都钻进碉堡里睡觉，只在一个出入口设岗把守。阮山决定利用夜战袭击敌人。

第九章 在越南抗法战争的最前线（一）

夜晚，他亲自指挥攻打这个据点。战士们悄悄接近据点，迅速将事先准备好的木板绑在脚上，压住铁丝网跨了过去。在火力的掩护下，战士们奋勇冲进据点，向碉堡和战壕投掷手榴弹，全歼了据点的敌人。

越盟军队取得了波来古省安溪县万也之战的重大胜利，还一举消灭了贤良据点和同田据点，击毙150名敌军。这是一次影响巨大的胜利，是当时越盟军队在南方和全国打胜的第一个攻坚战。这一仗让法国老牌军事家都感慨地说，原来"越南佬"也会打仗，而且还打败了西方军事院校毕业的将军！

后来，在南方西原地区的越盟卫国军的人数发展得越来越多，据曾任第七战区副司令的陶文长中将讲，大约发展成六七个团，但装备落后，而法军的装备十分现代化。法军把勒·克莱克（Lo Colec）将军率领的机械化师调来占领西贡市，像钳子的两臂一样插向中部南区。

而初建的越盟卫国军的指挥方式大多来自日本、法国等国家，来自不同的院校，一人一个打法，统一不起来，其中最大的失策是在武器落后的情况下仍采取现代化军队的打法，即采取法国打阵地战的打法。当卫国军隐藏在战壕里准备打肉搏战的时候，法军却根本不靠上前来。他们有加农炮、迫击炮，有各种大型武器。在步兵发动进攻前，法军先用大炮轰击，卫国军就溃散了；一道防线被击垮，又设第二道防线，又被击垮；撤退后，再设第三道防线，再被击垮，无法与法军对抗。

考察了西原战况，阮山觉得这种打法不妥。他认为，尽管敌人正处于攻势，但它已无力再向前推进，只能以安溪隘口（地名）作为箝制西原的最后界限。他主张集中力量深入打击庆和省敌占区，同时加强对宁顺、平顺等省的领导和指挥。

第九章 在越南抗法战争的最前线（一）

遵照他的命令，整个西原地区各支部队都做好了加紧打击敌人的准备。然而，他突然下令3天内将西原战场卫国军的全部兵力撤出，不留一个士兵。对此，卫国军的许多高中级干部都不理解。但阮山要求严肃军令，所有人都必须执行。3天后，西原战场不再有卫国军的一个踪影，起到了迷惑敌人的作用。

实际上，他秘密地留下一个营，化装成老百姓，分散到秋丰县至安溪县隘口一带掌握敌情。法军弄不明白卫国军是怎么回事，害怕有阴谋，又因战线太长而缺乏兵力，所以很慌张，只能控制住嘎隘口。

这时，阮山将部队在另一个地方集中起来，先对营团以上干部进行集中训练。他指导军事干部做训练方案和训练场地的准备，以分队为基本作战单位，把主力部队、地方部队和民兵3种武装力量组织起来，进行协同作战训练。同时，他运用自己长期参加中国武装革命斗争积累的经验，狠抓党的建设、军队建设、政权建设，组织卫国军的政工干部在老人、妇女中开展民运工作；组织民众团体开展慰问部队的活动；深入发动群众，形成全民抗战的形势。所有这些工作，都由阮山亲自负责。

因为越盟卫国军还很年轻，各方面都缺乏经验，经济上也很拮据，战场上也很吃紧和困难。阮山既操心战场上的军事斗争，又操心第五、第六战区的武装力量建设和后方建设。他从不呆在安全的地方"遥控指挥"，而是经常深入战斗单位，深入战场，就地直接决定兵力的调配、部署和作战计划。

阮山经常教育大家要树立决战精神，捍卫刚刚取得的独立。他有演讲的才华，有丰富的人生经验和生活阅历。根据战区的实际情况,他的每一次演讲都沁人心扉。只要阮山讲话,每个人都很兴奋,静静地聆听。

在近一年的时间里,阮山全面领导越南中部南区抗法战争第一线的各项工作,完成了各项训练和基础工作。他树立了广义 18 团的榜样,率领经过训练的部队主动袭击敌人,消耗了敌军,减缓了敌人攻势,阻止了法殖民主义的大规模蚕食行动,有效地阻滞了法军扩大占领区的意图,与南部军民形成互助态势,使越盟卫国军在实践中积累了许多实战经验。

他成为在越南中部南区首先开展人民战争的人。中部南区军民在战场上的超常努力为越南南方的长期抗战创造了条件,从富安省以北到广南省南部的各省成为了自由区(即解放区)和第五战区的大后方,同时也为 1946 年 12 月 19 日后展开全国抗战争取了宝贵的时间,为第五战区抗法战争的最后胜利奠定了基础。

第二节　创建越盟军队的第一所军事学校

1945 年 11 月底,在前往中部南区任职之前,按照胡志明的指示,阮山与总参谋长黄文泰共同商议在中部北区和南区各省成立军政学校和建设两所培养军事指挥干部的正规军事学校,并商议了有关的组织招生事宜。

阮山向黄文泰谈起自己在中国黄埔军校、江西瑞金红军学校和红军大学、红四方面军红军大学、延安红军大学和抗日军政大学、晋察冀军政干部学校和抗大二分校的经历,谈起自己先后在中国人民革命军队这 8 所军事学校或军事干部学校学习、生活、工作和战斗的感受。

在中国 20 年的人民武装斗争中，他看到，无论条件多么艰苦、斗争多么残酷，中国的人民军队总是把创办军事学校放在重要位置上。这些军事学校培养了大批优秀的军事指挥人才和政治工作领导者，为革命战争源源不断地培养着新生力量。这是中国武装革命斗争不断取得胜利的重要经验。

于是，他向印度支那共产党中央和越盟卫国军总部表示，到前方后，一定根据战场的需要和当地的实际情况，创建一所正规的人民军队的军事学校、为抗法战争培养更多指挥人才。

一到南方，阮山就一面指挥作战，一面为培养军队干部做长远的规划。他先抓的是开办军事干部进修班和陆军学校。1946 年 4 月，在他领导下，首先开办了中部南区团级干部进修班，确定了它的招生方向和办法，录用有能力的教员，并选定了办班地点。

办班地曾掀起过革命高潮、发动过巴德起义，在推翻法殖民主义统治的斗争中，人民较早夺取政权。进修班利用战争间隙进修，由阮山亲自授课。进修班速战速决，开办快、培训快、结束快。学员们都反映，时间虽短收获大，效果显著。

在阮山的领导下，南方抗战委员会一边开办短期的进修班，一边筹备建立广义中等陆军学校。经过 4 个多月的筹备，在广义省的丛林中，越南人民军队历史上第一所正规的军事学校——广义中等陆军学校（简称广义陆军学校、广义陆校）正式开学。学校校务会成员包括：南方抗战委员会主席兼校长阮山，总队长范杰，总队政委段奎。建校宗旨是，在实际斗争中，培养干部、提高他们综合素质，以提高部队的综合实力，以弱胜强，打败装备精良的法国侵略者。

在参加中国武装革命 20 年的过程中，阮山曾 3 次专门从事军队教育工作；在越南参加抗法战争的 5 年期间，他则多次开办、领导或主持重要的军事学校，在越南人民军队中成绩最显著、影响最大的是 3 次。广义陆军学校是第一次。

广义陆军学校招生的标准是胡志明制定的，即"要在有爱国心、自愿入伍、身体健康的青年中选拔。至于文化程度，对京族，要有高小毕业以上水平；对少数民族，上小学的就行；对正在前线的战士，表现勇敢、能独力工作的骨干，文化程度低一点，但得到前线指挥部或团体推荐的，也可考虑。"他还指示："军事训练计划要根据我军打法和装备水平做出非常具体的安排。政治方面要培养爱国爱民精神。"

1946 年 5 月，军校开始招生，只要符合条件，递交了证件材料，学员就可以进入军校学习，胸前佩戴有"广义中等陆军学校"字样和每个人学号的校徽。6 月 1 日，第一期开学，计划于 12 月 30 日结束，学员有 400 多名，分为 4 个大队，其中一半学员是在南方战场参加过战斗的战士，其他则是刚入伍的学生和职员。学校还接收了一些少数民族的学员，例如：埃地族的依·布洛克·埃（后为少将、多乐省老战士协会主席）；芒族的范如来（清化人，后为中校团长）。

4 个学员大队由被阮山"收服"的 4 名日本军人担任大队长。

广义陆军学校的军事课程由阮山亲自安排，按他所学过的苏联、日本、法国模式教授单兵战斗、摸爬滚打、射击、刺杀、投弹等。根据学员的实际情况和水平，战术只练习班进攻，排级战术则仅介绍一下大纲。

第九章 在越南抗法战争的最前线（一）

训练时，阮山对学员的要求非常严格。每天早上，学员必须练习跑步，一跑就是四五公里。他身先士卒在前面领跑，学员在后面跟着，谁不跑都不行。遇到小河、小溪或水坑，他也不停，有意领着往水里跑。回到驻地，他就领着大家跳到江里洗澡，再冷的天也得洗。

行军时，他命令学员每人要背武器、粮食、背包和装满水的竹筒等很重的东西，即使是长途急行军，谁都不能掉队，从难从严从实战出发要求学员。很多学员刚参军时身体很弱，经过这样的训练，身体逐渐强壮起来，耐力大大提高，成为坚持长期抗战的骨干。

几个月后，以班为作战单位的战斗课程学完，学员们被派到南方前线的部队实习，包括富安、平安、广义3省，有的人去了巩安溪（地名）等地。30天实习结束，学员们又返回学校继续学习。

阮山规定，学员每次出操、列队行进都要唱歌，从操场回营房，也必须唱着歌齐步走，以保持行进的节奏。每个大队分成3个方阵，排成三角形队伍，轮流唱同一支歌。走过广义市的街道时，队伍的情绪高涨，歌声特别响亮。听到嘹亮的军歌声，街道两旁的居民都从家里跑出来观看。在同胞面前，队伍整齐，人人身材高大，穿着同样的绿军装和各种样式的鞋，高唱革命歌曲。广义市民的情绪也高涨起来，为他们鼓掌加油。

因为阮山文武兼备、会演讲、善雄辩、很有口才，广义陆军学校的学员们对他既敬重又钦佩。他每个星期都要给学员们讲两次话，不用做任何准备，不拿讲稿，上台就讲。他边吸烟边演讲，可以从早晨讲到中午。有时，他讲话的时间长了，担心学员们疲劳、精力不集中，就大声地问："同学们，累不累?"大家齐声回答:"不累!"或者问:"同学们,还要不要听了?"大家又齐声高喊:"要听!"会场上的气氛立刻活跃起来。

阮山常常深入学员当中,向他们介绍中国革命各方面的情况,讲毛泽东的《论持久战》《矛盾论》和《实践论》;讲政治、军事、历史、文艺、民兵工作、地方政权工作、国内国际形势……他觉得需要讲什么就讲什么,学员们要求讲什么他就讲什么。有时,连续十几天,他每天都讲整整一个上午,不拿任何材料和讲稿。他讲得有条有理,没有重复,没有错误,没有补充和纠正。

阮山讲课的语言非常明了、易懂、有条理、充满激情,很吸引人。他讲授政治、哲学、马克思恩格斯学说,讲授如何带兵等军事理论,还经常为澳大利亚籍教员胡志民及其他教员的讲课进行补充,而他自己讲课则不需要任何补充。

后来的越南人民军的将军阮政交、潘贤等很多学员经常说,阮山讲的课可以概括为怎样"练兵、养兵和用兵",他是第一个从哲学意义上讲解军事经验教训的意义和内容的人。

虽然直接指导全校各方面工作的是总队长和政委范杰和段奎,但作为校长,阮山经常关心和照料学员。

他住在学校附近,经常自驾小汽车到顺化、岘港召开中部行政委员会会议,或者从战场返回,沿着广义市里到火车站的干道疾驰。他不马上返回驻地,也不马上回家,人和车还带着道路上的灰尘或南方战场的硝烟,就直接把车开进学校大门,然后高喊:"集合!"

在中午的烈日下,站在队伍前面,他一边擦汗一边讲话。可以看出,他对带兵的年轻人的疼爱和关心,对官兵和同胞的

第九章 在越南抗法战争的最前线（一）

责任心和深厚感情。

学校设有印度支那共产党的党支部（段奎是首任支部书记）和马克思主义研究会。阮山带头参加支部生活和研究会举办的关于马克思主义的座谈会，带头融入到学校的各种活动中。学员们都说："阮山校长的知识真是丰富极了，好像没有他不知道的事，而且对每件事都有独到的见解、深刻的分析和系统的理论。他的讲话非常生动，工人、农民、知识分子都爱听，能吸引住所有的人。"

一次，学校组织营火晚会，有演出活动，前来观看的老百姓特别多。主持人请阮山讲几句开幕的话。那时，没有麦克风和扩音器，他就站在露天里讲。观众一般是不喜欢听长篇大论的，但阮山的讲话吸引了每一个人。他一直讲，听众一直被他的讲话所吸引，讲了近一小时才结束。他讲话声音洪亮，后来，诗人阮友鸾在他的诗里写道："阮山的声音一直在大山中回响……"

阮山经常教育学员说："学习归学习，玩归玩。为了战胜敌人，要好好学习。打击敌人要经常进攻，隐蔽进攻……"

阮山与学员之间的师生情谊很深。有一次，在中国时他就非常熟悉的黎铁雄将军以总司令部检查员身份到各军政学校检查工作，也到了广义陆军学校。于是，4个大队"拉起警报"。大家铺上竹床，将平日收拾得整齐利索的衣物摆放得更加"完美无瑕"，洗澡的水井、厨房、食堂也是一样。最后，黎铁雄站在4个大队的学员面前进行讲评，对培养和建设新人、军官等方面给予赞扬。

阮山对总司令部检查团表示欢迎，但他也毫不客气地明说，这里是广义地区，是在离前线不足100公里的交界区即敌我拉锯地区，很多方面都很拮据，学校是抗战学校，要随时准备战斗，因此，培养和训练工作都必须按中国红军学校的方式组织进行……

阮山是个非常耿直的直性子人。他憎恶官僚主义，反对贪腐。军队负责后勤管理工作的很多人都记得阮山说过："掌管军队后勤保障的人要廉洁。军队财务管理人员如果贪污，发现3个月后就可以枪毙，不冤！"

阮山批评起人来十分严厉。刚开始，学员们都很怕他，后来接触多了，发现他经常跟学员们有说有笑，一起聊天，一起喝酒，一起玩耍，完全跟普通人一样，很平易近人，很快就消除了害怕和拘束，课下，都直接称呼他"阮山大哥"。

广义陆军学校第一期的学习时间原计划为半年，因法军阴谋制造事端，所以，于1946年11月22日提前结业。该校向越南南方各省各个战场的越盟卫国军及时输送了400多名经过培训的干部，补充和支援了各个战场，还向北方输送了100人。同年12月19日以后，该校转移到瓦庙（地名），后来，又迁到了石失（地名）。

11月底，被分配到越南北方的学员乘火车到达河内，12月3日，继续前往越南北部山区的山西省，阮山与他们同行。原因是，1946年5月22日，越盟卫国军改编为国家军队，按照团、营、连进行统一编制。同年11月9日，阮山接到胡志明签署的命令，被调任国防部参谋长（即卫国军总参谋长）兼越南卫国军最高军事院校——陈国俊中央陆军学校校长。

广义陆军学校培养的干部有许多后来成为越南人民军的主要领导人，例如，学员总队政委段奎成为越共中央政治局委员、国防部长、大将；学员总队长范杰成为越南人民军总参谋部情报局局长、中将。

广义陆军学校的学员们都深记自己校长的形象。尽管过去几十年了，他们都记得阮山精彩、清晰、深刻、引人入胜的讲话和几百人静静倾听的场景……

几十年后，校友们聚会的时，学员飞雄作了一首《思念大哥阮山》的诗：

四十六载流逝，今日再次相聚，

不见了大哥的踪影，您早已西去。

思念您啊，思念您的音容还有您的人品，

甚至包括您对我们的第一次教诲。

第三节　大胆起用日本投降军官作教官

创办广义陆军学校的目的是提高人民军队军政干部的素质和指挥战斗的能力。但越盟卫国军缺少有经验的教官。为了克服军事、技术教员缺乏的困难，阮山就地取材，大胆实行广揽人才的政策，甚至留下40余名投降后同情越南人民的日军军官，在自己指挥的部队中任教官。

在广义陆军学校里流传最广的故事就是阮山的"说服"才能。传说他曾与越南末代皇帝保大身边的最高顾问——日本人横山交谈过，曾与许多日本军官特别是曾任驻越南南圻日军参谋长的高级军官饭川打过交道；通过"革命"了的饭川的翻译富士，阮山事先掌握了驻顺化日军的许多行动计划；还用日军汽车为老挝沙湾拿吉的老挝革命者运去了一批黄金和武器等。

饭川的另一个翻译叫中原充伸，取越南名为阮明玉。日军撤出东南亚时，饭川和阮明玉请求留在越南，同越南人民一起反对法国殖民者的侵略。

之后，饭川从顺化市转到第五战区。阮山与他建立了联系，在饭川的帮助下，吸引了4名自愿站在越南人民一边的日本军官到广义陆军学校工作，分别担任4个学员大队的大队长，东兴在一大队，明玉在二大队，潘来在三大队，明心在四大队。阮山利用他们对学员进行正规化的军事训练。

阮山大胆起用这些日军军官，并以自己的本领感化和促使他们以最大的热情投入教学。后来，他们中的一些人成为越南共产党党员，有的人还牺牲在战场。例如，中原充伸（即阮明玉）后来加入了越南共产党，并在越南人民军总参谋部任职。1972年，他回到日本，担任了日越友好协会会长。中原充伸在《怀念阮山将军》一文中回忆说：

1946年，在越南国土上，在城镇和农村，到处飘扬着黄星红旗，"越南独立万岁"的口号到处回荡。这时，生活在越南的日本前军人也很愉快，因为很快就能回到祖国了，但也有担心，不知道来接我们的日本客轮什么时候抵达越南。

一月的顺化市，天气凉爽、舒适、静谧。一天，一个警卫战士带着一个40岁左右的男人来见我们。进屋后，他微笑着向饭川参谋长和我打招呼，像是很早以前就认识的朋友一样。在我们的邀请下，他慢慢地坐在椅子上。他的皮肤黝黑，颧骨突出，眼睛里闪着一种让人感到亲密的光芒。我马上感觉到他是一个不平常的人，而且是一个经历过艰难曲折的人。我们用中文但有时插一些越南语交谈起来。

第九章 在越南抗法战争的最前线（一）

他说："我叫阮山。我常听人说到你们。我曾经在中国工作过。回国后，我被政府任命为南中部战区司令员，现在是在去接受新任务的路途中。"

我们的话题转到越南国内的战争形势，遇到一些口头难以表达的词语，就写出来，采用笔谈的方式交流。他写道："在这场为越南人民解放和独立的战争中，我们一定会胜利。"

我们交谈了将近一个小时，他的口吻给我留下了深刻而难忘的印象。后来，他起身说："好啦，因为我还有事，就告辞了，你能不能跟我们一起到南方去？"这个建议很突然。他的口气就像邀请我到附近的咖啡厅似的。当时，我没有想到这就是阮山将军，一个后来为越南人民的抗法战争做出很大贡献的人。

1946年2月，我和多名日本投降军人离开了岘港，沿一号公路往南走，花了两天时间才到达平定省。从平定省拐到波来古市，又走了几公里，来到富丰镇。这里是南中部抗战委员会（即第五战区司令部）所在地。

那时，阮山将军是南中部抗战委员会主席和第五战区司令员。我们为再次与阮山将军相逢感到无比高兴。我们马上谈到了战争形势。

那时，法军占领了西贡市，并沿1号公路（沿海岸的道路）和9号公路（沿山区的道路）以两翼钳制之势向北发起进攻。在1号公路，法军已进展到了芽庄省。越盟军队制定了在绥和市周围地区建立防御阵地以阻止法军进攻的计划。阮山将军建议我参加这项工作。这是我接受的第一项任务。

后来，我们进入广义陆军学校工作，阮山与我们保持着校长与教员的关系。有一次，我对阮山将军说，越盟军队刚刚建立，其编制不整齐，军事战斗能力需要斟酌。我们还谈到越盟军队干部的指挥作战能力不强和缺少武器的问题。当我问阮山将军我们应如何解决武器装备的问题时，他好像什么也不怕似地轻轻笑了笑说："武器就在敌军手里。我军一面战斗一面补充武器。我们的军队是为民族解放而战斗的，当然应该这样做！"阮山将军的这番话被以后的事实所证实。

除使日本军官为自己所用外，广义陆军学校在安排辩证唯物论的讲座时，还从河内请来两名教员，一名法国人（用法语讲课）和一名越南哲学家（用越语讲课），学员中懂法语的用法语听，不懂法语的就用越语听。

1946年12月初，中原充伸同阮山一路同行来到北方。阮山直接去国防部和陈国俊中央陆军学校赴任。中原充伸则投入到南定省抗法战场的战斗中。

第四节　调任国防部参谋长兼陈国俊中央陆军学校校长

由于第五战区军民的坚决抵抗，法军始终无法从这个地区突破，无法从陆上攻入越南北方。于是，1946年2月28日，法国政府与中国国民党政府达成协议，国民党军队在3月31日前撤出印度支那北纬16度以北地区，由法军接管，允许法军在北方登陆，进驻海防市、河内市等地。不久，法军吸收了日本进攻东南亚时溃退到中国云南境内的1万余名法国败兵，壮大了自己的兵力。3月6日，部分法军从海上绕过阮山指挥

第九章 在越南抗法战争的最前线（一）

的第五战区，在海防港登陆，把侵略战争烧到越南北方。3月18日，中国国民党军队撤走后，在英国、美国的支持下，法军更是大批从海防港登陆，向越南北方大举进攻。越盟卫国军奋勇抵抗，特别是在河内市保卫战中，河内市军民浴血战斗，最后，由于军力相差悬殊，法军还是攻下了河内市。

即使这样，为了维护国家主权、争取时间发展抗法力量，越南民主共和国临时政府还是采取了以和求进的策略，与法国政府签订了法越初步协定和法越临时协定，法国承诺允许越南民主共和国在印度支那联邦和法兰西联邦范围内独立。

抓住短暂的喘息时机，越盟加紧扩编和整训部队，准备抗击侵略者。1946年11月9日，越盟军事委员会与国防部合并为国防部，由武元甲任部长。11月30日，胡志明签署命令，任命阮山为国防部参谋长（即卫国军总参谋长），协助军事委员会主席、国防部长武元甲工作。12月初，阮山赶回北方任职，直接负责国防部军训局的组建和领导工作，还兼任陈国俊中央陆军学校校长。

陈国俊（1213—1300年）是越南陈朝时代的一位文武双全的民族英雄。他吸收中国孙武兵法和吴起兵书的战略战术，编撰了两部书《兵书要略》和《万劫宗秘传书》，是越南武学库中的珍品。

1946年12月19日，法国殖民者撕毁全部协议，以10万兵力发起全面进攻。越南抗法救国战争爆发。越南民主共和国临时政府实行战略退却，逐步撤至抗日战争中建立起来的越北解放区的山区、农村。法军采取速战速决的方针，以优势兵力逐步控制了红河三角洲地区。

越南抗法救国战争爆发的前夕，陈国俊中央陆军学校于

1946年11月在越北解放区成立,是越盟卫国军唯一全军性的军校,也是越南卫国军的最高军事院校。它驻在越南北部的山西省,原校长是黄道翠,后来他担任越南童子军总部的领导工作。阮山则调离第五战区,进入越北解放区,担任校长。在越南参加抗法战争的5年期间,他曾3次开办、领导或主持重要的军事学校,主持陈国俊中央陆军学校的工作是第二次。

当时,阮山在越南青年政治训练班第三期的老学友、在泰国从事革命活动时的老战友黄文欢任越北解放区党委书记,后任国防部副部长和卫国军全国政治委员。阮山离开泰国使他们分别18年,现在又相逢,成为领导抗法军事力量的搭档,他们格外高兴。

在陈国俊中央陆军学校,阮山经常对学员们说:"胡伯伯对我说,你在中国参加游击战争20年,你要把经验在几个月内教给他们。我在中国打游击确实打了近20年,现在,我要在一个月内把经验传授给你们,你们要努力学习啊。"

陈国俊中央陆军学校学员上军事课

第九章 在越南抗法战争的最前线（一）

  阮山亲自讲授军事理论知识的 3 个主题：养兵、练兵、带兵。这是一些容易被人淡漠、让人厌烦的问题，但阮山以丰富的经验和表达才能始终吸引着听众。阮山把授课内容编写成《养兵、练兵和带兵》一书。这是越南人民军队的第一部军事著作。

  因为阮山的口才好，每到星期日上午，学员们都放弃娱乐活动，聚集在会场里，认真听他讲他所经历的中国的二万五千里长征。人们都说，长征中，他走过遥远偏僻的充满危险的少数民族地区，不懂那里的民族语言，凭着聪明才智和勇敢精神，出色地完成了担负的各项任务。

  1947 年 1 月的一天下午，学员们正在学校附近的一个土丘上进行操练，一架法国 Dakota 飞机飞来轰炸，但没有人受伤。当地的民众闻讯，很多人前来探望。到了黄昏时分，乡亲们不放心，仍不肯回去。于是，阮山就向他们发表讲话，对他们给予部队的关心表示感谢，然后，分析了法军的劣势和优势，得出结论说："敌人的飞机没什么可怕的，只要我们学会做好防范和躲避就是了。"乡亲们放心了，又说又笑地回去了。

  在一个很冷的夜晚，浓雾迷漫，刚换完岗，全校响起了警报，敌情传达到各班："敌人正向求冯（地名）袭来！"同时，火炮声也从河内市的方向传来。每个学员都静静地快速收拾背包和武器，全体师生员工紧急撤离。为了提防敌军，一个排奉命殿后，最后撤出。

  学员们不休息地急行军。第二天上午 9 点，阮山的汽车超越了行军队伍，传下命令："部队集合，听校长讲话。"

  阮山用洪亮地声音说："昨夜，法军并没有袭击求冯。这只是一次紧急集合拉练。从今天开始，我们将边走边学，不再返回学校。要想从平时转为战时，就必须做到极其精干轻便，要不惜丢弃那些拖住我们的笨重东西。所有的人，立正！齐步走！"学员们唱着嘹亮的行军歌曲又出发了。

阮山的性格非常豪爽和开朗。到学校的时候，他带来了一辆去掉车篷的白色旅游车。每天下午下班后，他头戴贝雷帽，自驾汽车外出。他在陈国俊中央陆军学校担任校长仅仅一个多月，赶上第二期第三期学员学习，许多学员一直都记得他的豪爽开朗的性格、他的口才和他的工作风格。学员中间有许多人后来成为越南人民军队的高级将领。

第五节　领导第四战区军民阻挡住法军的进攻

第四战区位于越南中部的咽喉位置，连接南北战场，战事相当激烈。在广平省，法军入侵几个月后，占领了整个洞海平原地区，越盟军队全部撤到山林地带。敌人采取"油迹扩展"战术，逐步推进和蚕食，在丽水、广宁、布泽、广泽等县建立了许多据点。广平省军民陷入极其困难的局面，当地革命运动面临严峻的考验。只是广平、广治、承天3省（简称"平治天"）战场各主力部队同那时驻在义安省的第四战区指挥部的定期联络还能得到保障。

鉴于第四战区在抗法救国战争中的战略地位，印度支那共产党中央决定大大加强那里的领导力量。1947年2月，阮山被调去接替黎铁雄任区党委副书记、司令员（越南称区长）兼政委（任命他为第四战区司令兼政委的第228/SL号命令是他到任半年后，由胡志明主席于 1947 年 7 月 18 日签署的）。黄文欢先于他在 1946 年底来到第四战区，担任中央政府驻第四战区代表、区党委书记、越盟主席（后来，阮志清任区党委书记）。第四战区抗战行政委员会主席是越南老一代革命家、越南共产党创始人之一、在广州同阮山一起加入越南青年革命同志会的老战友胡松茂。

胡松茂后来任越南劳动党中央委员、越南民主共和国政府监察长、越南民族联合阵线中央委员、越中友好协会会长，1951 年 7 月 23 日，在赴第四战区途中，遭遇法军飞机轰炸，不幸殉职，享年 55 岁。那时，阮山已到中国，正在南京军事学院学习。听此噩耗，他无限悲痛。

第四战区包括 6 个省：清化、义安、河静、广平、广治、承天（含旧王都顺化市）。南面的 3 省（即广平、广治、承天）是正在发生激烈战事的前线，北面人口稠密、物产较为丰富的 3 省（即清化、义安、河静 3 省，特别是清化）是自由区（即解放区），是仅次于越北的全国重要的根据地，所以，抗战伊始，清化、义安、河静 3 省（简称"清义静"）就担当起前线的直接后方的任务。只要看看党中央和总军委把阮山和胡松茂一起放在中部北面 6 省担当挑大梁的重任，就足以说明它在战略上的重要性或者说十分特殊的战略地位，同时也说明，党对这两位高级干部寄予了怎样的信任。

南部 3 个省又分为 3 个分区：广平、广治、承天 3 省分区由陈文光负责；广治分区有 95 团，由黎掌（后来任教育部副部长）负责；承天分区有 101 团，由陈参（后任国防部副部长）负责。

1947 年 9 月，法军集中了约 12 个团的兵力，向各根据地发起进攻。在第四战区，法军从顺化市进犯，向广平、广治、承天3省大举进攻，当地越盟军事指挥机关缺乏战斗经验，实行正面抵抗，虽然指战员们英勇战斗，但终被打败，广平、广治、承天3省被法军占领。阮山立即赶往战斗地点，与当地的负责人积极总结教训，将战斗形式改为广泛的敌后游击战争，很快稳定了局势，把敌占区变成了游击区和根据地，同时加紧组建地方部队，做好在敌后战略机动的准备。

面对法军的进攻，第四战区的越盟军队遇到很多困难。名义上，主力部队已形成团的建制，实际上，18团（在广平省）、95团（在广治省）和101团（在承天省）是3个小团，只是编成营、团的游击部队，装备十分落后，部队的技战术水平和干部的组织指挥水平都十分有限。所以，广平、广治、承天3省（特别是顺化市）战场像实际发生的那样出现"失陷"的情况是不难理解的。

当时，第四战区的艰苦难以想象。例如，卫国军用的是烧煤的汽车，车上带着一个高柱形挨着车顶的铁炉，里面的煤烧得通红。开车的时候，通红的煤碴从烟囱里喷散出来，就像燃放的烟花。走一路，从司机、司机助手到乘客，每个人的衣服、脸上都脏得像从煤窑里钻出来一样。当道路全被破坏时，这些老掉牙的机器又被拆下来装到汽船上，在兰江、岸愁河等几条河流上为抗战服务。曾经靠这辆汽车，把紧急交通联络小组送到都良县前线（现在，它已成为交通运输历史博物馆的一件展品）。

法国人占据了广平省后，向杠河以西进击，占领了濁克村，建立起据点，企图阻断越盟卫国军广平、广治、承天3省战场的交通和向南方补给、联络的通道，给越盟卫国军制造更

第九章 在越南抗法战争的最前线（一）

多困难。在胡松茂主持下，区党委召开会议，交给阮山一项任务，尽快消灭浊克据点，解放那里的人民，打通南北联络通道。

阮山周密计划，首先开辟了一条与南方联络的临时秘密通道，然后，组织人民坚壁清野，避免损失，同时部署部队和民兵自卫队包围、孤立法军据点，狙击敌人，不让敌人露头。开始时，法军还很嚣张，猛烈反击，但他们露出一个就被打死一个，他们派来的谍报侦查人员都被抓获，以至于要用飞机来救援据点，最后，没有办法，只好丢弃这个据点而逃跑。阮山胜利完成了区党委交付的任务。

法军占领越南北方大片领土后，在军事战略上，卫国军总指挥部制订了针对法军在越南北方的军事占领中心——北部平原两个方向压制法军的计划，一个是清化、义安、河静3省的方向，一个是志灵、东潮两县的方向。阮山负责清化、义安、河静3省方向压制敌人的任务。

阮山将越南中国两个民族从古至今的军事学说结合起来，实际运用"知己知彼，百战不殆"、"攻心为上"、"以短制长"、"以弱胜强"等原则；他还将中

1947年，时任第四战区区长（即司令员）的洪水（阮山）

国武装革命斗争的经验运用到越南的抗战中，推动中部各省军民的抗战，引导他们逐步走上人民战争的轨道。

第四战区承担着两个重担：一是在顺化市被敌人攻陷后，要挡住敌人的进攻，保存越盟卫国军的力量；二是坚守住越南中部的战略要地，承担支援全国的任务。

法军占领广平、广治、承天3省后，很多人担心清化、义安、河静3省也很快被敌人占领。尽管南面和北面都是法军，但阮山却坚定地认为，法军不可能打进来。越南党和政府、总司令部也将304大团（相当于师——译者注）放在那里，经常战斗在宁平县一带，保卫着清化省，使法军始终没有攻入清化、义安、河静3省，从而把清化、义安、河静3省建成了稳固的自由区，成为越南抗法战争的战略后方和根据地。

阮山指挥了广平、广治、承天3省和清化省西部的战斗，保卫了清化、义安、河静3省这块大后方的安全，还指挥越南中部各省军民阻止了敌军的攻势。战区指挥机关有时在义安省，有时迁到清化省，卫国军部队经常驻守在农贡县和寿春县一带，以游击战和小规模运动战相结合，采取诱敌深入、分割围歼的战法，把侵略者装进早已准备好的口袋，狠狠地打击侵略者，支援了其他战区。

有一次，他指挥部队在沿着海岸线的一号公路的海云山口至顺化市的地段阻击敌人，击毙敌人100多人；又有一次，在沿着山脉的9号公路沿线发挥地雷战的威力，炸毁敌人坦克多辆，全歼敌军一个排；还有一次，阮山决定消灭同阳据点，要求参战部队只许胜，不许败，要活捉俘虏，夺取武器。分工由时任军区政委兼广平、广治、承天3省战场总指挥的陈文光督战，结果，卫国军打了一个漂亮仗，除拔掉敌据点外还活捉了

10多名俘虏，缴获了敌军的不少武器。

战斗中间，有一天，卫国军行军要渡过义安省的兰江渡口，不知为什么，摆渡的人迟迟不肯运部队过江，事情紧急，阮山不得不拔出枪鸣枪警告，过江的命令才得以执行。但在平时，他特别平易近人，从不耍军阀作风。

阮山不仅要指挥卫国军狠狠打击法军，还要一边战斗一边扩大部队。在阮山的领导下，第四战区建立了广治95团；打优恬——清香敌人据点时，建立了承天101团。他十分注意同当地党政负责人共同努力，加紧巩固根据地，每个省都建立了一个主力团，为以后组建主力师打下了基础，不久，英雄的325师、著名的30师相继成立。

阮山十分重视和强调民兵游击队的作用。在主力部队壮大的同时，第四战区的地方武装力量也不断壮大，民兵游击队得到大发展，自卫军也发展起来，以景阳、巨稔、巴隆、南冬村为模范的战斗村得以建立，使南北战略通道连接起来。在阮山的领导下，第四战区的地方军事力量和主力部队一起壮大起来。

阮山不仅指挥军队打仗、开展思想政治工作有方，而且充分依靠群众，整顿民兵和乡村党支部，加强基层政权建设，同时组织群众发展生产，争取经济上自给自足，第四战区的各项工作都开创了新局面。由于清化、义安、河静3省是自由区，所以，从顺化市、河内市等各城市疏散出来的民众和干部多居住在这个地区。

1947年底，在越南北部、中部和南部各根据地的配合下，越盟军队粉碎了法军的冬季攻势，共歼敌6000余人，取得越北战役的重大胜利，彻底粉碎了法军的"冬季战役"计划。

而第四战区在阮山指挥下死死地卡住了敌人通往南方的去路，彻底粉碎了法军打通南北的图谋。

阮山充分发挥主力军、民兵、游击队等各种武装力量的作用，使之协调作战，打得有生有色。在他的领导下，第四战区取得了顺化战斗、广平、广治、承天3省战斗、西原战斗等军事胜利，建成了抗法战争的坚强堡垒，使法军闻风丧胆，不敢进犯。直到抗法战争结束，北方获得完全解放，第四战区胜利完成了自己的战略任务。

第六节　越南的革命军事理论家

在陈国俊中央陆军学校，阮山亲自讲授军事理论知识的3个主题：养兵、练兵、带兵。他把丰富的经验和知识写入《养兵、练兵和带兵》一书中。这是越南人民军队的第一本军事教材。

在越南，许多人回忆说，在繁忙的工作中，阮山抽时间撰写了很多书和文章，可惜的是，在艰苦恶劣的战争环境中，有的书和文章没有传下来，能找到的已经不多了。在越南军事档案馆里能找到3本以他署名的书是：《战术》《民兵——一支战略力量》《列宁主义概要》等理论著作。这些著作特别是军事理论著作成为越盟卫国军的重要军事文献。他在这方面做出的积极贡献在越南得到公认。前两本书展示了阮山的军事理论，越南军事学术界普遍认为他不愧为越南人民军队建军初期的革命军事理论家。

第九章 在越南抗法战争的最前线（一）

越南档案馆保存的《战术》一书是1951年第五战区参谋处军训科再版的手刻油印本，共22页。这本书与《民兵——一支战略力量》一起是1949年由第四战区司令部第一次出版的，在书的扉页上可以看到：1949年2月20日第一次印刷、印数900册。

这本书印在草纸上，已经变黄，字迹模糊，很难辨认。它是阮山编著的战略、战役、战术、战斗问题参考丛书中的一部分，在本书的最后一页注有"第一部分完"。还有一种可能是，在当时缺乏油墨纸张的困难条件下，第五战区只印了1949年第四战区出版的阮山的著作的一部分。

这个版本的《战术》一书有两章。第一章是论战术，第二章是战术的基本原则。

第一章首先讲述了提高"指挥员战术修养"的必要性，指出"这是指导我国军民进行现实战争的主要环节"。接下来，他说明了"什么是战术"。他说，战术是战场上与敌人直接交战时阻击、追击、歼灭敌人的战斗态势；战术是各兵团、团、下属各级部队的作战形式；战术还是在两军交战时根据敌情、地形、我方任务和直接目的而实施的兵力部署、进退决定及各兵种、各部队之间的配合。

根据这个定义，研究战术的重心是中级指挥员。按阮山的观点，军队中的所有人，从士兵、初级指挥员到高级指挥员都要精通战术，做到发出命令和实施战斗时互相了解和协调。

战争实施分3个层次：战略、战术、战斗。3个层次的各级指挥是将官（战略）、校官（战术）、尉官（战斗）。兵力部署也要根据3个层次作相应分配。

在第二章，阮山提出并解释了四项基本原则：积极进攻；

保持优势，压制敌军；集中力量打击敌军弱点；巧妙运用机动战术。

第一项基本原则是由政治、经济、社会条件决定的。在殖民地半殖民地国家，人民进行民族解放战争，在初期，战略上常常处于被进攻的被动局面。因此，必须在战术上树立加倍积极进攻的精神，使战略被动局面逐步转变为主动进攻（反攻），这样才能保障取得彻底胜利。在解放战争中，由于缺少武器、训练和积极进攻的经验，于是产生了一种特殊的战术：游击战术。这种战术与正规战术同时存在，以消耗敌人，使正规部队有时间进行训练。战争中积极进攻并不意味着可以蛮干、乱打。要积极进攻必须重视侦查，掌握敌情，主动给敌人制造弱点。积极进攻，就是要在对我有利、对敌不利的条件下寻找敌人去打，也就是说，在作战中，不管是进攻还是防守，都要保持主动的态势。

第二项基本原则是保持优势、压制敌人。这项原则建立在有把握才打、保存我军力量的思想之上的。要做到这点，只能集中主要力量用于消灭敌人的目的，而其他次要目的则使用人民的力量。任何时候都不能将部队分散到各地，使得需要时无法集中力量消灭敌人。一旦下了消灭敌人的决心，就要集中成倍于敌人的战斗力量（包括人和武器）去打，绝对不能主观轻敌或耗费自己的力量。

集中力量打向哪里？第三项基本原则就是：集中力量，打击敌人薄弱之处。选择敌人的薄弱之处去打是战术中最重要的一个问题。阮山列举了敌人一系列弱点，据此阐述了如何选择自己的战术。发现敌人薄弱之处是各个指挥员从侦查、研究到做出明智决策的一个过程。敌人的弱点不仅是发现敌人原有的弱点，还要给他们制造弱点，例如，运用游击战迫使敌人分散力量，使之疲惫不堪，然后给其决定性的一击。

最后一项基本原则——巧妙运用机动战术。机动是战术上快速用兵的方法，就是说，部队的运动和火力配置要相互紧密协调，牢靠地制造打击效果。在其他兵种配合下，步兵是运用此项战术原则的主要兵种。要想行动快速，必须训练行军方法、行军耐力和行军的组织，做到熟练、快捷和隐秘。这是战斗前的行动。战斗中的行动则要求火力集中于准备冲锋时。这种助攻火力只在一个小范围内起作用，因此，用兵应注重步兵的冲锋动作，即投弹、刺杀等动作。士兵必须熟练掌握冲锋技术。

越南档案馆保存的《民兵——一支战略力量》一书是1949年初由第四战区司令部出版的，用白纸油印的，共88页。扉页上有1949年2月10日的亲笔签字："赠长征兄"和阮山的签名。长征总书记肯定看过这本赠书，因为在扉页上盖有党中央委员会图书馆的印章。

这本书不分章节，但包括3部分内容：第一部分是讲民兵的性质和任务；第二部分是讲每个越南公民都应是民兵；第三部分是讲落实民兵后方任务的组织和领导。

在阐述了民兵的任务（后方任务、战斗任务和政治任务）之后，阮山在第四部分讲了民兵的后方工作，在第五部分讲了民兵的作战任务和战斗形式，将前面讲到的两项主要任务更加具体化。

在后方工作一部分中，阮山非常具体地列举和讲解了以下工作：

1. 坚壁清野；

2. 组织歼敌；

3. 防奸和维护社会秩序；

4. 联合报信；

5. 运输任务。

在作战任务和战斗形式一部分中，阮山十分具体地指出了民兵如下的战斗活动：

1. 破坏战术；

2. 地雷战术；

3. 打零星之战；

4. 骚扰战术；

5. 侦查；

6. 战斗村。

1949年，在抗法战争十分困难和拮据的条件下，具有"锦囊妙计"性质的军事书籍如上述阮山的两本书的问世是弥足珍贵的。它是阮山的见识和战斗经验的积累。通过书籍获得的知识，在中国和越南战场上积累的所有经验，都在阮山的军事著作中留下了烙印。1964年，越南国防部重新印发了《民兵——一支战略力量》一书，供南方各省在抗美救国战争中使用。

第七节 一次神奇的"神机妙算"

1947年9月26日至29日，越盟军队总司令部第四次军事会议举行。这次会议的中心议题是判断敌军的动向，以确定

第九章 在越南抗法战争的最前线（一）

1947年旱季越盟军队的作战方向。具体的问题是：敌军旱季战略进攻方向是哪里？越北根据地是否是法军的进攻方向？敌人集中兵力的能力是多少？特别是，敌人会采取什么样的战役作战方式？

越盟军队刚进入抗法战争不久，应付战争的经验还不是很多，指挥水平不是很高，参谋机关的水平也不是很高。例如，由于缺少培训，对敌军各单位的军事标识和术语，参谋干部的了解十分有限；对法军各兵种（伞兵、坦克兵、炮兵、汽艇兵等）的图上作业，比较混乱和很不统一；突出的问题是，掌握敌情的手段和水平很差，没有掌握敌情的基础知识，只能依靠阅读基层单位从城里转来的法国《L'Entente报》、收听法国远征军的《雁之声》电台、翻译敌人的公开消息等，并对这些信息进行分析判断；城里虽然也有情报点，但要骑自行车将情报送出，再从郊区送到越北根据地，传送非常迟缓，还保证不了情报的准确性。

阮山的外语水平很好，除汉语特别出色外，还通晓法语、英语和俄语。他给战区设立的俘虏营取名"共和屯"，法军战俘和投降兵由他直接进行教育和审问。因此，他掌握的敌情非常准确。对于法军1947年冬季的动向，经过认真分析，阮山将第四战区的作战方案上呈总司令部。那时，印度支那共产党中央和中央政府机关都在越北，该方案认为："法殖民主义不会攻打清义静3省，而是会攻打越北战区。"并提出了"安全的'清义静'"的判断。

在军事会议上，如何判断敌军的动向，意见分散，很难达成一致。最后，会议的结论与阮山的判断很不一致：关于敌军的进攻方向，越北根据地排在红河平原和第四战区之后，被列为第三种可能性,而且说:"只有冒险,敌人才会攻打越北";关于敌军动用的兵力,预计不会到两个师。

争论最多的问题是关于敌军的作战方式。多数人赞同这样的判断:如果攻打越北根据地,敌人将从红河中游经北宁、北江、山西、富寿、永安等省中的一个省,北上宣光和太原省。这个判断没有预见到敌人会从谅山省进攻高平省,然后折向北㳅省。

特别是,没有任何人想到和提出法军可能和敢于向根据地的腹地空降伞兵。只有阮山站起来斩钉截铁地说:"各位,要小心呢,搞不好,法军的伞兵会落到我们头上哩!"阮山说话率直,不客套,不拐弯抹角,了解他的人对他的讲话方式不感到奇怪。

根据军事会议的判断,10月4日,总司令部向各部队发出了作战计划。按这一计划,越盟军队10个团的兵力在红河中游各省展开,形成加固的圆弧阵式,以阻止敌人进军越北根据地。谁也没有想到,命令下达只有3天,路远的省份可能还没收到命令,敌人就于10月7日开始进攻,发动了"冬季战役"。

法军朝东约400公里,朝西约250公里,形成两大钳臂,包围整个越北根据地,并派一路伞兵径直空降到北㳅省。这对许多人完全始料未及。敌伞兵首批空降的地点之一——富良县城新集镇,离越北根据地大本营机关所在地的直线距离只有30至35公里。法军空降到北㳅时,长征总书记正在那里与省委的领导谈工作,黄文泰总参谋长正在足球场视察一个新兵单位,而足球场正是法军伞兵的空降场。

挟初战之胜的势头,在这次"冬季战役"中,法军以5个团两万多兵力分 3 路向越北解放区心脏地带和其他各战区实施进攻。越盟大本营及时改变了战役作战计划，才由被动转为主动，并最终取得了这场战役的胜利。

在总结越北战役的经验教训时，经验教训之一就是，制定行动方案，要随时预见到敌人的最坏可能和为此做出最大努力，随时保持高度警惕，避免陷入被动。而这些，阮山在 10 天前的会议上就讲过。事后，人们都说，他的话来自他的军事生涯中的实际经验。

第十章
在越南抗法战争的最前线（二）

- 第一节　女儿演绎新版"千里寻父"记
- 第二节　被授予越盟军队少将军衔
- 第三节　令人折服和钦佩的演讲才能
- 第四节　在接近人民了解民情的基础上开展群众工作
- 第五节　创立新型练兵运动——人会操
- 第六节　对干部战士关心爱护体贴入微

第一节　女儿演绎新版"千里寻父"记

由于军情紧急，加上保守军事秘密的需要，阮山离开河内市直接南下前往第五战区，没有告诉家里的任何人。过了一段时间，女儿武清阁一直没有爸爸的音讯，就到处打听。河内市保卫战以后，法国人占领了河内市，仍无爸爸的音讯。她急坏了。难道爸爸会再次神秘地"失踪"吗？

一年多以后，有人告诉她说："你爸爸在第四战区打法国佬，现在，正在顺化前线。"于是，她告诉伯母们，自己要去顺化市找父亲去。伯母们说："顺化那里正在打仗，你是一个女孩子，单个人去前线，多危险呀！"都劝她不要去。但倔强的她收拾了在街上摆的杂货小摊，悄悄地买了张去顺化市的火车票，一个人离开了河内市。

几天后，她来到顺化市。见人就问：阮山在哪里？第四战区的司令部在哪里？人们警觉地摇摇头，都说不知道。后来，她恳求人家说："我是阮山的女儿，我从河内来找我的爸爸，你们领我去见他吧！"

实际上，第四战区司令部在义安省，阮山正在那里指挥作战。有人告诉她以后，她说什么也要去义安省。见她的决心那么大，于是，有人领着她，徒步走到了义安省。从此，武清阁成了父亲领导下的第四战区后勤部的战士，同父亲一道战斗在抗法第一线。

在激烈的战斗和繁重的工作之余，阮山非常思念留在中国

第十章 在越南抗法战争的最前线（二）

的妻子和儿子们。特地委托担任中越联络工作的越南使者李班（后任越南外贸部副部长）给延安的陈剑戈捎信问安。到中国后，李班听说，胡宗南进攻延安时，陈剑戈和两个孩子已经撤离，但在转移途中，被国民党飞机炸死了。

这个消息给阮山很大打击。他变得沉默寡言，常常闷在屋子里，不停地抽烟，有时还对部属发脾气。武清阁很理解爸爸的心情，一有空就去给爸爸洗衣服、叠被子，陪他说话。

在顺化市的一次会议上，阮山认识了妇女干部黄氏兑。她的老家在越南南方永隆省平明县美和乡。她于1917年出生在永隆省。她的父亲是反对越南保大封建王朝和法国殖民统治的革命者。在父亲的影响和带领下，黄氏兑15岁就参加了革命。不久，反动当局把他们父女关进了世界闻名的昆仑岛监狱——越南南部海上的一个孤零零的小岛。非人的折磨使黄氏兑的父亲病死在监狱中。她和一些共产党员冒着生命危险逃出监狱，然后参加了印度支那共产党领导的革命活动，担任过茶温县的县委书记和南圻区委的宣训干部，后来，来到第四战区，做妇女工作。

为了减轻爸爸的痛苦，清阁为爸爸当红娘，将黄氏兑撮合到爸爸的身边。黄氏兑很快成了阮山的第三位夫人。黄氏兑比清阁大9岁，但清阁照样叫她三妈。1948年1月1日，三妈生下一个漂亮的女儿，叫阮梅林（后来成为越南南方民族解放阵线文工团的声乐演员）。就在梅林出生的这一天，清阁也结婚了。这时，清阁24岁。她的爱人阮明光是第四战区的情报室主任，比她大7岁。

清阁很喜欢她的三妈，三妈也很喜欢清阁，清阁与阮明光的婚事便是三妈促成的，但三妈与阮山的感情却不融洽。生下梅林几个月后,她悄悄离开第四战区,去了被法军占领的河内市。可怜的小梅林一生下来就失去了母爱,阮山又没有时间照顾她,于是把她交给第四战区妇联会的一位阿姨抚养。清阁一有时间也帮助照顾梅林。1950年,阮山第三次前往中国时,梅林仅两岁半,刚学会说话和走路,仍然留在第四战区,对父亲毫无印象。1956年10月1日,阮山再次回到越南,不到9岁的梅林再一次见到父亲,但是,也就在医院里见了几面,父亲就永远离开了她。

第二节 被授予越盟军队少将军衔

为了壮国威、显军容、严军纪,1948年1月,胡志明颁布了向卫国军负责人授予军衔的政令:武元甲被授予大将军衔;阮平被授予中将军衔;阮山、黎铁雄、朱文晋、黄参、黄文泰、黎献梅、文进勇、陈大义、陈子平等人被授予少将军衔。越北根据地和各战区陆续举行了隆重的授衔仪式。

这时,39岁的阮山正在第四战区坚持抗战。对这个授衔命令,他有些不以为然,打算不接受。大家前来祝贺,他说:"祝贺什么!我是'多'将,怎么是'少'将?"(越语与汉语相同,"少"字有"年少"的少一解,也有"缺少"的少一解——译者注)他说希望把少将军衔授给别的同志。可以看出,阮山有一点不在意。因远在敌后,不能与身在越北解放区的胡志明交换意见。于是,他发了一份"火速公文"给胡志明,谈了自己的想法。

机要人员送来"火速公文"时，胡志明和越南革命童子军的领导人黄道翠正坐在树林里谈话。看了"火速公文"后，他微微一笑，轻轻点了点头说："我知道了。"

过了一会儿，胡志明请工作人员拿来一支笔和一张名片，思考了一下，在上面用中文写了"赠山弟"3 个字，然后写了一首 12 字的赠言：胆欲大，心欲细，智欲圆，行欲方，命令工作人员立即将名片送到第四战区交给阮山。

过了几天，阮山看到了由交通员辗转送来的名片，知道胡志明引用的是中国隋唐时期著名医学家孙思邈给他的友人刘照林的赠言，原文是：

> 胆欲大而心欲小，
> 智欲圆而行欲方。
> 念念有如临砥日，
> 心心常自过桥时。

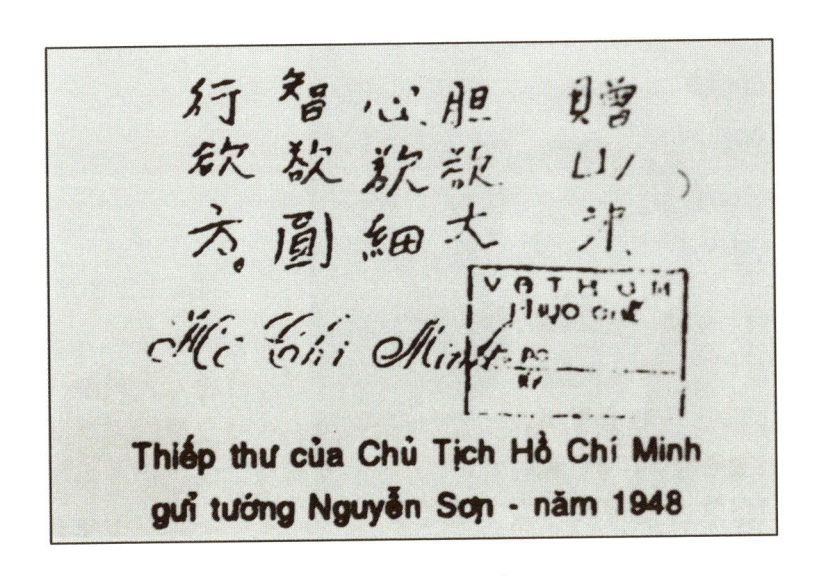

胡志明写给洪水的 12 字赠言

胡志明把后两句删掉，把前两句拆成四句，并把"心欲小"改成了"心欲细"，意思是说，阮山胆大心细，考虑问题周到，办事顾全大局。这既是胡志明对阮山的高度评价，也是对他发扬这种精神的希望；既有表扬，又有勉励。

阮山明白了胡志明的用意，豁然开朗，立即心情舒畅地接受了胡志明、印度支那共产党中央的安排，并积极配合中央代表、文化部副部长范玉石，在第四战区司令部所在地的清化省寿春县，组织了一次规模浩大的隆重的授衔仪式。

1948年10月9日，授衔仪式在清化省寿春县运动场举行。尽管当时的条件十分艰苦，前一天下午，童子军学校所有的学员每人都发给了一套浅紫色的新军服。这天早上，旭日东升，明媚的阳光照射在清化省寿春县的运动场上，包括童子军学校的学员在内的第四战区武装力量的所有单位，队伍整齐，气壮山河，迎接不仅属于敬爱的司令个人而且还属于英雄的中部地区军民的荣誉。

1948年，洪水（阮山）获授越南少将军衔

在授衔仪式上，阮山没有了往日的随意，身穿绿色呢子军服，头戴绿色大沿帽，佩戴庄重的肩章和帽徽，英姿飒爽，威风凛凛。

在人山人海的会场上，大家激动地静静地聆听范玉石博士代表政府宣读胡志明主席亲自签署的授予阮山少将军衔的决定；聆听第四战区抗战行政委员会主席胡松茂宣读胡伯伯寄给阮山将军的信，并为阮山佩戴上少将军衔的肩章。会场响起了庄严、雄壮的越南国歌，人们仰望金星红旗齐声唱道：

> 越南军团，
>
> 为国忠诚，
>
> 崎岖路上奋勇前进。
>
> 枪声伴着行军歌，
>
> 鲜血染红胜利旗。
>
> 敌尸铺平光荣路，
>
> 披荆建立根据地。
>
> 永远战斗为人民，
>
> 飞速上前方。
>
> 向前！
>
> 齐向前！
>
> 保卫祖国固若金汤。
>
> ……

第四战区政委陈文光威武地骑在马上，在雄壮的军乐声中检阅仪仗队；作为身经百战、博古通今、正处荣耀巅峰的传奇将军，阮山依然格外的质朴和平易近人，让每一个人仿佛看到了一位先贤的形象；当童子军队伍自豪地迈着整齐划一的步伐正步走过并转头看向观礼台的时候，阮山满面笑容地向他们招手致意……

这一隆重的授衔仪式吸引了方圆几十公里的老百姓来观看，大大弘扬了越南人民军队的军威，鼓舞了第四战区广大军民的士气。

当时在第四战区司令部工作的阮石金回忆此事时写到：

1947—1948年，越南人民军已建立多支主力部队和稳固强大的地方军。为加强军纪、提高国家军队的声威，授衔问题被提到日程。国防部、总司令部、各军区的领导同志已先后荣获各级将军军衔，唯独第四军区司令阮山却一直未被授衔。

阮山是一位以韬略著称的越南军事领导干部，经历过多年作战和练兵的磨练，并领导过军队的文艺工作。他的政治和军事理论水平、组织和动员群众的能力受到许多知识人士和广大官兵的钦佩和敬慕。因此，许多与他共过事的干部以及他本人对他的评价高于当时的一些将领。对于少将军衔，他不是很满意。没有人知道如何给他授衔，何时给他授衔。

1948年秋初的一天，我奉召到战区去见阮山司令员。他对我说："胡主席派范玉石副部长前来主持为我授衔的仪式。参谋部建议派你和阮文义同志作为助理，陪同我出席仪式。你要准备穿上整洁的军服呀！"

看到我愕然的样子，他马上解释说："你以为永远不会有这种事，是不是？以前，我有不想接受少将军衔的想法，况且授不授将军仍然要打仗、要军训。但考虑再三，特别是想到胡伯伯的处事态度，我是不能推辞的啊！"

我急忙问："胡主席是怎么看待这个问题的呢？"

他打开面前的公文夹，抽出一个外面写着"赠山弟"（寄阮山）的信封交给我。我赶快打开看，一张小巧简单的普通名片，正面印有3个字"胡志明"，背面工工整整地写着4行字：胆欲大、心欲细、智欲圆、行欲方。

看到我默默地思考，平时慷慨激昂能言善辩的司令员现在却变了样儿，慢条斯理地给我讲了起来：正是胡主席寄给我的这 12 个字让我憣然醒悟，很多想法有了改变。就是这么几个字，让我的心灵受到很大的震憾，胡伯伯是多么的诲人不倦、体贴入微啊！真是见识深邃、情深义重啊！

胆欲大，是讲胆量要大。字虽少，但教诲我们要赋有大无畏的品德，不仅是只要求战斗勇敢，而且要懂得大胆地敢想敢干大事！

心欲细，是讲头脑要清晰、精细、严谨，不粗疏，不鲁莽。心欲细，一句深刻的劝导，饱含了真挚的情感，既严厉严格，又温情和善。这是大哥对自己亲爱的兄弟说的话呀！

智欲圆，是讲考虑问题要完整、全面、充分、周到。"圆"在"智"之后，包括了对责任心的叮嘱、对踏实稳重、重视经验的提醒等多种含意，传授给自己的下属将领，既谦逊，又自然大方，深入人心。

行欲方，是讲行为要规矩、妥当、真实、明确、端正。

几个词语紧密搭配、完整绝妙！

阮山司令员接着说，我精通中文，但很少见到有人像胡主席用中文表达得这么寓意深长。以简短的几个字，胡主席千里迢迢给我上了深刻的一课，送给我一份珍贵的礼物，促使我在许多方面进行反思。一些我已掌握但还不牢固的，必须加强修养和磨练；尚有缺陷的，必须予以补充和修正。我感到豁然开朗，认识到过去的许多言行不正确、不完善、不慎重。归结到授衔一事上，我也要改变观点，不能像过去那样只是片面考虑问题，只是从自己方面考虑。

几天之后，我们陪同文化部范玉石副部长乘船沿马江去视察部队和岑山海岸布防。当谈及刚刚进行的授衔一事时，范玉石作了进一步的说明：

授予阮山将军军衔之际，胡伯伯赠给阮山的礼物虽然只是一张名片和简短的几行字，但极有意义和作用。收到名片后，阮山很感动。至于我，我还看出胡伯伯是个少有的周到细致的人，不仅体现在文字内容上，而且体现在办事方法和处事方式上。胡伯伯叮嘱我，到达第四战区谈到授衔时，要马上把名片交给阮山。正如胡伯伯早就预料的一样，看完名片，经过思考，阮山的态度完全轻松愉快起来，心情舒畅地接受了授衔。我在路上准备的许多做说服工作的话都用不着说了。

后来，我每次晋见阮山司令员，都看到端端正正地放在办公桌笔架上的那张名片，看到上面极其有意义的那几行字。现在，这张著名的名片摆在越南历史博物馆内。

第三节　令人折服和钦佩的演讲才能

阮山是一个口才出众的人，经常到根据地的各地演说。越南财政部原部长黎文献回忆说，1948 年 8 月 7 日，中央干部会议在越北中央安全区（即解放区）召开。会议地点有会议室、食堂、卧室、报刊阅览室、饮水休息亭，一律用竹子做成。夜晚灯火通明。出席会议的有党中央委员，例如，阮良朋、武元甲、黎德寿等。会议听取了政治、军事、党的工作、民运工作报告。芳兄（即长征总书记）首先做报告。晚上，阮山在会议室讲干部的学习问题。他讲得非常精彩，证明他是一位口才出众的演说家。

他的演说涉及许多主题。除了军事、政治、宣传、文艺之外，在其他许多领域，阮山也有很深的令人佩服的见识。第四战区有很多部门，如经济、法律、妇女、青年等。这些部门举行会议时，经常邀请阮山参加，而他都发表讲话，参加会议的代表对他知识的渊博十分佩服。

阮山虽然是战区司令，但仍安排时间，经常给军政学校等各个学校的干部学员发表讲话和上课。讲话时，他经常讲国际国内形势以及他所参加的中国人民解放军的战役、战斗过程，讲授人民战争、指挥工作、参谋工作、军队党的工作和政治工作等。有他发表讲话的群众集会，每次都能吸引和征服在场的听众。

上课时，他的讲稿都是自己准备的，有完整的打字教案，但听众从来没见过他上课时手中带有任何文字材料。他讲课的声音浑厚有力，从头至尾引人入胜，令人陶醉。下课后，阅读他的教案材料可以发现，他自己准备的教案中的各个章节和主要内容，全都讲到了。

他有武将凶悍的外表，但却十分热爱和谙通文艺。他的讲话非常生动活泼，道理阐述严谨，对听众很有吸引力。

在广义省时，每周周六上午，他都向很多绅士、知识分子、神职人员发表讲话，内容包括共产党人与家庭、共产党人与宗教等。

广义陆军学校刚开学时，越南国民党等反动派攻击该校是"共产、共妻、共子、共财产"的学校。针对这种反动论调，在开学典礼上，阮山说："有人有错误认识，受反动派欺骗，故意分裂民族团结阵线，说这是共产党的红军学校，学员全是越盟的人。他们怎么这么愚笨？我们有什么'产'可以'共'？我们面前是法殖民主义正妄图重新占领印度支那3国、迫使我们的人民再次充当他们的奴隶。我们需要增强自己的力量，培养一支包括爱国、有学问、身体健康的青年在内的有水平的军事指挥队伍。今天在场的学员中，哪里只是越盟的人，哪里只有共产党员？你们当中包括了社会的各种成分，其中有富豪子弟、官吏子弟、阮朝宗室成员，还有各少数民族的成员，例如侬族、岱依族、埃地族、巴拿族、芒族、占族以及华侨……"

在广义市运动场举行的有许多同胞和广义陆军学校学生参加的集会上，在岘港市运动场举行的报告会上，阮山都点名批评越南国民党的阮海臣、阮祥三、武鸿卿是"得寸进尺"，并说他们"蠢得像驴"。他直截了当地讲道："那些叫嚷着要推翻胡志明政府的人，把政府说成是共产党政府，那真是'蠢得像驴'。因为在政府中有保大皇帝担任顾问，有阮海臣担任副主席，还包括了阮祥三、武鸿卿。他们是自己打自己的嘴巴。此外，政府中还有璜叔抗、裴凭团、潘计遂、裴纪、潘英、牧师范伯道等人。如果是共产党政府，那骗不了任何人，包括小孩。那些人抛出那种歪曲事实的论调，是不是就像仰卧的人呕吐了又自己咽下去？是不是很蠢，'蠢得像驴'？越南民主共和国刚刚成立，在中央金库里只搜出走狗政权留下的约两千元印度支那货币，还破旧得不能花，而我们却要为饿死的200万同胞送葬，要节衣缩食，拆了东墙补西墙，还要消除愚昧，特别是要团结一致消灭入侵之敌。所以，那些人真是'蠢得像驴'，甚至比驴还蠢，不是吗！我们怎么会有'产'可'共'？到哪里找到'产'可'共'？"

这就是阮山的讲话方式：通俗，简练，具体。后来，大家每次见面，都会忆起他"蠢得像驴"的比喻。

第十章 在越南抗法战争的最前线（二）

有一次，阮山讲历史唯物主义。当时，听众席上有很多人是法属时期的博士，例如，法学博士胡得恬、法学和文学博士阮孟祥、史学家陶维英、作家邓台梅、诗人制兰圆和著名画家阮文子、范文敦、阮氏金。他们和500多名干部以及文艺工作者一起人挨人地坐在抗战文化之家的会场里。那是一座漂亮宽敞的村公所，是清化省地方政府借给战区用作文化人士活动的场所。

阮山说道："1937年，中共中央派我到抗日军政干校担任政治教员。我讲唯物主义哲学的一个基本观点：物质是客观存在的，是有自己的客观的运动规律的。这种规律是不依人们的意志为转移的。战争也有自己的客观规律。我们必须在实践中掌握这种规律……"

很多学者都知道物质是"客观存在"的，但今天听阮山讲哲学的这一基本观点，他们仍然很喜欢听，因为他的讲话非常精辟。

他还说："诸位，谁都知道，历史是对已发生的事件和人物的文字记载，但按古希腊人的说法，历史还是'开发和发现'，法文叫Histoire。法国人和越南人用自己的语言使之更加丰富，变成了'找事和挖掘（chercher histoire）'，包括'杜撰和虚构（cr'eer histoire）'……"全场哄堂大笑并热烈鼓掌。

之后，阮山见到秘书处的明江，问听众对他讲话的反映。明江说："报告司令，每一位听众包括我都很喜欢听您讲话。因为，我们是从'旧世界'走向'新世界'，所以，一切新的东西对我们都有很大的吸引力。我们这些从法国学校走出的青年只是刚懂得'找事（chercher histoire）'，现在，才听说还有'杜撰和虚构（cr'eer histoire）'……大家感动的是，您作为一名将军、一名军事家，却任何时候都不忘提高外语水平。"

阮山对明江说:"你要记住,外语是知识的基础。不精通法语,怎么能懂得巴尔扎克?不精通中文,怎么能读懂鲁迅?"直到80多岁时,明江依然清晰地记得这段关于学习外语重要意义的谈话。

第四节　在接近人民了解民情的基础上开展群众工作

阮山最深刻的观点是:以民为本。从这个观点出发,进而转化成为他调兵遣将的才能和创造性的指挥行动。他经常教育和提醒他所领导的各级干部:"要时刻贴近人民,通过与人民的接触,帮助那些觉悟程度还不高的人民群众提高觉悟,进而发动他们共同参加革命斗争,完成肩负的革命任务。"

阮山担任司令之前,第四战区总部机关驻在义安省西部各县(英山、都良等县)。担任司令后,阮山与战区领导商议,决定将战区总部及其所属单位搬至沿海的清化省平原各县。尽管那里的人民群众的觉悟程度还不高,他要求干部战士都住到人民群众家中,接近人民群众,了解民情,帮助人民群众提高觉悟。

清化省农贡县有一个古定乡,当时受反动势力控制。乡里的茂村被国民党反动派霸占。他们与天主教中的反动分子相勾结,还拥有武装,镇压和控制着群众。因此,当地的党政干部无法进入该村。于是,阮山命令军政学校派一个学员大队进驻古定乡各村,派一个学员大队进驻茂村。

开始时，包括茂村在内的古定乡同胞还有顾虑和畏惧。但经过很短的一段时间，通过部队与人民群众亲密接触，通过思想发动，通过展现武装力量压倒性的气势，同胞们慢慢振奋起来。他们向部队和地方政府揭发那些反动头目的罪行，还帮助抓获并惩治了那些反动头目。古定乡的革命形势明显高涨起来。通过这样做工作，整个清化省人民群众的觉悟大大提高了一步。

阮山有意想不到的亲民作风。人们能看到他骑着一辆旧自行车，看到他去松林和都良县的市场赶集，看到他去足球场踢球，看到他穿着短裤和战士们一起跑步，看到他在老百姓家里躺在床上就睡；在少有的闲暇时间里，阮山喜欢下棋、喝咖啡。他经常去找学者黎余一块下棋和聊天，而他把这种情谊最终落在了这位别名"楚狂"的学者的女儿黎恒熏那里……大家都感叹地说，阮山留在民众心中的美好印象真是难能可贵，难以磨灭。

第五节 创立新型练兵运动——大会操

1947年底，法军"冬季战役"失败后，抗法战争进入相持阶段。法军改变了速战速决的方针，开始采取巩固占领区、吞食解放区的方针。阮山对练兵工作倾注了极大的心血，经常指导战区制订武装力量的训练方案。他首先在第四战区创造性地提出并指导开展了群众性的练兵运动，创造了一种独特的训练方式：大会操（类似中国人民解放军的大比武）。

当时，法军东从越南沿海、西从老挝、南从越南南方等3个方向向第四战区压来，越盟军队被法军压制得很厉害。但阮山仍坚持举办"大会操"：演练、行军、射击、渡河……面对那样紧张的形势，全国没有人敢这样做。

大会操首先在清化省进行，娘山（地名）是各科目的演练场。清化省的民众经常看到阮山的身影。每天早上，他都招呼大家出去锻炼身体，练习跑步。他经常同部队一起长跑，甚至跑在前面，高喊口号，很有气势，有时停下来点支烟抽，然后又快跑赶上部队。都良地区的民众都非常钦佩他。

后来，阮山从清化、义安、河静3省不同的地方各抽调一个连，集中在一起，组织他们一面沿清化省海岸行军，一面进行行军中的技战术、党的工作、政治工作各项科目的考核；参加会操的单位不是指定的，而是自下而上通过竞赛选拔出来的，并且赏罚分明；组织检查时，各单位都必须行军到清化省。为了使部队经受各方面的锻炼，会操地点经常改变。

大会操的行军路上，阮山经常安排部队使用简陋武器进行防炮击、防地雷、防陷阱演练。他对参加大会操的部队的要求很严，还进行评比，要想在武装行军中夺魁，就必须保持队形整齐、装备齐全。阮山总是跑到队伍前面一段距离，再转过身来激励战士们："嗨！小青年输给老头了啊？"于是，整个队伍往前冲去。最终，阮山带的队伍总是获得第一。

在大会操过程中，既练技术又练行军，同时还要制订途中与敌作战的方案。因为在敌强我弱的情况下，敌机常来骚扰，越盟部队的行军必须隐秘和迅速。特别是军区机关人员，每到一个地方，阮山都命令："必须在展开工作的同时准备好各方面的战斗方案。"根据阮山的命令，机关干部人人都要进行训练。即使是在某地停留一天，都要制订作战的方案。最苦的是通信兵，又要装机，又要架线，但他们都已养成习惯。有时，大会操在不同的地方进行，在一个地方开幕，在另一个地方操练，使整个部队从军官到战士随时都处于高度机动状态。

很快，阮山创造的这种大规模的新型练兵运动便风行于全国各地的部队，成为越盟部队和民兵重要的训练形式。

后来，阮山又掀起"练干整军（锻炼干部整顿军队）"和"练兵立功"运动。在练兵运动中，仍然是从最基本的行军、跑步开始。清晨，驻守在战区指挥机关周围的部队背着背包练习跑步，边跑边呼口号。阮山总是背着背包跑在队伍前面，一跑就是数公里。

在自己的军旅生涯中，许多人都是第一次见到司令员同战士一起跑步和一起训练，还同战士们一起担柴，一起练习游泳。这个消息传开后，军民振奋，气势大增，各单位的领导干部更加积极地与战士们一同参加锻炼。后来，其他战区也都仿效这种做法。

在"练干整军"运动中，阮山为每一类地区都制定了详细的计划。例如，在敌人暂时占领区，开展游击战争，开展杀敌、捉俘虏、夺取敌人武器来装备自己的竞赛活动，还要尽力减少自己的损失；对于战斗单位，努力提高干部的指挥能力，提高作战单位的战斗力，提升部队的气势；整个战区都注重整顿机关单位（常被称为少爷兵），使他们做到精干机动、熟悉周围地形地物、随时准备战斗。

他不让部队长时间驻守在一个地方，因此，部队昨天还在邵化县，几天后却出现在寿春县；在静嘉县，人们看到他肩上背着背包，跑在队伍前列，一边跑一边为其他人加油；在古定乡，他总结大会操、"练干整军"运动的经验，号召各级指战员发扬成绩。

组织转移行军时，一个很大的问题是后勤组织。阮山把中国"肩上后勤"的经验运用到行军中。战区指挥机关和各部队单位不断地转移驻地。今天到这个乡，明天到那个乡。每个单位都要自行组织本单位的后勤。在后勤转移方案实施时，各单位都有很多创造性的发挥。

有些保大皇室的成员参加了越盟军队，也跟随转移。但他们过去很少受苦，行军时叫苦不迭，说卫国军是"虐待皇室"；后来他们也习惯了，还表示感谢。

正因为如此，敌人掌握不了阮山和战区领导人的行踪，从都良到清化，从盘石到寿春，忽隐忽现，神出鬼没。

1948年夏天，为了表彰立功的作战部队和宣传越盟军事力量，第四战区举办了3天的大会操，表演分列式、各种行军训练科目和各项田径比赛。大会操集中了来自广平、广治、承天3省地区正在与敌作战的部队单位，而清化、义安、河静3省自由区，则是每个团选派一个优秀单位。现场充满了战场的气氛。

在一个烈日如焚的日子，在西木地区举行了大会操的闭幕式，先是阮山讲话，接着向第四战区一些单位和个人颁发胜利勋章。闭幕式表演了传统节日上的兵士操演和比武，表现出尚武精神，非常热闹。这是大会操给人印象最深的一刻。

大会操的成果，一是组织规模宏大，参练部队的技战术、党的工作、政治工作水平显著进步，干部战士的情绪无比振奋；二是以大会操彰显力量，威慑敌人，阻止了敌军进犯清化、义安、河静3省；三是提高了途经的沿海地区同胞们特别是部队的警惕意识和抗击法寇的战斗决心，使第四战区和全国军民精神大振。

大会操途中停留的地方，都组织了集会，号召同胞提高警惕，配合部队坚决抗敌，建立地方武装力量，逐乡逐村地进行战斗布防。部队离开时，都派干部留守，为地方民兵游击队组织训练。

对于越盟的部队干部来说，这是一次进一步了解地形地物的机会，特别是在有可能发生战事的沿海地区；这也是一次掌握群众情况的好机会，据此，可以根据每个人了解的情况，充实战区制订的作战计划。

正因为第四战区的备战工作、群众工作、政权建设等各项工作都做得十分扎实，"练干整军""大会操"成为一面旗帜从第四战区竖起，一直飘扬到全国，让法国侵略军闻风丧胆。抗法战争的整整9年，法国侵略者都不敢触碰清化、义安、河静3省。他们一直说："唉，算了，不要招惹阮山。"

胡志明也常说，阮山"身经百战"，是一位在惨烈斗争中经历过磨难的将领。越南人民军上将黄明草也说，在1945年越南八月革命后的抗法战争中，阮山是那个时期比任何一位越南军事干部都更具有丰富战争经验和战斗历练的人。他是一位有才干的指挥员。他有指挥战斗、军事训练的才干，也有政治工作、文化工作（特别是古典民族文化）的才干。在刚到第四战区接替阮山的工作之时，我就向他学习了军事训练工作的经验，即组织"练兵立功大会操"的经验。这也是军事训练中政治工作的崭新创举。"大会操"之后，第四战区不断以旺盛的学习精神落实贴近战斗实际的训练方案，使部队的训练迈上了新的台阶。

第六节　对干部战士关心爱护体贴入微

阮山看上去外貌凶悍，"虬须燕颊蚕眉"。刚见面时，很多人会有些害怕，但接近他，坐下来和他交谈，就会感到他是一个十分感性、可爱可亲的人。驻军在农村，住在老乡家，从老人到青少年，阮山同村民的关系非常亲近，没有人感到他是一位司令员。

他非常爱护干部战士，谁做了什么工作，他都给予鼓励；谁有什么缺点，他都严厉批评，但仍热情相待并引导他改正。

第四战区党委曾对广平、广治、承天3省战场特别是顺化市失守进行检讨。因为顺化市是古都，是中部抗战委员会所在地，所以，每个省都支援它，帮助它增强力量，如今却完全失陷。区党委多数人赞成必须执行纪律，给予一些干部撤职处分，其中包括团长。他是顺化人，曾是法属时期的旧军人，总起义后，刚加入革命队伍。

虽然很多人赞同这种意见，但阮山不同意。他说，我们的部队刚刚组建，指挥员尚未经历过战斗，有的人甚至还从未听到过枪声，而敌人的兵力和火力是那么强大，现今，战场上双方力量的实际情况过于悬殊，兵力（特别是技术兵器）和作战经验都比不上敌人；我们还没有符合现今力量对比具体条件的适当打法，所以，战场上发生失陷的情况甚至有的部队溃不成军，是难以避免的。要检讨，应当是区党委检讨指挥得怎么样，战区的作战计划和战区司令部的指导怎么样，从战区到团、营都从中吸取经验教训，而不应处分干部，不管对哪一级干部，都不要给予纪律处分。

为了让战斗中失散的战士尽快回到部队，阮山还建议，每个省都建立"收容站"，不仅在各市镇建，还要在水路、陆路主干道上建，接待那些掉队甚至是逃跑的干部战士，把部队重新集合起来。他强调，收容站要有适当的态度，不要使掉队或逃跑的干部战士产生思想压力，不要让他们害怕；要给他们安排食宿，关心他们的身体健康，每人发一套新服装；哪个人要求探家，则应准假几天，让他们休假几天，然后，再将他们集合起来，组建成新的单位，审慎地安排训练，最后，将他们补充到部队中去参加战斗。

阮山的意见与区党委多数人的意见相左，但合情合理，最终，还是被区党委接受了。阮山以宽宏大度、通情达理、充满人文关怀的胸襟和富有说服力、实实在在的解决办法，争取到区党委集体的认同，并在抗战初期困难复杂的情况下，为干部战士指明了前进的方向，为做好领导和指挥工作提供了经验。

1946年，阮山担任中部南区抗战委员会主席时，看到越盟军队没有足够的力量守住芽庄战线，就致电前线指挥长陈功卿，指示他撤出部队，保全力量，以坚持长期抗战。但由于战斗热情过于高昂，缺乏执行命令的意识，陈功卿指挥部队继续坚守，坚持抵抗法军的进攻，结果是战线失陷，越盟军队遭受了损失。

事后，中部区党委有的委员认为，陈功卿"罪当入狱"，阮山不同意。他把陈功卿叫来，给他安排食宿和休息，然后，才叫他做检讨。之后，在有政治局委员黄国越参加的会议上，阮山向陈功卿讲述了身为将帅应具备的本领，既要清楚敌我双方各自的长处和弱点,还要懂得进退适时,需退则退,退一步是为了进两步,否则,失败是不可避免的。

会议结束后,阮山派陈功卿重返前线。后来,这位火爆脾气的有名的军事干部感慨地说:"一生中,我从不怕谁,现在,我只怕阮山。为什么怕?就是阮山的处事风格和经验。"

阮山非常严格并创造性地落实胡伯伯的大团结的政策。任何一个人,不管过去如何,只要现在赞成抗战救国路线,阮山都予以使用,动员和鼓励他们为抗战贡献力量和才华,提升他们的积极性,限制他们尚存的消极面。

例如,阮士俊是法属时期保大政权旧军队的下级军官。他投身革命后,因为有能力有本事,阮山就任命他为参谋长,让他担任大会操的组委会主任。

又如,日本投降军官中原充伸被阮山动员参加了越盟军队,后来成为总参谋部的干部。他与阮山建立了深厚的感情,还到第四战区去看望过阮山并查看那里的训练情况。阮山完全平等地接待他,接受他的检查。

第四战区的各种组织很多,童子军学校、军事机关、叭剧团、嘲剧团,还有一大批音乐家、作家等知识分子。尽管是战争时期,这些人仍然要求为他们的创作提供条件。所以,每当转移到一个新地方在选择住处时,总有几个人提出这样那样的要求,一些团体也是这样。遇到这种情况,阮山总是命令下属,尽量满足他们的要求,安排好他们的生活。

尽管公务繁忙,阮山仍然一直最关心、最深入、最贴近童子军学校师生。在自己的权限范围内,他为孩子们创造了最好的条件,使他们在可能的情况下吃得饱,穿得暖,有足够的学习用具,在非常敬业的老师指导下,用最好的教材,得到最好的教育。他把所有的孩子都当做自己的亲生儿女。在不经意中甚至意想不到的情况下,阮山给予他们无微不至的关怀和照顾,可能只是缝补衣服的一针一线,可能只是中午途中在小茶馆里的一杯绿豆沙,可能只是添加半瓶子点灯的油……许多童子军学员都十分惊异和感动。他们想,司令员怎么那么像自己的父亲!

有一天夜里,天气很冷。童子军学校阮才追小组的三四个伙伴把被子合在一起盖,但仍然觉得不暖和,无法入睡。第二天早上,全班已开始上课,仍不见那几个小同学。老师叫班长和值日生去找。原来,那几个学员还在熟睡,像是很久没睡觉似的。当他们被拉起来后,看着身上的被子,几对眼睛瞪得圆圆地说:"这是谁的被子啊!我们几个人和房东都没有这样的被子呀!太暖和了!肯定是睡过头了。"他们起来后,把被子叠好。正在这时,一个战士走进来说:"是阮山将军叫我给你们盖上这床被子的。"

还有一次,在外出工作的途中,阮山顺便到童子军学校看望。看了孩子们的歌舞表演之后,他站起来,仔细询问了学员们的身体和学习情况,然后问:"现在,你们想吃什么呀?"学员们高声答:"绿豆沙!"

当时,生活条件相当艰苦。这些正在成长发育的孩子很少尝到糖味了,难怪他们会馋甜食。

阮山说:"好,今天就招待全校一顿绿豆沙。"

于是,炊事班急忙到战区后勤仓库领取糖和绿豆,回来后煮了几大锅绿豆沙,让全校师生好好品尝了一顿可口的甜食……

第十一章

大力推动越南抗法根据地教育事业的发展

- 第一节　创办各类军事学校和培训班
- 第二节　精心呵护知识分子
- 第三节　提倡辩证的教育思想
- 第四节　身体力行爱护和教育后代
- 第五节　事必躬亲

第一节　创办各类军事学校和培训班

阮山非常重视培养干部,在第四战区创办了军政学校、中部陆军分校、少年军校、童子军学校、民兵学校、抗战文化学校等,还开办了许多短期培训班,例如,军事研究中级学习班、卫国军戏剧班、文艺培训班、美术分校、文艺协会等。

在越南参加抗法战争的5年期间,他曾3次开办、领导或主持军事学校。在第四战区开办这些学校和培训班是第三次。尽管课程十分简要、基本,但这些军事学校和培训班,却是越南当今现代化军事院校的前身。

例如,1948年,根据发展民兵的需要,阮山提出在自由区(即解放区)的清化省创办一所短期学制的学校,为民兵运动培训干部。年底,阮山出席了越盟第一所民兵学校的结业典礼。

越南人民军原副总参谋长杜德中将曾回忆了他在第四战区军政学校的经历。他说,军政学校在岑山,又称岑山军政学校,校长是阮才蓬。由于不断转移驻地,该校曾中断过,1949年,为了培养干部,该校重新开学,他入校时,已是学校的第八期。此前,在河静省让畔、义安省葛文和清化省古定开办了7期。

对工作、对朋友、对同志,在生活上、工作上,对驻军地点(例如,清化省农贡县古定乡)当地的民众,阮山都给予了很多关爱之情,让人有相当深的印象。干部学员都把阮山看作是可亲的兄长、可敬的师长。阮山尊重朋友、同志，重视培养身边的干部，经常同大家通宵达旦地谈心，让每个人都感到舒畅和眷恋。

曾在总参谋部政治局任职的黄叔瑾大校说，我的家庭有3个人分别在阮山开办和亲自授课的3所学校学习过：哥哥黄叔慧曾是广义陆军学校学员，后获大校军衔；我本人曾在第四战区军政学校学习，后在总参谋部政治局工作，也是大校；弟弟黄叔牝是第四战区童子军学校学生，后来担任过越南政府办公厅主任。

为了提高这些军校和培训班的教学水平，阮山经常亲自讲授哲学、革命人生观、马列主义、新教育观、文学艺术、人民战争等课题。讲课时，他经常突然提出一些问题，或者不把话讲完，启发听者动脑思考。

1947年底，卫国军在广平、广治、承天3省抗法战场失利，在各单位做联络、情报工作的一些儿童和在第四战区卫国军戏剧班的许多孩子，突然变得无依无靠。他们的年龄太小，急需把他们集中起来收养并组织他们学习文化和锻炼身体，使他们成为未来的干部和战士。

这是一个亟需尽快解决的实际问题。一些孩子说，正在这时，像古代传说一样的"活菩萨"出现了，那就是阮山。为了能让干部安心工作，他提出一项绝好的创议：成立第四战区童子军学校。阮山是在越南抗法根据地开办童子军学校的第一人。该校驻在清化省农贡县的古定村。

阮山下令把各地上百名10—15岁的干部子弟集中起来学文化，学军事。连军政学校的阮才蓬校长也把儿子阮才通和侄子阮才追送入童子军学校学习。阮山的计划是先把这些稚嫩的

第十一章 大力推动越南抗法根据地教育事业的发展

少年送进童子军学校学习和锻炼，到 16 岁时，再送入军政学校或中部陆军分校就读，甚至挑选一些优秀的学员派往中国学习，培养更优秀的干部。

学校开学时，阮山给校长写了一封信，信中写道："培养锻炼这支队伍的工作取得成功，日后将会为军队和党政机关提供、补充一批未来的骨干干部……"

1948 年 1 月 6 日下午，童子军学校成立典礼在农贡县的菩荷村隆重举行。上百名童子军学员排着整齐的队伍高呼："童子军团将披荆斩棘，为远大的理想而奋斗……"

从那天起，战区各部队和各单位将一批一批孩子随时送进童子军学校，作为前一批学员的后备力量。他们正像歌中唱的："坚决紧跟抗战中的兄长……"

学校人数最多时达到 1000 多人，有 6 个中队，由丁光绍和黄国成负责。

按作息时间表，学校安排学员有规律地学习和生活，还轮流担任值日生值日。早上，所有的人听军号声起床，然后收拾个人卫生，早饭吃学员轮流煮的白粥，接着去上课。课桌是老乡家里的门板。用锅烟子和红薯叶混合起来涂在一块大门板上当黑板，所以乌黑发亮。

整个上午，学员们学习文化；下午，学员们分组学习或者自己做作业；然后，进行体育锻炼；晚上，上自习或者组织文艺活动。学员们经常帮助老乡锄草、打谷、打扫卫生和举办平民识字班。每天夜间，各中队轮流派人站岗；每周，学员们进行半天的军事训练。有时，他们还要夜间肩背背包跟随部队行军，转移到新的地点。每个学员每年配给两套普通布料服装。有时，阮山还加入到童子军的队列和他们一起行军，把爱心传递给每一位学生。

有一次，学校召开会议，散会后，阮山送给与会的教员和干部每人一个小本和一支"威阿弗"牌钢笔，有两只"派克"笔则送给了首任校长阿说和副校长阿山，然后，与每一个人握手，用英语和法语和大家说"再见"。大家都被阮山对自己的关心深深感动。

在童子军学校里，有熟悉法文写作的阮进朗及其妻子瓒沱当老师。其弟阮克效对翻译有特长，受到阮山的保荐，做翻译工作。阮山让阮德琼翻译卡尔·马克思的《资本论》。受此影响，阮德琼也鼓励大家在规定的时间里多读书，读完后，向老师和领导概述书的内容。

越南著名画家范文敦和雕塑家阮氏金夫妇也经常回忆他们在童子军学校的故事：他们到达第四战区几个月后，阮氏金因为生孩子，无法随宣传队为部队和同胞演出。所以，阮山下令送她到童子军学校去教学。

她清楚地记得，童子军的学员们掌握了在战斗过程中学校转移的规律，因此，将背包和各种学习用具都收拾利落，集合号一响，他们就立即出发。

学校每次转移地点，都先把阮氏金母子送到一个地方，那里已做好周到的准备。在驻地，每到傍晚，童子军的小学员们就带着她的孩子与当地的儿童一起玩耍。最热闹的是阮山来看望的时候，很喜欢把几个最小的孩子搂在怀里，用他那蓬乱的徐海式的胡须去蹭孩子们的脸，弄得孩子们大喊大叫，四处乱跑。校园里回响着这位豪放将军的爽朗笑声，散发着香烟的清香。

阮氏金的工作是教小学员们绘画。学员们的兴趣很浓，甚至痴迷，轮流坐着，让伙伴们画素描。长大后，有些学员继续在专业院校深造，成为越南有影响的画家、造型艺术家。

童子军学校的独特之处在于：所有的学生都在相同的环境里得到养育和学习，不依靠家庭，没有经济上的区别，必须寄住在老百姓家里，在相同的条件下同甘共苦；学习文化和陶冶人品同步进行，通过体育锻炼、行军、挖洞、担水、打柴等活动，为学员奠定了人格基础。在这样的环境中，每一位童子军学员都很早就懂得了军民情谊的价值。每一个老百姓都热爱和保护这些有文化的儿童，把他们当做自家的孩子。这些儿童也倾心参加平民识字班的教学，积极参加劳动，力所能及地帮助老百姓。童子军学校为每一个人培养了深厚的战友情、军民情和师生情，为造就稳定的高尚的人格起到了促进作用。尽管缺衣少食、粗衣赤足，所有的学员仍然精神激昂，紧随兄长前辈的足迹稳步向前。

后来，有许多人说，有幸在这所独特的学校学习和成长。现在，他们中的很多人已成为教授、博士、硕士、工程师、部长、副部长和军队以及党政机关在经济、科技等各个领域的中高级干部，成为越南的栋梁之材。例如，越南农业部副部长陈凯（后到越南国家计委工作）、越南第一师范大学校长武俊等。

第二节　精心呵护知识分子

阮山很关心和爱护知识分子。在第四战区，大家都知道阮山关心和爱护越南著名文学理论家和作家张酒的故事。

第十一章 大力推动越南抗法根据地教育事业的发展

1913年5月，张酒在河内市嘉林县菩提村出生，而阮山是嘉林县骄骑村人。他们是同乡。1927年，张酒曾在杭炭小学就读。这是他上小学的最后一年。因积极参加罢课风潮，张酒被学校开除。靠自学，他读完了小学，然后到河内一所私塾中学继续完成学业。1929年，他考入了海防实用技术学校，又因参加要求民主、改革教育的运动，第二次被学校开除。

依靠坚持和不屈服的精神，张酒潜心读书和钻研，逐步涉足历史、民族与世界文化，特别是涉足法国文学，从而向文学领域发展。

1931年11月，越南《东西报》刊登一篇"《金云翘传》之哲理"的文章。这是18岁的张酒（用阮百科的笔名）发表的首篇作品。

长诗《金云翘传》的作者是被越南人尊称为"大诗豪"的阮攸。1812年，他出使中国时，深爱清朝作家青心才人的长篇小说《金云翘传》（书名出于作品中3位主要人物：金重、王翠云、王翠翘，各取其姓名中一个字组合而成），并将原作改编成越南喃字"六八体"长诗，分12卷，共3254行，不仅为越南上层社会所喜爱，在下层社会也广为流传。

张酒的一生近一半的时间与长诗《金云翘传》紧密相连。童子军学校成立后，阮山邀请他到学校当教员。但他原封不动地按旧的观点讲授《金云翘传》及其作者阮攸。

为了给学生提供正确的见解，校务会决定，在课程之外，邀请阮山就长诗《金云翘传》发表讲话。在讲话中，阮山说，自古以来，青楼女子的生活充满斑斑血泪与辛酸。大多数妓女靠出卖色相养活自己，还要受老鸨的残酷剥削。正像《金云翘传》所写的：生时易作千人妇，死后难求无主坟；人生最苦是女子,女子最苦是妓身。这道出了沦落风尘的烟花女子的凄楚。阮山还历述了范琼、吴德继、黄叔抗、陶维英、怀青对《金云翘传》的点评,批评了张酒的观点。

那次讲话之后,大家认为,张酒可能不会继续在学校里授课了。但这样的事并没有发生。阮山说,童子军学校是军队的一所文化学校,为了办好这所学校,要特别厚爱知识分子,对旧知识分子身上存在的缺点、思想上存在的错误观点,要采取柔性的处理方式。所以,他仍然让张酒给学员们授课。

有一次,有个学生去看望张酒,聊得很开心。他问张酒:"老师,到现在,您还记恨阮山将军吗?"张酒说:"他这人很好呀!讲完《金云翘传》后,从西木村回来,他骑着自行车经过一个小咖啡馆,看见我在前面慢慢地走路,就热情地叫我:'张酒,先进去喝杯咖啡吧!'这么好的人,怎么还能记恨人家呢!"

虽然童子军学校只存在了5个年头,但对每一位学员来说,这所学校给他们的一生打上了特别的印记。因为这里实行的是一种亦文亦武相当全面的教育、锻炼和培养模式;因为学校确立的学习和锻炼的目标、动机同培养热爱无产阶级、热爱国家、热爱祖先、热爱战友、有难同当、有福同享的情怀结合起来;因为学校非常重视教育方法,高度发挥学员的独立、自主、自觉思考和创造精神,教职员工都具有全心全意为学员服务的精神,让学员们受益匪浅和终生难忘。

学员们都说:阮山的确是一位德高望重的人,一位不仅闻名于越南而且闻名于中国的文武双全的将领。

第三节　提倡辩证的教育思想

在广义陆军学校、陈国俊中央陆军学校、第四战区军政学校、少年军校和童子军学校，阮山对如何组织教学和训练学生有深入的研究。他要求每位教师和学生都必须运用启发式的方法，就是说，上课的时候，学生不能被动地坐着听，而要启发他们参与到课程里去，激发他们的科学探索精神。

很多学员还记得，阮山正讲着课，会突然停下来问一些问题，例如："2 和 3，哪个数字大？"同学们齐声回答："3 大！"他接着问："那么 2 门大炮和 3 支步枪，哪个更大？"同学们不能像刚才那样快速回答了。阮山说："是啊，在实际生活中，并不是任何时候都是 3 大于 2。"

1946 年 12 月 19 日，越南全国抗战爆发，清化省严格执行疏散命令。省里的机关和学校迅速撤离疏散到该省西部的绍化、寿春、农贡、永录等县一带。第四战区的机关和第三战区的中学也撤到这里。以陶维慈命名的清化省中学也疏散到寿春县。这里远离海岸，背靠山区的郎正、玉乐、常春等县，是比较安全的地方，便于抗战时期师生继续上课学习。

陶维慈中学驻在寿春县的谷市镇，阮山经常去走走看看，一方面因为部队的指挥部就驻在附近，一方面因为各部门的干部和各学校的学生集中撤到了谷市一带，相当热闹。

许多文艺工作者，例如，阮廷腊、宝进、范文敦、阮氏金、竹琼等人也常去，因为他们有亲朋好友随单位疏散到这个地区。一些文艺团体疏散到距离谷市不远的群信村,有名的艺人很多,例如,陶维英、武玉潘、黎恒芳、张酒等。为了子女上学,一些高级干部例如陈登科部长、邓福通副部长的家属也与陶维慈中学有联系。每次探家,这些高级干部都会与当地有名望的知识界人士见面聚会。陶维慈中学成了整个地区的文化中心,多次组织著名演说家例如阮孟祥、海潮、阮庆全等也包括阮山发表演讲。在星期日,第四战区的战士还常与陶维慈中学的学生们进行友谊球赛。

阮山关心教育,还研究教育问题。阿莲是一名疏散到清化省的教师。她记得,有一天上午,她来到班里,看到一位肤色黝黑、穿着像个农民的人坐在教室里,没想到,他竟是大名鼎鼎的阮山司令。他不仅亲自到课堂上来听课,过了不久,还登门造访了阿莲,与她一起讨论孩子的教育问题。阮山就是这样对教育问题进行认真的深入的调查研究。

1945年前,越南有一个好传统:在暑假放假前,各中学都举行期末颁奖活动,由教师委员会推举一位教师发表演讲,内容是谈论某个文学、历史或自然科学问题,视演讲者的专业而定。这种演讲被看作是各年级学生的期末共同课。颁奖大会通常由一位嘉宾作名誉主持。这位嘉宾一般是政治人物、科学家或作家等。

沿袭过去的传统,陶维慈中学校长段浓向教师委员会提议召开1947—1948学年期末颁奖大会,并提议邀请阮山担任大会名誉主席,得到一致赞同。

当时,丁春林教授还年轻,又有一辆私人自行车。这在抗战时期的清化省是少有的。所以,段浓校长派他去战区司令部邀请阮山。校长虽然很佩服阮山的口才,但也怕他即兴讲话跑

第十一章 大力推动越南抗法根据地教育事业的发展

题,不符合学校的要求。所以,去之前,小心地叮嘱丁春林:"你记住,一定要他写好讲话稿,可不能即兴讲!"

见到阮山后,丁春林讲了具体要求。阮山热情地接受了邀请。临走之前,丁春林又提醒他,事先一定要写好稿子,然后到大会上宣读。阮山满面笑容地答应了。

召开颁奖大会的日子到了。那天下午,阮山身着整洁的军装,很早就骑着自行车来到会场。参加大会的人很多。因为都有子女在学校上学,邓台梅、孙光阀也从机关所在的绍化县赶来;陶维英、武玉潘、阮氏玉等文艺人士也从群信村赶来;那时,谷市正举办第四战区司法干部培训班,所以,很多学员也来了,其中有一些著名的法律专家,例如,战区法制委员会主席胡得恬、战区司法厅厅长陈兼理等。

以大会名誉主席的身份,阮山被请到主席台第一排就座,坐在一个漂亮的扶手椅上。主持人宣布开会、介绍嘉宾、宣读学年总结报告之后,轮到阮山讲话了。

因为阮山以口才出众闻名,也有人是第一次聆听他讲话,所以,从来宾到学生都急切地等待着。阮山落落大方地走上讲坛,然后,从容地从口袋里取出几页打着字的纸,段浓校长微笑地看了看丁春林,表示他放心了。阮山戴上眼镜,开始照稿宣读。

但只读了一页多,阮山就把稿子放在桌上,摘下眼镜压在上面,然后,开始随口讲起来,语速逐渐加快,滔滔不绝,果然是名不虚传。阮山的讲话对听众的吸引力太强烈了,所有的人都全神贯注地倾听,主要意思是:老师和学生不应相互区分,学生当然要向老师学习,但老师也要向学生学习;正是在教学过程中,老师可以从自己的学生那里学到很多东西;课堂

· 249 ·

上互相学习，课下也要互相学习；老师和学生要相亲相爱、紧密相依，不能相互分离；没有差学生、坏学生，哪个学生都能进步；在学校的学习是重要的，但这只是一个方面，更重要的是要向生活学习、向社会学习。

为了形象地说明这一点，他联系自己的经历说，小时候，在河内上学时，他经常逃下午课，午饭后，就去法国总督府（现为国家主席府）附近的动植物园，和小朋友们一起一边观看兽圈里的老虎，还一边剔着牙，所以，才得了个"剔虎牙"的外号；后来，离家参加了革命，在实践中学习，现在成了司令员。

阮山越讲越来劲，好像无法煞住。但后来，他本人也意识到了大会组织者的焦虑，看了看手表，结束了讲话，把时间留给颁奖仪式。

对阮山发表的"大胆"意见，作为听讲对象的来宾们一开始感到有些意外；学校方面，无论是校长还是教师，也没思想准备，不知道这个讲话会带来什么结果，也有些担心。但阮山以真实生动的故事来烘托他的讲话，既有说服力又令人感到亲切，与会者听了非常感兴趣，一阵阵雷鸣般的掌声表达了他们的热烈反响。校长和教师都放心了，也跟着热烈鼓掌。最后，大会圆满结束，来宾和同学们高高兴兴地离去，阮山也挺满意。

阮山那天发表的意见，讲出了新教育观的一些重要思想。但那时，在革命刚刚成功和抗法战争的初期，教师们几乎都来自旧学校，都还受旧观念的影响，例如，要保持学校的中立性和封建式的师生关系等，所以，对阮山发表的意见不免有些"反映"。直到1950年夏季，越南进行"教育改革"，参加了教育系统"培训干部、整顿机构"和"新教育观"的学习后，许多听众才认识到阮山那时的意见是正确的，确实很超前。

第四节　身体力行爱护和教育后代

有一天，阮山给部队上完政治课，已是中午。他一个人骑马下山。当时，他住在丁村的福多老汉家里。在从府讷村回家的路上，他放慢了马的脚步，边走边休息，尽享从田野穿过苦楝古树林吹来的阵阵凉风。走近堤桥时，他忽然发现，有两个年轻人正爬在树上采折树枝，心想，他们可能是拿回去当柴烧吧，于是，骑马悄悄走到树下，停下来，抬头问两个青年：

"喂，小伙子，树上的果子能吃吗？"

两个年轻人发现了阮山，很害怕，慌里慌张地回答：

"不能吃，很硬，涩极了。"

阮山不是不知道苦楝果不能吃，而是怕两个年轻人手忙脚乱摔下来，发生危险。停了一会儿，他对两个小伙子说：

"你们给我摘几个果子，带下来，不要往下扔，否则，会摔坏的。"

两个青年急忙折了两根有果的树枝，从树上滑下来，交给了阮山。阮山跳下马，看到一个小伙子留着一头好头发，于是，靠近他，揪住他鬓角上一缕头发，轻轻地往上拽。小伙子大叫"哎哟，疼！"急忙拉住阮山的手。阮山问："真疼吗？"

"真疼！"小伙子连忙回答。阮山松开手，把两个年轻人拉到身旁说：

"如果那棵树能像人一样会说话,那么,你们折它的枝,它也会叫'哎哟疼'的。虽然它不会说话,但你们折它的枝,它也是很疼的呀!记住了吗?"

说完,阮山上马接着赶路。两个年轻人傻呆呆地望着阮山远去的身影。

又一天,已是响午,阮山去部队检查大会操的准备情况,在路上看到10多个放牛的孩子,都约莫十四五岁。他们手拿竹棍,互相追赶,嘴里喊着"冲啊!""冲啊!""投降不杀,抗拒必歼!"

阮山停下来,坐在路边的石堆上,观看小孩子们玩"打仗"。

当"敌军"被"打败"并"投降后","战胜方"欢庆"大捷",把"俘虏""押解"到一块宽阔的平地,可能是"指挥官"的一个孩子从容地宣布:"大家听着,为落实胡伯伯政府的宽大政策,战胜方将释放战败方士兵返回家乡,回到父母和兄弟姐妹身边,但不得再进行挑衅和打仗。从现在起到下午,战败方士兵要为战胜方看管牛群,如发生牛吃庄稼的情况将受严惩。大家解散。"

"战胜方"的孩子们欢欣鼓舞,说说笑笑,而"战败方"的孩子们一个个无精打采。"战败方"的一个孩子说:"你们比我们多一个人,而且全是大孩子,所以,才战胜了我们。你们的'运动战'很差,全能看到脑袋和屁股。"

听他那么一说,两方又围在一起争吵起来,都不服输。

这时,阮山站起来说:"比赛要有裁判。你们不选裁判,胜方败方肯定要吵架。现在,这样,我是军人,我来做裁判。你们重新比一下运动战动作,让我看,我给你们评分。哪队做错了动作，就要重做。刚才的比赛算作无效。同意不同意？"

这些孩子不知道阮山是什么人，但听他这么一说，马上表示同意。阮山大声问："谁教你们运动战的？"孩子们异口同声地回答："是看部队训练学的。"

阮山马上发令："现在，开始比赛。8个人的那个队，就是刚才的'战败方'首先开始。"

比赛双方排成纵队，每个人手里都有一根长约一米多的竹棍。他们做弯腰行进的动作，身体弯得很低，步履轻盈。阮山在旁边聚精会神地观察。大概前进了约10米，他们又转为横队。突然，阮山拍着大腿叫道："太好了！"正在弯腰行进的8个人整齐地同时卧倒，两只手臂绕向脸前，将竹棍横放在手臂上。随着口令，8个人依次将手臂抬起，带动全身移向前方。

阮山鼓掌称赞，下令全队结束比赛。他点评说："第一队的运动战动作非常好。弯腰行进动作，身体越低越不易暴露目标；匍匐动作，身体越贴紧地面越不易暴露目标。运动战最重要的是不让敌人发现我们的力量。你们做得很好，9分。"

然后，第二队进入比赛。

第二队确实是9个人，比第一队多一个人，但第二队完成"运动战"的动作不如第一队。阮山还两次为他们做示范动作。

比赛结束后，阮山和蔼地对孩子们说："你们无愧于古定家乡，这里有讷山，是古代赵夫人起兵、练兵、抗击吴国的地方。我们国家正在进行抗击外侵的战争。你们很早就有了练习军事的意识，这很好，抗敌救国是每个人的责任。刚才进行的运动战比赛，第二队得7分，比第一队少2分，可以说，今天，两队打了个平局。明天，你们可以两队互相演练。哪天有运动战比赛，你们就告诉我，我来做裁判。"

说完，阮山急匆匆地走了，走不远，又转回来头来说："啊，今晚在缀村村公所有呦剧演出。你们去不去看？"

孩子们欢呼雀跃，无须问刚才帮他们的人是谁和他的姓名……

阮山在家排行第四，唯一的弟弟武泰事也在第四战区工作，是他的部下。他像阮山一样很和善。阮山很爱自己的弟弟。阮山的大女儿武清阁到第四战区后，有什么事要烦扰自己的父亲，有时也要靠叔父帮她去说。武泰事听到对阮山的议论，都会主动告诉他，帮助他了解群众对他的看法和意见。阮山都会很耐心地听他讲。

阮山很关心参了军的自己家里的晚辈，有时候，把他们从童子军学校叫去玩耍，请他们吃饭，询问他们的学习情况。如果他们学习好，有进步，他就非常高兴。他们中间有人犯了错，他就十分严厉地批评。

战区司令部每次举行军事大会演，阮山都鼓励自己的小姨子、诗人黎恒芳带着女儿武降香前去观看，接受教育。

阮山有一匹很漂亮的马。他很喜欢骑马外出。武降香对他说："这匹马真漂亮！"阮山说："你要是喜欢，我借给你骑。"他叫马夫跟着武降香，一方面教她骑马，一方面保护她。

武降香骑着马，很兴奋，感觉很不错，虽然她几次被摔落到树丛里。快回到村子时，经过一座竹桥，本来，应该让马涉水过河，因为河里的水并不深。由于没有经验，武降香仍然骑着马过桥，结果，马蹄卡在竹桥的缝隙里，幸亏有几个老乡帮忙，马才跳进水里淌了过去。

回去后，马夫用树叶盖住马脚上被划破的地方。几天后，武降香见到马夫，问他，阮山说什么没有？马夫说："这可是他的宝马啊！但他只是心疼马，对你，他什么也没说。"从那以后，武降香再也不敢借阮山的马骑了。

家里人都说，阮山在外面是一位声名显赫的将领，在家庭中又是一位随和亲近的亲人。

第五节　事必躬亲

阮山的秘书阿祝（大校、后任国防部机动车局局长）说过，虽然阮山是司令，但每次给上级写报告，都是亲自手写或是打字。所以，当阮山的秘书和服务人员很清闲，每次给上级写报告，只需要为他准备一杯咖啡、一包香烟和一些打字纸，然后，阮山一口气打出报告，呈报上级。

1947年，第四战区指挥部举办了军事研究中级学习班。参加了学习之后，武叔鸾被选入阮山的秘书组，哲学学士丁文荣是秘书组的总负责人。

每次给团级干部上课，阮山都把秘书组的人叫去，只给他们一张小纸，上面记着讲课的几个大的题目，然后告诉他们，到时去听课，分工详细做记录，课后整理成文，经他过目后，用打字机打成学习材料发给那些干部。

有时，他用手提打字机撰写材料，一边思考，一边把题目扩展成文章，事先没有草稿。秘书组的工作只是从条理上把主要内容整理一下，然后寄走。阮山的脑子里已有了要讲的内容，特别是军事战略和战术的内容，需要时，他能马上讲得出，而且一讲，时间就不短，有时连续讲三四个小时，真是一位演说家。

在各种会议上，阮山记录会议发言和建设性意见时，全是用汉字！可见他的中文水平有多高。为了准备讲中国古代将领作战方法的材料，例如，讲解《三国演义》中运用计谋、准确判断的才能，讲解"来无影去无踪"的打法，阮山一边用眼默读汉字，一边用手敲打键盘，一边翻译成越文。秘书组的工作只是把越南文的意思和句子理顺。

关于赤壁之战一节，阮山把它从头到尾翻译出来，打字的手一分钟也没停，还要考虑文字的表达、译文的润饰、用辩证的观点进行分析。最后，一句话都不需要纠正。

有时，阮山工作到凌晨两点，秘书组也要服务到凌晨两点。阮山的工作劲头感染了秘书组的工作人员。大家都努力跟上他的节奏，满足他的要求。尽管很累，但大家的心情是愉快的。

1947年时，第四战区的部队中有很多人是文盲，缺少胜任工作的干部。各单位的文化文艺工作也难以开展。面对这种情况，阮山向当时的战区抗战文委会主席邓台梅建议，开办抗战文化学校，为全战区的党、政、军、民培养干部。要入该校学习，必须经过一次普通文化知识的考核。但战区司令部本身符合入学条件的人也不多。阮山想出一个办法，在陶维慈中学毕业考试之际，到学校直接动员毕业生参军抗战。该校驻在清化省寿春县水秀村，距离战区司令部仅3公里。

公布考试成绩那一天，学校把学生集中到春录乡群信村的村公所。阮山亲自到会发表讲话，做动员工作。他讲道："青春应该为了谁？为谁去战斗？当全国正处于艰苦抵抗法寇侵略之时，知识青年应该有什么样的实际行动？"他激励他们暂时放下笔砚，用自己的知识为军队服务。全场的人鼓掌响应。

讲话快结束时，阮山向学生们讲述了自己在中国万里长征中一边忍饥挨饿一边同企图阻截红军北上的蒋介石军队战斗的情形。在这个过程中，他还一次被误解，两次受处分，部队被打散后，还放过羊，要过饭，但他以超常的毅力和刚强的意志最终赢得了真理。

在那次讲话中，他朗读了自己写的一首抒情诗《我走了》。诗中表达了自己远离家乡的心情和返回亲爱的祖国与人民共同抗战的意志，又是一阵雷鸣般的掌声。

有位学生情绪激昂，请阮山批准他立即参军的请求。那时，征兵手续很简单，只是发给每个学生一张简单的表格，让他们自己填写好并约定集中的日期就行了。那一天，有的学生自愿留下，马上入伍，说事后再写信告知家里。招生人员很高兴地马上接受并将他编入有关单位。

当时，招生人员曾有些担心，因为，全省只有这所学校的学历最高，而学生分散住在各个县，集中听完考试成绩后，就要解散回家，不知道什么时候才能集合起来。但是，结果是4个班共240名学生，高达180人报名参军，而且4天之后就全部到战区总部报到。招生人员喜出望外，终于松了一口气。

这批学生中，后来有的已是军队的中高级干部，有的做了记者、文学评论家、文艺工作者、驻外使馆的参赞。几十年后，大家每次相聚，握手言欢，满怀感恩之情说起阮山，因为，是阮山亲自给学生们做参军动员，所以，才有了他们日后的成长和今天。

第十二章
能文能武的"文化将军"

- 第一节 越南抗法根据地文化事业的领路人
- 第二节 创办报纸鼓舞人民动员人民
- 第三节 民族文化的理论家
- 第四节 大力发展群众文化事业
- 第五节 支持开办战区文艺培训班
- 第六节 诚心诚意同文化人士交流沟通
- 第七节 组织文艺工作者到前线体验生活

第一节　越南抗法根据地文化事业的领路人

阮山是越南军事领导人中很早就关心军内军外文化和体育活动的人。他与文艺界有着广泛的联系，汇集人才建立剧团和文艺演出队。越南著名剧作家宝进说，阮山与他素昧平生，却于1946年初拉他到广义省组建剧团。著名作家、编剧朱玉说："阮山不是单纯靠武器弹药来保卫国家。他特别注重的是提高越南人民炽烈的爱国、爱人、爱语言、爱音乐、爱舞蹈、爱诗画的心灵。"日本投降军人中原充伸也说："阮山将军是个喜爱诗歌和音乐的人。他喜欢玩乐器，对文艺也有很高造诣。热爱阮山将军的人，不只是军事干部，还有农村的老人们。"

在阮山领导下的第四战区司令部，除其他处室外，还设有政治处，政治处下设文艺科，由作家阮庭腊（纪事小说《市郊》和《小巷》的作者）领头。

当第四战区越盟的部队在清化省岑山击沉一艘法国军舰时，就这个题材，阮山指示作家阮庭腊进行创作。经过几个月的收集材料和写作，阮庭腊完成了作品《皮箱》，主要情节是阮氏利把炸药藏在皮箱里，并把皮箱带上敌船，假装是搭乘法国军舰"回城"，最后引爆炸药，与敌人同归于尽，还炸沉了军舰。阮氏利后来被追授公安烈士称号。

阮山大力支持抗战文化的发展，同文联主席邓台梅等一起团结了大批知识分子和新老艺人，组成多种演出团体为抗法战争服务。

第十二章 能文能武的"文化将军"

人们形容阮山是身材魁梧、硬朗、方脸庞、头发卷曲而浓密、肤色棕红，是一员武将，但他又非常精通文艺。他不仅有才干，而且豪放、豁达，所以，文艺界人士非常爱戴他，称他是能文能武的"文化将军"。

他在清化省的西木村一连 7 个半天讲文艺工作，详细分析长诗《金云翘传》的精彩之处和话剧《雷雨》的每一个动作。听演讲的对象，一部分来自部队，但大部分是文艺界人士，例如，邓台梅、朱玉、宝进、阮玉等。他们每场都不缺席。

尽管战事紧张和错综复杂，在他的主持下，第四战区还是成立了马克思主义研究会和文艺协会。他经常与知识分子和文艺界人士接触，把他们汇集到马克思主义研究会和文艺协会中来，给他们创造各种条件，让他们为革命服务。海潮、阮潘政、陈环等一批文化人集聚在一起，共赴前线，人人都创造出了优秀的作品。

八月革命成功之初，有人斥责越南的传统戏剧呸剧和嘲剧为"封建"的东西，要求取缔。但阮山知道嘲剧源于越南北部平原，是一种自发的民间文艺形式，主要是在庙会期间，由农民中的的半职业性艺人在祠堂表演，七八名农民演员分别担任生、旦、净、末、丑各个不同角色，演员穿民族服装，女角头上有头盖，手拿折扇，三五人伴奏，唱腔格律固定、生动活泼。它产生于 15 世纪，在越南农村流传甚广。呸剧则类似于中国的京剧，表演程式比较严格。

阮山指出，尽管嘲剧的很多传统剧目以插科打诨为能事，颇有中国宋朝杂剧的遗风，没有成为宫廷艺术，但它们深受普通百姓喜爱。呸剧和嘲剧都是越南传统地方戏剧，只要是民族的、人民群众欢迎的，就要允许它们存在，就可以利用这些文艺形式，为宣传和歌颂我们的革命事业服务，为发动和鼓励群众投入抗法战争服务，丰富人民的文化生活。

一开始，第四战区抗战行政委员会主席胡松茂不太同意。担任清化省抗战行政委员会主席的作家邓台梅坚决支持，战区抗战行政委员会才予以批准。因为这方面的艺人已疏散到各地，有的到了很远的地方，要花费很大的精力和很长的时间，要靠清化和义安两省的文化厅协助，要派人到两省有戏剧传统的各个村庄去寻找和聚拢那些已弃业的艺人。但是，阮山不怕困难。在他的领导和支持下，费了很大工夫，终于将那些艺人找回来，最终，由著名的嘲剧泰斗阮庭仪领导的第四战区嘲剧呗剧团得以成立。

嘲剧呗剧团的首场演出，在永禄县蓬忠村举行。当时的战区党委书记阮志清称赞说："这是发扬和保护民族传统文化遗产的非常基本的做法。"

人们都说，为了保护越南的传统文化特别是传统戏剧，阮山立了一大功。

阮山认真执行胡志明的团结政策。在他的领导下，第四战区集合了大批著名的知识分子和文艺界人士，包括一些"有问题"的人。抗法战争时期，在越南没有任何一个地区拥有这么庞大的一支知识分子、文艺界人士的队伍，例如，邓台梅、陈文油、阮遵、阮庭腊、海潮、阮潘政、制兰园、朱玉、宝进、阮氏玉、阮文岘、范文敦、阮氏金、范维、刘忠芦、怀青、阮文子、阮叔豪、范文证、黄忠通、陈友椿、黄忠绵、范庭章、范庭炎、明簪、武庭海、明惠、陈环、阮庭仪、阮友鸾、庭光……

阮山以自己真挚的爱心"征服"了所有的人，证明他是

第十二章 能文能武的"文化将军"

一个善于"招贤纳士"的人。一些在越北的文艺工作者到第四战区出差时，也顺便到司令部看望阮山。这样，第四战区总部秘书组又增加了一项接待任务。有时，有些文艺工作者的家里遇到困难，阮山就嘱咐秘书组从特别救济金中拿出适当的部分予以解决。

为什么作为军事家的阮山却在文艺界享有很高的威信？因为他在中国革命军队中做过编辑、诗人、编剧、翻译、演员，还曾担任过中国红军第一个工农剧社的社长。他有博大的胸怀、丰富的经验，知道军队的文化需求，所以，建议第四战区重新组建由艺人阮庭仪领导的嘲剧㕵剧团，一方面为部队服务，一方面保存民族文化遗产。他还热情支持学者们搜集整理寿春的春普舞蹈艺术。

见过和了解阮山的人，都对他心怀仰慕之情。除了军事才能，阮山还是一个人数众多、闻名遐迩的文化团队的领军人。在当时公众的眼里，他是一位文武双全的将军、一位文化大家。他将第四战区建设成了抗法时期越南的一个文化中心，也可以说是"文化艺术的首都"。

阮山把许多科学家和各种成分的文艺界人士聚集在一起，在物质和精神上全力帮助他们。在杀敌保卫国家的独立和人民的自由的同时，阮山十分重视提高越南人的心灵，从爱花、爱诗、爱语言、爱舞蹈到爱人、爱祖国越南……他的纯洁清澈的心灵和豪放豁达的性格征服了文艺界人士的心。所以，河内市和其他地区有名望的文艺界人士陆续来到第四战区，都推崇阮山为"文化将军"。

当然，如果哪个人有错误观点，阮山也会与之进行十分激烈的辩论。有一位教授就被他当面批评是"挂马克思的头，卖

（没文化的）白丁肉"。

第二节　创办报纸鼓舞人民动员人民

阮山非常重视舆论工具的作用。在他的领导下，第四战区创办了自己的机关报——《前线报》，使之成为鼓舞人民动员人民的宣传阵地，也成为战区官兵学习政治、学习军事、学习文化的阵地。他以"蓝峰"为笔名写了上百篇文章。第四战区政治处又办了一份《战士报》（后更名为《第四战区卫国军报》），阮友鸢担任主编。由制兰圆主持，还办了一份《救国报》。阮山经常关心各报编辑部的工作人员，动员和激励战区的干部群众都来做诗撰文在这些报纸上发表。

越南著名记者明江详细回忆了阮山安排他当记者、编辑，参与创办第四战区《民兵报》（后改名为《巨稔报》）的过程。

在民兵学校学习时，明江在本班的墙报上写过一篇文章《告别练兵场》。1948年底，明江从民兵学校结业，结业典礼后，校长黎世演让通讯员把明江叫到校务会。黎世演在院子里迎接他，并把他领进校长室兼会客室。一进屋，他就向一个中等身材、面带沧桑、留有淡赭色胡须、牙齿被香烟薰黄的、眼睛大而炯炯有神的人说："报告阮山同志，我来介绍一下，这是《告别练兵场》文章的作者。"

这是明江第一次见到阮山。开始时，他有些害怕。他想，阮山肯定已经看过那篇短文并发现了其中的错误。大前天，他的班完成了以"决胜"为题的墙报，明江被班里同学选为

第十二章 能文能武的"文化将军"

"主笔"。那篇文章正正地贴在教室中间的墙报上,供同学们阅读。

阮山用手指着椅子说:"你坐吧。"

明江紧张得很,感到身上很热,而且热得直冒汗。

阮山亲切地问:"你什么时候开始学习写文章的?在哪里学的啊?"

说完,阮山微笑着,侧头看了看准备点燃的香烟。

明江说:"报告司令同志,我是从《今日报》和《周六小说报》刊登的短篇小说中学习写作的,主要是学习如何使用越语,而写作方法是向法国 Guy de Maupassant 和 A. Daudet 的短篇小说学习的。"

"你读过《三国演义》吗?"

"没有,因为找不到这本名著。"

"那么,中国的书,你读过哪些啊?"

"嗯,一本也没读过,只是学过和会背几首唐诗罢了。"

"是谁教你念唐诗的?"

"司令同志,是家里教的,我的祖父和外祖父都是儒学家,是家父教给我几首他喜欢的诗,其实,我也不懂是什么意思,但仍背得滚瓜烂熟,所以,父亲喜欢听。"

阮山笑了,又问:"那你能背什么西方的诗吗?"

"只能背一首诗人 Vecten 的短诗《秋之歌》。"

"好了,中国诗和西方诗的事,我们暂且放到一边,先打鬼子,打完仗,我们再好好聊。"

阮山静静地点上一只烟,接着说:"我仔细读了你写的《告别练兵场》。你说,4 个月后,你感觉到,练兵场上的小草就像战士一样也有思想和灵魂。你怎么知道小草能记住战士在练兵场上摸爬滚打的艰辛？"

明江小声地笑了，笑过之后，又直冒汗，觉得自己笑得不是时候。面对司令难以回答的问话，他有点慌张，但还是回答说："司令同志，从老百姓的茅草屋到练兵场，再到竹子搭建的营房，当战士告别它们离去的时候，那些东西也有灵魂。它们是和战士的心灵连在一起的。所以，练兵场上的小草是会记住辞别它出征去的战士的。虽然我还没有对象，但我描写小草就像描写自己的爱人一样。"

"你也是个浪漫主义文学的门徒啊！我是开玩笑。最主要的是，你的文章吸引了读者。我觉得，你有文学天赋，所以，我已和黎世演校长商量过，调你去第四战区司令部工作。我们要为第四战区民兵运动出一份报纸。"

明江迟疑地说："司令同志，不知道我是否有水平胜任这份重要的工作？"

"别担心，别担心！我相信你会做好《民兵报》的工作的。"

就这样，明江成了一名没有记者证也没有新闻大学文凭的记者，确切地说，是由阮山将军举荐和提携进入军队干部队伍，成为一名游击记者的。

事后，民兵学校校长黎世演决定，让明江去第四战区民兵处领受工作任务。

明江到了战区司令部，与民兵处处长见了面并交流出版《民兵报》的事宜。

处长说："出《民兵报》啊？司令部没有给我指示呀！你先等几天，让我问一下阮山将军……"

等了近一个月，仍不见民兵处处长说起出报的事。明江斗

第十二章 能文能武的"文化将军"

胆去司令部见阮山，刚走到半路，就看到他骑着一匹白马，穿着一件又肥又大的绿色上衣。明江认出了他，大声对他说："司令同志，民兵处对司令部决定出版《民兵报》的事毫不知情，快一个月了，我还没得到任何消息！"

阮山笑着说："最近，我的事情太多了！是这样的，我不打算把《民兵报》放在民兵处了，而是将编辑部放到政治处，这样，可以与主力部队报——《战士报》的编辑部配合工作。"

"这样更合理，司令同志。"明江说。

"好了，再等几天吧！"说完，他就催马走了。

大约10天之后，民兵处处长把明江叫去说："司令部指示，把《民兵报》部分工作转到政治处，以便在专业上互相配合，但民兵处仍要负责《民兵报》的管理工作。"

"是，我执行处长的指示。"明江说。

但《民兵报》换了一个很新颖的名字，叫《巨稔报》。"巨稔"是广平省一个著名的战斗村的名字，刚刚被战区司令部树为样板。明江被派到《巨稔报》担任编辑部秘书，兼主笔，兼编辑；还有一名干部担任《巨稔报》的管理员，专门负责报纸的印刷和发行；还有一个人是编辑部的勤务兵，他有强壮的身体，能扛得动两个装满书报的箱子和一个暖水瓶、一个茶壶、一个油炉和一个铝壶。

就这样，《巨稔报》编辑部转到了第四战区司令部政治处，3个人办起了这份报纸。在政治处，明江见到了记者阮友鸾和其他同仁：武高、武秀南、何康等。明江邀请《战士报》编辑部的全体人员为《巨稔报》写稿。所有的人都热情协助，《巨稔报》正式出版了。

我们的父亲洪水——阮山
中越两国将军

编辑部每月发给《战士报》、《巨稔报》两个编辑组一点钱。这点钱只够买一对猪蹄用来炖"补养汤"。有一次，吃炖猪蹄，武秀南觉得味道很好，就说："从今以后，我建议给《巨稔报》主笔明江起个绰号，叫'猪蹄大校'。"大家都知道，秀南为人和善，是个机灵鬼。何康微微含笑，小声对我说："秀南封你为'猪蹄大校'，可不只是笑笑而已……"

在那艰苦的年代，两个编辑组的人员都是未婚青年。大家生活在一起，相互无私地关爱，都珍爱那难得的同志情和战友情。

1949年，为了"练干整军"，第四战区司令部决定举办"大会操"。这是阮山的一项创议。为了透彻领会司令部的决定，明江参加了司令部参谋处的各次会议。他向民兵处处长提出，《巨稔报》也要发表文章，以响应"练干整军"运动。

处长笑了笑，对明江说："你还没领会阮山将军举办'大会操'的意图。他是施孙子之计谋，吓唬那几个正准备进攻清化、义安、河静3省的洋鬼子。"

明江说："这样看来，阮山将军是个有谋略的将军啊！嗯，对了，我听说，阮山将军参加过中国革命军队的万里长征。"

1949年，"练干整军"运动中的洪水（阮山）

第十二章 能文能武的"文化将军"

"是的！他是中国革命军队的一位杰出将领呢！他精通《孙子兵法》，所以，对阮山将军军事计划中的'虚'与'实'，我们是很难弄清的。"

民兵处处长还讲了一个新意，让明江对阮山又服又"怕"。他用更小的声音说："我告诉你，阮山将军正担任南部抗战司令之时，胡伯伯和总参谋部却将他调任第四战区司令，就是为了对付法帝国主义攻占清化、义安、河静3省的阴谋。"

明江说："这样一来，鬼子就知道什么是谋略将军了。他们要是进犯清化、义安、河静3省，将会晓得什么是第四战区的战士，什么是巨稔游击运动。我们等着他们呢！"

结束谈话时，明江说："现在，战区已经决定开办抗战文化班，为各省培训文化干部和新闻撰稿人。我请求处长允许我去旁听，以提高知识和业务水平。"

"行，我同意。你到政治处开张介绍信，然后，就去学习。"

明江和许多著名作家、诗人都很熟悉，例如，画家阮文子和阮氏玉、作家阮庭腊、诗人阮春生等。他知道扬名文坛几十年的教员陶维英（教历史）、邓台梅（教文学）、阮庭腊（教文艺）、阮春生（教诗歌）、刘贵奇（教哲学）、朱玉（教戏剧）、张酒（教文学评论和文学理论）等。

有一天，明江去参加抗战文化班的学习，正赶上阮山讲中国剧作家曹禺的话剧《雷雨》。这出话剧曾于全国抗战日（1946年12月19日）前在河内市大剧院上演过。阮山讲了曹禺的巨大成功，同时，也指出了他的局限性。

后来，日内瓦协议（1954年）之后，明江调到政治总局任《军队文艺》杂志社编辑，才有机会重读《雷雨》剧本，才懂得阮山1949年在第四战区抗战文化班上的讲话，是以马克思主义的方法讲解《雷雨》的，确实很新鲜。它像一把火炬照亮了阶级社会，使人们开始懂得，没有笼统的人，人在阶级社会里出生，就必然成为某个阶级的人。

一次偶然的机会，明江到画家阮文子的画室，正好遇见阮山。阮山身穿绿色咔叽布裤和白色衬衫，正坐在台阶上，从背后看，很容易误认为是一位青年，更确切地说，像一位中学老师。他正阅读一本法文绘画杂志。这时，明江才想起一位朋友曾告诉他，阮山精通4国外语：汉语、法语、俄语和英语。

明江说："司令同志好！"阮山仰起身，侧头看了看明江说："《巨稔报》记者好！"然后，他们无拘无束地谈起来，甚至谈起了阮山结婚的事。

第三节　民族文化的理论家

越南有一部家喻户晓的长诗《金云翘传》（也有人译为《金银翘传》），不仅是越南古典文学的杰出代表享誉越南，而且被译成中、英、德、法、俄、日、捷克等多种文字，成为世界文学遗产。

《金云翘传》主要叙述了中国明朝嘉靖年间王翠翘一生坎坷的生活遭遇。她出身名门、才貌出众，与书生金重私订终身。金重奔丧期间，她为救出遭诬陷入狱的父亲而卖身，被骗沦落青楼，后被草莽英雄徐海所救，并帮助她雪耻。徐海被杀后，她投江遇救，最后和在会试中高中的金重团圆。

第十二章 能文能武的"文化将军"

有一次，阮山到童子军学校看望，让各班同学把本子拿给他看。那时，文科班正在学习《金云翘传》，由张酒老师负责讲课。在他的教材中，有一些另类的观点，例如，认为主人公王翠翘患上了一种性生理疾病。看完后，阮山下令召集各班学生和各位教师包括张酒都来听他讲话。所有的人都集中在清化省寿春县西木村的村公所里。阮山落落大方地走进会场，脱掉带有军徽的贝雷帽，放在桌子上，说道："今天我们不谈军事，而是谈谈文学。我要亲自讲讲《金云翘传》，来代替张酒老师的教材。"

阮山不是机械地、牵强附会地看待《金云翘传》的社会背景，称脱离阶级分析的看法是"伪君子"。他最喜欢诗中的两个人物王翠翘和徐海。阿翘代表着被压迫阶级普通的妇女。她发出的"妇女命运多凄惨"的嗟叹，说出了她们对自己身份的深切感受。长诗控诉了腐朽的封建制度对人民的残害，歌颂了争取自由和爱情的行为，寄托了人民的美好理想。这首3254行的长诗，阮山可以从头至尾背下来，讲到哪个人物、哪段情节、哪个观点，需要引述长诗里的哪几句，他信手拈来，有人形容是"倒背如流"。

这位好像只懂得兵家之事的将军向大家讲解了《金云翘传》，引人入胜，令人陶醉。他的知识渊博和对民族文化佳作的珍重之情，让在场的所有听众包括张酒都感到惊异。他严厉批判了张酒肤浅和错误的观点，同时，歌颂《金云翘传》是一部光辉的文学之作。每一个越南人都应为它自豪，去学习它，背诵它，从中受到深刻的震撼……

阮山连续7个半天发表讲话，讲党的文艺路线，分析《金云翘传》的绝妙之处，面对满场的知识界、文艺界的"英雄好汉"，谈论《金云翘传》的地位和价值，是他最生动、最引人入胜的一次精彩演说，在越南流传至今。许多人亲耳听过阮山的讲话，说他熟记很多中国典故，知晓很多中国著作。

他说："在参加中国万里长征的日子里，在翻越寒风刺骨的雪山时，每当我吟诵《金云翘传》的诗句，就感到心中温暖，增强了克服困难完成任务的意志和毅力……"

阮山的侄子武俊教授始终保存着1949年10月21日阮山在第四战区童子军学校的演讲稿。阮山感情丰富、无所畏惧的文人性格以及他"虬须燕颔"的外表，也很容易让听众受到触动和感染。

有一次举行座谈会，讨论文学艺术问题，围绕中国剧作家曹禺的话剧《雷雨》，阮山向知识界、文艺界人士发表演讲。大知识分子邓台梅是《雷雨》这部巨著的越文译者，还是清化抗战文化学校校长。在这次座谈会上，阮山一连讲了好几天。《雷雨》中的人物侍萍的悲惨境遇和鲁大海朴实正直的性格让阮山为之动情。面对与会的这么多知识分子，如果讲得不好、不精彩、不正确，很快就没有人听了，而这次演讲一连几天，却无一人离席。当座谈会结束时，邓台梅说："阮山讲《雷雨》，比我这个剧本译者讲得还深刻、还全面。"这证明了阮山的才华出众。听他讲话的人都为他感到骄傲。

一天，阮山到寿春县群信村的抗战文化学校看望，一进门就说："喂，最近你们有什么收获啊？讲给我听听。我像你们一样也是一名学员，但我不能经常来上课，因为我是区长（即第四战区区长，越南称区长，中国称司令员）嘛！今天，你们有什么没搞通的问题，讲出来，我来帮忙！"

一位叫范奋的同学站起来说："报告区长，我们听说您在中国参加革命活动的时候曾对曹禺作过研究。如果可以的话，请区长通过话剧《雷雨》给我们介绍介绍这位作者吧！"以对中国封建社会阶级斗争的深刻认识和对话剧舞台艺术相当谙熟的见识，阮山热情地分析了曹禺的才华和《雷雨》的思想内容和艺术风格。他讲了繁漪、周朴园、鲁贵、鲁大海等《雷雨》中的人物，讲得如痴如醉，充分显示出他的才华。

他的讲话引人入胜，以至于有一位女同学表示："当初，我只想学习写作，但恐怕今后还要增加学习戏剧和电影才算圆满。"

没想到，范奋的这个突然提议引来全班同学包括老师饶有兴致地听了连续几个小时的讲话。

第四节　大力发展群众文化事业

第四战区经常举办文艺问题的讨论会，向文艺界人士的家庭提供物质帮助，并为文艺工作者深入战场和广大群众创造便利的条件。所以，文艺工作者都全心全意地投入了创作和工作。

第四战区成立了越南传统的嘲剧呐剧团，推举嘲剧泰斗阮庭仪担任团长，并允许演出传统剧目，所以，阮庭仪非常敬佩"自己的"将军阮山；阮山鼓励创作，大胆出版年轻作家的作品《缘稻》《灯》《吊床》《喇叭》《在那上面》《中华女救护员》等剧本，使之得以写成、演出并广泛流传；有关方面经常举办绘画展览，使传统的磨漆工艺受到鼓励；清化省春晋、寿春等县的舞蹈也得以发扬；战区总部所在地还有一个话剧演出队。

第四战区集合了各种人才，有乐手、歌手、作家、画家，还有从事翻译的人员。泰恒一家有很多人在越盟部队，例如乐手范庭章、歌手范庭园和泰青，人称他们是"阮山部队"，范庭园唱的歌中常模仿马、猴等动物的声音，他的声音和那张脸非常招人喜欢，所以，第四战区没人不知道他。话剧团有一个从河内过来的老一辈艺术家明心女士，也与"阮山部队"的关系非常密切。

丁春林教授讲过一个故事：一个不见月光的夜晚，在寿春县寿禄乡的群信村，丁春林正坐在小油灯旁备课，忽然听到嘲剧的鼓声和女人的演唱声响起。他急忙出屋，顺着鼓声的方向，沿着村子里两旁被竹林遮蔽严实的小路走去，找到了鼓声发出的地方。那是一座大砖房前的用砖铺成的庭院，是军区文工团的驻地。那天晚上，文工团正在排练，观众是村里的一些父老乡亲，最多的是儿童，排练的剧目是《师云装傻》。戏中的主要人物深深地感动了他和村里的老百姓。

还有一个演出越南呐剧的故事：为了给授予阮山军衔的仪式增加气氛，战区总部决定当天晚上演一场呐剧。得到消息后，当地的观众特别多。从战区、省里前来观看的来宾也非常多。这可能是抗战初期最大规模的一次呐剧演出。它又是一次学术性演出，中间穿插一些对呐剧的分析评论。

也是一个不见月光的夜晚。演出地点是位于寿春县盘石乡的同盟造纸厂，舞台又宽又高。那天，剧作家宝进也站在舞台上唱了两句："白浪阵阵拍松枝，艰难时世，英雄必须赴战场。"演出和宝进的解释，开启了很多人对呐剧艺术的认识之门,从内容到形式初次领略了呱剧的美妙。

法属时期,越南著名学者黄春罕的亲戚黄仲绵成立了东方出版社,喜欢印法国式的怪诞故事书,后来,与剧作家宝进一起来到第四战区。在阮山影响下,他和宝进合作创作了剧本《在那上面》,引起很大反响。

有一次,阮山去寿春县,听说在军队驻地附近的春普村有一种表现占城族(越南的一个古民族)进贡内容的舞蹈,被称为春普舞蹈。按当地风俗是每12年表演一次,每一次演出都有几百人参加,耗费很大。到达寿春后,阮山看了春普舞蹈,认为这是一种民族舞蹈,但大部分人对它还不了解。因此,他会见地方政府的领导,建议立即举办一次舞蹈表演。表演春普舞蹈时,衣着要仿照古代装束,包括京族人和占城人,虽然需要花费很大功夫和很多经费,但阮山坚决主张表演,并决定所需经费由军队承担。表演那天,前来观看的人非常多。由此可以看出,在所有的领域,阮山都追求透彻了解。

在一次有众多干部参加的军队会议上,音乐人范维向阮山报告,他刚刚创作了一首为部队服务的歌曲,请他审定,看能否在会议上演唱。阮山说:"行!行!你试唱一下给我们听。"于是,范维坐下来小声唱起来。范维本来是一位专在酒吧里唱歌的很出名的歌手,所以,他演唱的风格与其他歌手不同,矫揉作态,很吸引人,但唱错了一个音。唱完,很多人鼓掌要求再唱一遍。范维在阮山身旁坐下来小声问:"怎么样?"阮山回答说:"你唱得蛮好嘛!应该发给部队让他们学着唱。不过你太矫揉造做了,还唱错了一个地方。"他指出了唱错的那个音符。范维没有想到,他唱错了那么一丁点儿,还是被阮山发现了。画家范文敦的胞兄范文证也是音乐家。阮山非常注意用

第十二章 能文能武的"文化将军"

越语唱歌时的声调，常提醒他如何唱得巧妙才好听。

阮山喜爱并十分关心体育运动。哪里有他领导的驻军，哪里的体育运动就蓬勃开展起来，特别是国防体育项目，例如，跑、跳、投弹、刺杀、射击等。创办广义陆军学校时，学校设立了体育部，还组织了足球队，经常与军政学校或广义市青年民兵进行友谊比赛。阮山常去看比赛。有一次，市里举行一场英式拳击赛，阮山到场后，走上赛台，叫停了比赛。他向大家解释这项体育项目不好的方面，指出在根据地不适宜开展这项运动，要求体育部今后不要再组织这类比赛。

1949年，阮山去求布镇视察。求布镇距清化市只有二三公里，城里许多居民疏散到这里做买卖，很多商贩从敌占区带货到这里出售。虽然是战时，但疏散到这里的城市青年仍酷爱足球，成立了一支"蓝山"足球队，其中有很多是原来在省足球队踢球的优秀球员。

为了推动足球运动，他们向阮山报告，希望在市运动场举办一场球赛。那时，防空纪律规定，不得众人聚集，以防敌机轰炸。面对球队的恳切愿望，阮山同意在傍晚组织一场足球赛。为了保障安全，他在密山上部署了一个防空排，敌机来袭时随时开火。球场也规定纪律，如有敌机来袭，所有观众和球员原地不动，以迷惑敌人。

实际上，球赛进行得很安全、很开心。球员们好多年才有一次在市里的草场上踢球，所以，都使足了力气。当时的球员都已经是耄耋老人，他们中有的还在清化市生活，谈起那场历史性的足球赛仍十分陶醉。

第五节　支持开办战区文艺培训班

清化、义安、河静 3 省是越南的自由区（即解放区），所以，这里集结着很多文艺界人士。阮山是个热爱文艺的人，经常与担任战区通信厅厅长的作家海潮和担任清化省抗战行政委员会主席的作家邓台梅聚会和交谈。

有一天，邓台梅前来与阮山商谈开办战区文艺培训班之事。据当时参与商谈的剧作家宝进讲，阮山倾听着，深深吸了口烟说："在军事斗争方面，我可以向你们保证，法殖民主义没有足够的力量进到自由区。不久前，敌人向承天省战区实施空降，何文楼在战区用地雷阵迎接了他们，300 多名敌军趴在了那里。现在，他们没有足够的兵力保卫其在'广平、广治、承天 3 省'平原的据点，游击队已经加强了活动。敌人不能再像入无人之地那样肆无忌惮地行动了。阮志清、陈贵海、何文楼在那边打得相当好，一有机会，会打得更好。我们这边也准备开展一次'练干整军'运动，向那边的部队输送补充力量。敌人扫荡到哪里，游击队就打到哪里。带劲儿啊！但还不规范，需要培训。按我的理解，这个文艺培训班也是文艺方面的一种'练干整军'。现在，条件允许，形势需要，你们尽管去搞你们的'练干整军'吧。"

邓台梅说："可是咱们战区的文艺工作者相当多，例如，阮遵、阮庭腊、阮文屼、朱玉、阮氏玉、宝进、阮文商、陶维英、张酒等，不知用哪些人作教员。"

阮山说:"应当全部集中起来,组成一个强大的教员班子!每个人都有各自不同的性格,只要赞成赶走殖民主义、争取国家的独立,就可以使用,现在不赞同的人将来也会赞同。"

他还说,现在,我刚刚回国,要按照胡主席的指示蜗居一隅。远离祖国多年,太思念祖国了,所以能捞到什么书就读什么书。现在好了,"时光之色深紫""黄叶四处飘落",不管你们正在哪里,都会聚到这里来,革命都会接纳。胡主席的联合政策太绝妙了:团结,团结,大团结;成功,成功,大成功。

这样,在阮山的主持下,在清化省寿春县的群信村举办了抗战文艺培训班(也有人叫抗战文化班、抗战文化培训班、抗战文化学校)。第一期于1947年底在古本村开办,第二期于1948年中在群信村开办,第三期于1949年底在群信村开办。

培训班偏向文艺,有诗歌、小说、戏剧、报告文学、文学批评等门类,世界历史、越南历史和英语占的份量不多,为了保证其广度,仍把它叫作文化班,有的书面文件上被题为"抗战文艺团",由诗人阮春生签字。

培训班的教员包括学术、文学、文艺领域的权威人士:邓台梅、孙光阀、陶维英、海潮、阮遵、武玉潘、阮庭腊、阮春生、制兰园、阮氏玉、阮氏金等。合作者及应邀前来讲课的有长征、阮志清、胡松茂、范玉石、春辉等领导人。阮山也来讲课。

抗战文化班第一期的学员几乎都是广平省以北地区的干部和教员,其中不少是清化省人。一些学员还有社会职务,例如,裴显正担任义安省通讯宣传司司长,著有短篇小说集《撒赖》。

第二期开办4个月后,学校校务会颁奖。获奖诗歌有黄忠

第十二章 能文能武的"文化将军"

通的《开荒之歌》，其中一句"人有力量卵石也能变成粮"至今还在传颂；还有陈友椿的《白鹤发声》；有明慧的《今夜伯伯无眠》。文学理论方面，春酒夺得"状元"。

阮山虽是创始人之一，但他也是一名不常来上课的学员。他喜欢到班上"听"和"说"。学员要求他讲话，有时他连续讲三四个小时，讲者很陶醉，听者一点也不厌烦。

那些学员中，很多人后来事业有成，成为越南政府的部长、副部长，成为越南著名作家、诗人、画家、音乐家、记者的也有很多，例如：越南作家协会总书记武秀南、文学院院长黄忠通、文化出版社副社长孙家银硕士、文艺报副总编黄明洲、越南妇女报总编青香等。

第四战区的画家们开办了绘画班，后来，被称为第四战区美术分校。画家们在那里有画室，并创作许多著名的作品，例如，阮氏玉的名画《碗》、磨漆画《军民传》、阮氏金的浮雕《母子》、范文敦的《景阳游击队》等。这些作品至今被很多人喜爱。1951年底，画家们去了越北根据地，分校才暂时停办。

八月革命后，著名画家阮潘政回到自己的家乡——河静省德寿县，靠在集市上卖画谋生。他画得非常好，但收入却很少。为了节省工时，他把身穿各式服装的人体事先画好，只剩下头部，买画者需要哪种样式，就迅速补画上面部。有一次，一位农民装束的客人要求为他画一幅穿将军服装的像。那时，哪会有将军服装啊，画家只好画了一幅戏剧中的将军装，然后又画了一幅拿破仑式的军装。主客攀谈一番才相互认识，阮潘政才知道这就是大名鼎鼎的阮山。在阮山的劝说下，阮潘政不久便关闭了自己的画店，加入了第四战区文艺协会。

第四战区集中了几乎所有当时著名的文艺界人士和新涌现出来的年轻人才，开启了第四战区抗战初期明朗的文化季节，对后来形成革命文艺力量起到了巨大的推动作用。在阮山的大力支持下，文艺培训班、美术分校、文艺协会等得以连续举办，为越南造就了一大批文化战线的骨干。各种文艺班各个文化学校各种寓含智慧的高级文艺活动都在炮火声中开办。著名的文化人陈文油、邓台梅、阮叔豪等都是抗法战争时期首批在第四战区的大学和大学预备班讲课的教授。

第六节 诚心诚意同文化人士交流沟通

在生活中，阮山以珍视友情、尊重知识分子和文艺工作者、爱护民众和战士而闻名。人人都说，没有人能像他那样爱护知识分子和文艺界人士。

1946年冬，作家武玉潘一家离开武家庄，乘船顺流而下，来到清化省寿春县的群信村，与其岳父母黎余夫妇会合。阮山对文人黎余夫妇及其女儿、女婿一家很尊重，与他们相处得很愉快。见到武玉潘，谈起文学来，他们俩说得津津有味、滔滔不绝。阮山对他说："我痴迷文艺，就像痴迷军事一样。"

在第四战区工作过的文艺工作者陈度讲了一个自己与阮山交往的故事：

陈度和阿清率领一个文艺干部团，其中有阮春润、梅文献、阮功欢等人，从越北根据地来到第四战区是为了躲避敌人的扫荡。到达后，见到阮山。陈度将证明文件递给他。看到名单中有几位作家的名字，阮山连忙指名邀请他们过来，而对政治干部则没有提及。

陈度赶快带那几名作家来到会客室。这是一间土墙茅屋，里面摆放着一套还算齐全的藤椅。陈度也拉了一把椅子坐下。阮山欢迎说："今天，看到有文艺界人士来，我邀请你们过来聊一下文艺。"

看见陈度也坐在那儿，他指着陈度说："你坐在那儿干什么，你懂什么文艺呢！"他说话显得莽撞，但陈度能理解。阮山说话从来就带有他自己的风格和真情。确实，陈度虽然是干部团团长，但只是一名入伍时间不长的学生干部，见识还少，而那几位都是有作品有名望的人，阮山只想同他们交谈。陈度回答说："我想坐在这儿听你们交谈，学习学习。"阮山说："好，那你尽管坐。"

然后，他们开始聊了起来，通今博古，天南地北地评论一番，陈度学到很多知识甚至一些中国字，知道了俄国一些大作家的名字，例如，马克西姆·高尔基、法捷耶夫、莱蒙托夫、果戈里等。陈度第一次听说《死魂灵》作者的名字。他疑惑不解，哪里能看到果戈里的书？果戈里的书为什么让阮山如此赞赏呢？陈度问阮山，你读果戈里的书用的是什么文字？他说，用中文。他一边聊天，一边拿出酒和糖果招待客人。这次聚会完全不像是在谈工作，倒像是一次内容非常丰富的文化聚会。

那时，相当多的文艺界人士集中到了第四战区。阮遵得知阮功欢也来到这里，就捎信儿邀阮山去喝咖啡。陈度是团长，所以，他们去哪里，陈度也可以跟着去。陈度上学的时候就曾溜出课堂去读他们的作品。能同阮山、两位大作家坐在一起，

第十二章 能文能武的"文化将军"

听他们聊天,陈度很兴奋。边喝咖啡边听他们3个人谈话,果真饶有风趣,收获很大。

　　有一次,童子军学校学生在广义省举办有地方青年参加的文艺联欢。姑娘们演唱了几首歌,一首是《桃源曲》。因为说它曲调萎靡,曾有一段时间被禁唱。姑娘们穿着露出胸脯的衣服演唱。当唱到"我们把仙桃献给两个少年郎"时,阮山马上站起来说:"'仙桃献给两个少年郎',这句歌词的意境多好啊,但怎么能露出胸呢!"当唱到歌曲《越南空军》时,他说,歌里有残杀、侵略的意思,是帝国主义思想,而你们自己却没意识到。还有一首歌里唱到,缴获了很多战利品,你拿一双鞋,他拿一根腰带。阮山说,如果演唱时稍微俏皮一点儿就变得可笑了。听了阮山的分析,在场的很多人包括一些很有水平的人都惊呆了。大家都瞠目结舌,感到自己嘴上常讲立场、观点,但实际上却懂得很少。

　　有时,文工团表演文艺节目,还没准备好,开幕之前还有时间,阮山就站起来演讲。没有主题,没有稿子,他一个故事又一个故事地连着讲,例如,各种各样的在农村打游击的故事,越盟的军队怎么打胜仗,为什么抗战一定能胜利。他讲得非常通俗又幽默,让大家听得捧腹大笑,观众席上不时响起热烈的掌声。

　　有一次,文工团演出,他在台下撩开幕布向幕后探望问,准备好了没有,然后,拉上幕布,转过头来说:"文工团还没有准备好,我就接着讲啦。"这样连续3次,每次回过头来,他就讲一个故事。故事一停,听众就是一阵哄堂大笑。

　　抗战时期的农村,每当文工团演出,没有人肯放过。有一位30来岁的妇女特别喜爱看文工团表演。有一次,看完演出,有人问那位妇女的感想："你觉得演出怎么样？"她说："好，很精彩，热闹极了！"又问："那你最喜欢哪个节目？"她答："最喜欢阮山的节目。"对她来说，阮山讲话竟成为最精彩的节目！

第七节 组织文艺工作者到前线体验生活

遵照阮山的指示，部队为文艺工作者开放，安排他们深入实际，特别是到广平、广治、承天3省战场的各个部队去接触实际。法军从顺化市打到广平、广治、承天3省，音乐家阮文商创作的歌曲《"平治天"的战火》就是在那个环境中问世的。

文艺界的很多人都想到前线去，第一批获准去的人喜形于色，安排在后面的人焦急等待，几位未获准去的人则可怜巴巴地央求。

丁春林和阮友鸾、阮德侬被选上第一批去前线。那是1949年夏天，丁春林21岁，阮友鸾34岁，阮德侬37岁。阮山交代政治处主任阮健（后任残废军人社会部副部长），一定要切实搞好这次活动的安排。到前线的文艺工作者每人都领到一份"银两"，尽管是抗战时期，战区仍"设宴"招待了他们一次，全是"就地取材"，记得最清楚的是番茄灌肉。

在广治省沿海敌占区，报社社长、著名诗人阮友鸾的"兵"、报社记者火玉霂赶来，与他一起进行战地采访。在巴隆战区，他们遇到了通讯宣传司司长、诗人永梅，还有诗人梁安、京柯。他们记住了京柯的诗句"谁去码头就去，早一点回来,雨夜难摇橹"。进入"承天—顺化"的详和(地名)战区,他们与101团的吕江政委、陈参团长一起去了很多地方,到了很多部队单位,下到平原,在香茶(地名)遇到敌人扫荡和攻打敌人的良文据点,在9号公路遇到阻击敌人的车队,在嘉等(地名)和战士们吃芋薯……饱尝艰辛,把携带的器材都丢光了,终于完成了采访任务。

作家阮庭腊、青篌到了战斗过的广平省景阳村,写出了著名的《珊瑚炮台》。音乐家范维深入广平、广治、承天3省战场,回来后,创作了很多具有民歌性质的好歌曲。范维的妻子、歌手泰恒则成功地演唱了丈夫创作的歌曲。在血与火的抗战实践中,文艺工作者们创作出许多宝贵的作品,至今仍为越南人民所熟知的有:黄忠通的《开荒之歌》、明惠的《今夜伯伯无眠》、宝进的《在那之上》、陈友椿的《白鹭之声》、阮氏玉的《碗》、阮庭腊的《行李》等。

有一段时间,第四战区的机关分散驻在清化省西部从寿春到农贡的几个县的地域内。每次转移驻地,除通信、后勤、医疗各单位外,还包括男女演员在内的文工团。他们肩挑着各种傢什、布景、道具、乐器、服装、鞋帽等,确实很辛苦。阮山看在眼里,很心疼他们,命令机关干部和部队战士尽力帮助他们。文工团的演员们都非常感激自己的司令员。

阮山除了军事才干,还做诗、撰文、著书、译书,通晓4种外语,特别是他能就文学艺术问题连续发表几个小时的讲话,结束时,听众还仍然想再听下去。他能背很多歌谣、谚语,始终对长诗《金云翘传》"有瘾"。

大家都说,阮山堪称文化领域里的大家。他是一位文武双全的将领。他将全国众多的文艺工作者和知识分子吸引到自己周围。由于他的影响,一些文艺活动、报刊、杂志、书籍和讲座得以组织和进行,引起的回响一直流传到现在。阮山赢得知识分子、文艺工作者的爱戴和敬重,不仅是因为他文武双全,更重要的是他的人格。他非常严厉,但又非常大度、仁慈和宽容,一心为大家,为战士,为单位,为公事,为祖国。

第十二章 能文能武的"文化将军"

第十三章

平易近人和善于团结各类人的司令员

- 第一节 团结、教育和帮助知识分子
- 第二节 在抗法前线组建新家庭
- 第三节 与人民群众打成一片
- 第四节 敏锐的眼光精辟的分析
- 第五节 诙谐的性格和独特的处事方法

第一节　团结、教育和帮助知识分子

越南著名画家范文敦和雕塑家阮氏金夫妇经常回忆他们与阮山的故事：

1946年12月18日，也就是12月19日抗法战争全面爆发的前一天，范文敦、阮氏金夫妇和兰花剧团的同事们在河内市的剧场演了两场曹禺写的话剧《雷雨》。这天傍晚，剧场外面响起了机动车的轰鸣声，法军的枪声从各个方向传来，天际间闪耀着火光。临时政府各中央机关都紧急向越北解放区转移。

当晚，范文敦接到指示，将剧团撤到河内市郊外，并紧急成立了一支抗战宣传队，取名解放剧团，由越南青年总团领导。在河内市郊区待了几天，剧团转到河东省，在那里排剧练唱，随时准备演出，很快，又转移到山西省，远离了前线。

剧团到了山西省，暂驻在陈国俊中央陆军学校。校

1946年，时任陈国俊中央陆军学校校长的阮山

长是早有耳闻的阮山,早听说他有文武双全的才华,以前曾在中国参加了奇迹般的万里长征。

阮山热情迎接了剧团,食宿照料得非常周到。他挽留剧团为学员们演出几天。当他知道剧团还没有与青年总团联络上时,就提供了一套咔叽背景布和一辆牛车,让团里的年轻人用来运送道具、行李和演员的几个孩子。

剧团到很多地方演出,辛劳了几个月之后,终于与青年总团取得了联系,并立即将工作逐步转向当时的抗战首都北泮。临时政府的各中央机关分散驻在北泮市周围的森林里。剧团也利用这段时间休整。

一天上午,在北泮邹市街边一座高脚屋里,剧团又遇见了阮山。全团的人都高兴地围拢在他身边叙谈起来。他说,他现在负责第四战区的工作,这次是到北泮来开会的。他邀请剧团到第四战区组织一支文艺宣传队,为当地的部队和人民群众服务。

全团都很感动并十分珍视与阮山的美好情谊,但剧团隶属于越南青年总团,不能自做决定。所以,团长范文敦表示,阮山的心意领了,并承诺如有合适的机会,会报答抗战伊始就建立起来的这份情谊。

意想不到的是,与阮山见面几天之后,法军空降兵包围了北泮。剧团急忙收拾好文件,撤出了敌人的包围圈,经过12个昼夜,撤到了太原省的朱市县。这时,法军攻入永安县,设立了很多据点,并连续展开扫荡行动。一些没有家庭拖累的人离开了剧团,有的南下去了第五战区,有的北上到了越北根据地。

团里剩下的人员和小孩在橄榄树林和菠萝地里,处境极其

第十三章 平易近人和善于团结各类人的司令员

艰辛。

就在此时,团里接到青年总团的文件,召范文敦夫妇回机关,宣布解散解放剧团。

范文敦认为,不能让剩下的演职人员和小孩子流落在敌人不断扫荡的敌占区,但解散剧团的文件又不能不执行,于是,他将剩下的人集合起来,建议他们所有的人奋力越过敌占区,返回顺门、岱市,然后再逐步进入第四战区,实现在北泮见面时对阮山所作的承诺。

范文敦、阮氏金夫妇到达第四战区几个月后,阮氏金生孩子,无法随战士宣传队经常流动着为第四战区的部队和同胞演出。为了照顾她,按照阮山的指示,送她到第四战区童子军学校去教学。

人民群众中间流传着阮山的很多传奇故事,但有一件事鲜为人知。这就是,抗法战争时期,阮山感化和收服阮进朗的故事。

阮进朗是《南风报》的最后一任主编,是一些短篇小说、翻译小说和文学研究文章的作者,还曾在大叻市做过府尹(相当于现在的市长)。

八月革命后,阮进朗和他的岳丈、保大皇朝时的尚书范琼一起在顺化市被新政权逮捕,并被送到荣市监禁。1948年,他被送到一个村庄做杂务,那里是第四战区军事指挥机关的所在地,有时会看到阮山。

有一次,看见阮进朗,阮山把他叫住,和他攀谈。两人从家况聊起,不知不觉慢慢转到了文学话题。阮进朗没有想到,这位第四战区的著名将领对与军事少有关联的文学领域却非常关心,并有广泛的见解。阮山也不免诧异,这个蹲过监狱、外

第十三章 平易近人和善于团结各类人的司令员

表儒雅、每天都孑然一身打扫院子的上年纪的人，竟是如此精通诗文和法语。

这次谈话改变了阮进朗的命运。几个月后，完全出乎阮进朗的意料，他不用再去做杂务了，而是转为做翻译工作。每天，他都坐在大竹榻旁，埋头翻译从敌人那里缴获的法文的军事信息和材料。有时，阮山还会拐到他工作的地方，两人交流法语中有的而越语中还没有的某个专业词汇的译法；有时，又聊到文学话题。但在那些日子里，阮进朗实际上还是在被软禁中生活。

经过6个月的考验，最终，阮进朗完全恢复了自由。阮山让他到童子军学校作教学工作。阮进朗穿上了军装，有了卫国军的证件。于是，在经历了许多磨难后，这位旧社会的大叻市府尹（市长）成为卫国军的一员。

阮山要求童子军学校保持严格的体育锻炼制度。阮进朗的身体虚弱，但仍和学校的其他干部一样，每天早上，背着背包，沿着讷山脚下的土路，跟着小学员们练习跑步。

空闲时，阮山让通讯员把阮进朗叫去。两人一起复习法语。有时，阮山请阮进朗到他的办公室，把他新的诗作交给阮进朗阅读和评论。甚至有一次，阮山还准许阮进朗乘坐自己的小汽车去工作。那时，小汽车可是稀有的交通工具。

对于阮进朗来说，新的人生已经开始。但是，抗战时期的艰苦生活加上对家人的思念，让阮进朗有时情绪低落。由于感佩阮山的恩德和信用，他努力克服了一切，继续在童子军学校教授文学。

1950年，阮山告别大家，返回了中国。阮山走了，失去了信任和庇护，阮进朗感到孤零无靠。在当时的环境下，他郁闷地回到沦陷的河内市。

后来，回想起在第四战区的艰苦的抗战岁月，他向一位朋友吐露了心声："如果阮山将军还在那里，我永世不会辜负他而回到河内！"

1952年，阮进朗和家人一起到法国定居。开始时，他在法国国家教育部工作，后来，夫妻俩在第七巴黎大学主楼附近开了一家小书店。他于1976年去世。直到生命的最后一天，他一直在巴黎郊区一个恬静的小镇上生活，不参加任何政治活动。阮进朗依然用最美好的语言讲述阮山：在他人生最困难的日子里，是这位传奇的将军保护和帮助了他。

在越南，还有一个流传很广的关于莞联铜管乐队的故事。莞联铜管乐队原来是封建皇帝保大的宫廷乐队，八月革命后被解散。乐队的人各奔东西。阮山把乐队的负责人丁玉联请来，交给他恢复乐队的任务。缺少乐器，他们就用竹笛代替。从40支竹笛起家，乐队逐步发展壮大起来。这就是越南人民军现在的军乐团的前身。作家新钢在他的《越南竹》一文中介绍了这些情况。后来，丁玉联成了越南人民军的中校。在阮山的追悼会（1956年）和胡志明的追悼会（1969年）上，都是他领导并参加了军乐队奏哀乐送葬。后来，他在回忆录中写道："在我的管乐生涯中，有两次令我特别悲恸，一次是在胡伯伯的追悼会上，一次是在阮山的追悼会上"。

第十三章 平易近人和善于团结各类人的司令员

第二节 在抗法前线组建新家庭

在第四战区司令部的所在地——清化省寿春县盘石村和周边地区，住着很多从河内疏散来的文艺界人士及其家庭，其中就有著名的历史学家、坚定的爱国者黎余夫妇一家。

1946年底，法国殖民者占领了河内市。黎余夫妇带着4个女儿恒芳、恒奋、恒熏、恒妆，离开河内市，同财政部铸币厂负责人秀志一家人一起来到盘石村，参加抗法战争，一起为越盟卫国军建起了印制纸币的造纸厂——同盟造纸厂。黎余先生的大女儿恒芳嫁给了作家武玉潘，生的女儿叫武降香；二女儿恒奋嫁给同盟造纸厂厂长黄文志；高中毕业的三女儿黎恒熏任会计。黎恒熏于1926年出生在广南省，在河内市长大，当时刚20岁，漂亮且上过学，是个有知识、有修养的女青年。

每天下午，许多人都聚集到黎余先生家中，漫谈疏散到这个偏僻小镇后的生活和工作。闲暇时间，阮山还常到作家武玉潘家里聊天，谈论东方和西方古今的著作和文章。他们聊得很投机。黎余先生的大女儿、武玉潘的妻子黎恒芳是诗人，还做得一手好菜，常留阮山一起吃饭。

第四战区党委和司令部有意为阮山将军寻找一位伴侣。为此，副司令陶征南设计了若干步骤：第一步就是与战区抗战文化委员会配合，邀请阮山为文艺界人士和战区抗战文化班学员举办一场《金云翘传》的报告会，也邀请黎余先生出席。

阮山每次发表文学方面的讲话之后，文艺界人士通常都是三五人一组进行分组讨论。但这次，战区却邀请有名望的文艺界人士和部分听众集中到黎余家里讨论，组织者正是陶征南副司令。前来参加讨论的人士不下50位。大家都同意阮山关于王翠翘在儒教"才命相克"论的阴影下承受沉沦生活的观点，并为他对民族文化的深刻见解深表敬佩，听后都感到十分满足。

黎余家里的人很少。他的三女儿黎恒熏要端茶送水，然后，在里屋悄悄地听屋外的讨论。一些人不明白，战区并不缺开会的地方，为什么却要安排在黎余狭小的家里讨论，给人家增添麻烦呢？陶征南副司令一脸严肃地回答："这是我设计的剧本，到演完的时候，你们就明白了。"

第二步，陶征南和秀志私下向黎余提出阮山和黎恒熏的婚姻问题。老先生又喜又忧。但因为太突然了，他表示要问问恒熏的意见。两天后，黎余答复说："我的女儿说：'虽然没有与司令说过话，但我所想了解他的，那些文艺界人士在咱家都说到了。那天，在泰霞姐的小店里，我还亲耳听到了他的谈话，确实与那些风言风语很不一样。他外表的确威严，但作风平易近人，是个有文化的人。他和那个戴眼镜的小伙子讲法语，好一句差一句的，逗死我了。但是，爸啊，夫妻姻缘不是那么简单的，还要接触一下，看看两个人的感情是否真正相合，然后，才能做决定呀！'"

第三步，安排阮山、黎恒熏两人在黎余家里见面相亲。

那天，陶征南把阮山、黎恒熏都叫到黎余家里。大家谈得情投意合，阮山留下和黎余一家吃饭，陶征南、秀志和黎恒熏也参加。他们故意安排阮山和黎恒熏坐在桌子的同一头，黎余夫妻坐在他们的对面。阮山、黎恒熏大方地互相给对方夹菜，一点也不羞怯。

第十三章 平易近人和善于团结各类人的司令员

在黎余家吃饭的一个星期后，一个小孩直接跑进司令部的秘书组，把一封信交给工作人员武叔鸾。信封上面用法文写着："致：亲爱的阮山"。当时，阮山正去驻守在朱江右岸龙灵村的一个主力团视察。当他返回机关时，武叔鸾把信交给他。他把武叔鸾留下，打开信封，看看周围有没有人，便轻声让武叔鸾帮他翻译。

信写得很长，首先说明了她亲耳听到阮山在泰霞姐开的咖啡馆里用法语与别人交谈，所以，才以真诚的语言，用法文给他写信作复。她认为缘由天定，不能违拗。她写道："……我没有钱财和珍贵的首饰送给你，只把一缕头发寄给你。这缕头发代表我的心，这颗心将一辈子献给你，你要把它留到我们结婚之日。我以名誉发誓，从今以后，我不会再爱任何人，除了你。你是我心爱的人！……"

信中所说阮山在泰霞姐开的咖啡馆里用法语与别人交谈之事，原来是这样的：阿勇从战区军事研究中级班毕业后，战区将他留下来，帮助阮山学好法语。有一次，阮山和阿勇一起来到山坡下泰霞姐开的咖啡馆。在交谈时，阮山努力只讲法语。此时，黎恒熏正在这里串门，亲耳听到两人用法语交流。所以，她在信里才提起此事。

随信的一缕头发包在一张红纸里。

念完信，阮山很感动，默默地坐了很长一会儿，然后哈哈大笑，说道："这姑娘和我玩文字游戏了！不知她上过什么学，能用法文写出这样深情的信来！"

黎余夫妇和他们的4个女儿、阮山的两个连襟武玉潘、黄文志都很喜爱这位能打仗、有文才的司令。阮山和黎恒熏的婚事很快就定下来了。结婚仪式之前，阮山如实地向她讲述了自己的几次婚姻情况。

经胡志明主席同意，1948年10月10日，在给阮山授军衔仪式的第二天，郎才女貌的这一对举办了婚礼。全战区的人们兴高采烈。他们的结婚日成了阮山征战生涯中一个特殊的标志。

那天晚上，由黄文志自己建设的首座水电站也开始发电，使盘石村和周围地区灯火通明。

婚后，夫妻俩聊天时，阮山曾开玩笑说："什么机缘让你落入司令部的深宫里呀？"黎恒熏调侃夫君说："你还是回去问问你家的陶征南副司令就全清楚了。你们军事上很有才，围剿'预定目标'也有板有眼，简直让对手丢了魂，只剩下服从这一招了。怪不得你们贼喊捉贼呢！"

大家都记得，阮山和黎恒熏很喜欢去抗战文化班参加俱乐部活动，也经常到岳父黎余家里和他下中国象棋。婚后，他还教黎恒熏下中国象棋并经常和她下棋，输的总是黎恒熏。只有一次，阮山走了一步棋后，没想到黎恒熏识破了他的思路，最终赢了阮山。这是她唯一的一次赢棋，但一直

1948年，洪水（阮山）将军同黎恒熏女士

是他们津津乐道的一件事。

婚后，阮山和黎恒熏住在讷山脚下的一栋房子里。那时的讷山，树木茂密，常有老虎夜间下山到村子里觅食，所以，睡觉时，阮山就睡在能看到山的窗户旁，时时护卫着黎恒熏，看出他关心人的细腻和周到。

有一天，看戏散场后，阮山与黎恒熏一起骑在马背上返回驻地。这件事让许多人感到惊愕。人们曾风传这位司令员骑自行车的故事：他常骑一辆很轻的硬铝材质的赛车，车把弯下去，眼前遇到障碍物，他从不肯下车推着走，仍端坐在车上，想尽一切办法骑过去。如果需要，他会抬起身子连人带车轻松地越过沟渠，而不用反复地下车上车浪费时间。这就是阮山！而现在，他正和年轻的妻子一起，骑马走过散场的部队和观众眼前，从容不迫地信马由缰，返回驻地……

第三节　与人民群众打成一片

阮山的性情非常平民化，保持着穿褐色绸衣、骑赛车逛街的习惯。当地民众都认识阮山。平时见到文艺界人士，他总问上三五句话，例如，你今年多大了？参军多久了？部队在哪？单位的成分怎么样？

在第四战区流传着阮山与当地人民群众打成一片的许多故事，例如：

一、阮山帮穷人娶老婆而"赚钱"的故事

1948年，前来清化省参加"大会操"的部队的人员非常

多。那时，古定村几乎每户人家都要住两三个"兵哥"。老乡管"胡伯伯部队"的战士叫"哥"，而不是像现在称"叔"。

一天夜里，活动结束后，阮山去驻在甲村的部队检查。到了一户人家，看见一个男人正坐在外面院子里抽泣。阮山走近他，轻声问："为啥坐在这里哭啊？"

那男人没答话，抽噎得更加厉害。阮山坐到地上，拍拍那人的肩膀，亲切地说："喂，有什么事尽管说出来，没准儿，我还能帮上你呢！"

抽噎了一会儿，那男人含着眼泪吞吞吐吐地说："我快40岁了，父亲病重，母亲逼我娶老婆，可是没有钱啊！"说完，他大声哭起来。

阮山默默地坐了一会儿，站起来，并把那个男人也拉了起来说："别哭了，男子汉哭哭啼啼，成何体统！"然后问："家里有狗吗？"

男人疑惑地望着阮山说："要狗干什么？"

"炖肉。"阮山回答。

听到院子里有人说话，男人的母亲跑了出来，认出是阮山，赶紧把他请进屋里，向他讲述："将军啊，儿子他爸病得快不行了。我催儿子娶老婆，可他不听，因为家里没有娶亲的钱。他坐在那里，从傍晚哭到现在啦。"

阮山想了片刻，对母子俩说："明天下午，你们向街坊买只狗来炖肉，大概四五个人吃。明天晚上，我带人来，肯定能有钱让你儿子娶上老婆。"

知道阮山说话算话从不开玩笑，母子俩照办了。

第二天傍晚，阮山和另外4个人来到家里，其中一位叫筥珥（乙村人）。他们都穿着阔绰。阮山叫女主人烧了一壶开水，叫她儿子去洗杯子洗碗，自己则从架子上拉下一块破旧的席子，铺在屋子当中，然后，对一起来的人说："各位，请坐。今天，我请几位老先生到这里玩牌，请笪老（即笪珥）主持。记分方法有所不同，但玩的规则依然如旧。"

说完，他叫勤务员递给笪老一副新牌，简单几句话后，笪老和另外3个人就兴冲冲地玩起牌来。勤务员在每个人面前放了一个小碟，在席子中央放了一个大碟，把4杯沏好的散发着清香的中国茶放在每人面前的小碟上，请他们品尝。席子中间的大碟子上整齐地放着一些钱币（印度支那币）。

喝完茶，阮山说："因为有军务在身，请允许我离开一会儿。各位尽管玩。我已安排人照料。过一会儿，我就回来，请各位饮酒吃狗肉。"

说完，阮山匆忙离去。

夜深，雾起，天气变冷。阮山和勤务员返回。寒暄之后，阮山对笪珥及一起玩牌的几个人说："夜深了，大家可能也有些累了，是不是就玩到这里，我和房主人备有几杯薄酒，请各位共饮。"

大家收起了牌，笪珥收起放钱的碟子递给阮山。阮山把碟子放在摆有几个香炉的桌子上。勤务员和房主的儿子把狗肉端来，放在席子中央。阮山先坐下热情地说："各位老先生，请！"

大家坐定后，阮山又说："女主人有交代，要大家赶快动筷子，要不然，就凉了。"一直躲在房门后面的女房主听到这话，露出头来，吞吞吐吐地说："各位老先生能赏脸到我们家玩，真是我们的福气。我们也没有啥，就有一点家乡的酒，我们母子俩请各位尝尝。"

饮酒快结束时，阮山说道："正像我向各位说过的，我还

第十三章 平易近人和善于团结各类人的司令员

不知道女房主和她儿子的姓名，只知道，她儿子快 40 岁了还没娶老婆。现在想娶亲却又没有粮，没有钱，而男房主现在又身患重病。今天，各位老先生以怜悯之心到他们家来玩，来看望和给予捐助，那就请允许我代表你们点一下钱数，交给他们，以帮助他们家为儿子娶亲和为男主人治病。"

点完钱，阮山公布："各位老先生，今天玩牌的钱一共是 7 块半，我再捐助两块半，总共是 10 块钱"。大家高高兴兴地告别而归。

从阮山手中接过 10 块钱，女房主含着泪说："我们家不知道拿什么来感谢将军的恩德啊！"轻轻地拍了拍女房主的肩膀，阮山说："说什么恩与德！快给儿子操办婚事，早点抱上孙子！"

说完，阮山和勤务员迅速离去。女房主和儿子手捧着钱站在院子中央，一直目送他们渐渐远去。

二、阮山犁地的故事

作为第四战区的司令员，阮山很忙，但每天都要抽出时间与民众接触。他动员每户人家都积极搞好副业生产，以"抗击饥饿"。他劝导每个父母都送子女上学，以"抗击愚昧"。他也喜欢和老乡们一起抽越南特有的哀牢烟。他听老百姓讲故事，听得津津有味，有些好玩的故事，让他笑得直流眼泪。

一个休息日，他正在散步，看到一个老汉牵着水牛去犁地，便上前问："大叔，到哪块地去犁地啊？让我跟你一块儿去吧！"

"将军好！今天，您不上山啊？"那位农民问候了阮山，接着又说："我争取在有水的时候给人家打工，把中珊村的那块地犁了，好挣几个钱。"

原以为阮山只是随便打个招呼，谁知他还真的要跟着去。

第十三章 平易近人和善于团结各类人的司令员

看着那位农民犁了10来垅地后，阮山说："大叔，让我来试试吧！"

那位农民把犁和缰绳、鞭子交给阮山。阮山深深吸了一口气，赶着牛向前。看到阮山笨手笨脚的架式，那位农民跑上前，揪住牛的笼头，牵着牛往前走，让阮山扶着犁杖跟在后面。犁了10来垅地，看到阮山大汗淋漓，那位农民忙说："好了，将军，休息吧，先抽袋烟轻松一下。"

阮山吆喝牛停下，然后坐在田边喘气。那位农民把一袋哀牢烟递给阮山并点上，然后说："请将军先抽。"

阮山躺在田边，一边吐着烟，一边怡然自得地笑着说："这个世界上，没有谁能像犁把式这么开心了！"那位农民也笑着说："开心倒真是开心，可就是太累了。"

阮山静静地躺着，沉思片刻，仰起身来对那位农民说："依我说，粮食来自农民的血汗。在这个世界上，有谁挥霍浪费，不知道珍惜粮食，那就是犯罪！"

那位农民深深吸了一口烟，眯缝着眼吐出烟雾，不停地点头说："将军说得太在理了！"

在一些老战士手里有一张阮山正担柴的照片。他挑着很重的柴，戴着草帽，活脱脱像个樵夫。只是有一点，他穿的不是裤衩，而是西装短裤。

清化省农贡县古定村很多农民的孩子多次听父母和大伯大婶们对阮山夸赞不已。他们说，和阮山一起讨论如何种粮和搞好副业生产时，就觉得好像是在和农民阮山进行交谈。

三、阮山扮"马"的故事

阮山非常喜爱艺术，特别是越南古典的㘈剧。他唱㘈剧和演㘈剧都非常内行。他能熟记㘈剧的很多段子，例如，景阳岗武松打虎、姜灵佐叛主、桃园三结义、张飞大闹长板桥、吕布戏貂蝉等。

在第四战区古定村，阮山支持艺人们建立了一个呎剧队，演员有谢文炳、黎庭骚、黎氏元等。呎剧队在村公所排练时，阮山经常去看，还一起参加排练。

阮山曾自告奋勇帮助呎剧队排练《张飞大闹长板桥》。戏词和唱腔设计好后，演员们都想扮演骑在战马上器宇轩昂的张飞。阮山给他们分配了角色：谢文炳身材高大、唱功好，演张飞，其他演员有的扮张飞的部将，有的扮演敌将。尽管军务非常繁忙，但阮山仍然抽时间到队里参加排练。

紧张的排练之后，呎剧队决定公演。这也是给阮山的告别礼，因为他将转往寿春县。阮山非常高兴，批准部分官兵前来观看演出，并负责维持秩序。他还邀请房东前去看演出。房东大爷问："那，将军你参加演出吗？"

"当然参加！"说完，阮山就做自己的事去了。

晚上，村公所院子里人多得像赶集。阮山邀请黎仲珥老先生击鼓开场。正准备开始演出，扮演张飞的阿炳突然叫了起来："糟了，糟了，我们忘了派谁来扮演张飞的战马呀！现在，可怎么办哪？"

阮山笑了，眨了眨眼说："没事，尽管演！我有办法。"

说完，他对"张飞"咕哝了几句，演出就开始了。

上百名观众掌声阵阵，当"张飞"威风凛凛地骑着战马出现在舞台上时，村民的掌声和欢呼声不断。演出结束，观众掌声热烈，呼叫着"再演一次，再演一次"。黎仲珥用一阵鼓声宣告结束，但乡亲们仍簇拥在一起不肯离去。

阮山出现在鼓边。村里的很多长者仍坐在那里。有位老者问:"今天,将军怎么没有演给乡亲们看啊?""当然演了啊!""我们怎么没看见?"阮山一副不好意思的样子。他说:"我,我是钻进那块当马皮的单子里,给张飞当马骑了。"

老人们哄堂大笑,然后说:"这出戏要是没有马,可就全砸了!"

在回家的路上,老人们议论纷纷,对阮山赞不绝口地说:"这才是有本事的人!"而阮山夜里回去后,肯定得用药物按摩一下后背,因为扮演张飞的谢文炳实在是太重了。

四、阮山招待农民看呀剧的故事

有一天,武叔鸾跟阮山到驻守在朱江左岸蓝伟村的某主力部队视察,然后返回战区指挥部所在的铁岗县布荷村。回到驻地,看到村头大榕树下有两个人,一位是老者,一位是中年人。他们拦住阮山的自行车问:"阮山将军住在什么地方?"

阮山感到稀奇,下了自行车,坐在两位拦路人的旁边问:"有什么事要见司令啊?"

老者说:"我们是朱江左岸蓝伟村的,来这里,有两件事:一是人们对将军有很多传言,我们想看看他到底是个什么样的人;二是听驻在我们村的部队的人说,今晚,他们要来这里演出呀剧,所以,我们就找来了。"

中年人自我介绍说:"我是绍化县原先的呀剧班的台柱子,弃业至今已经 8 年了。八月革命前,穷得饿肚子;八月革命后,开始了全国抗战。听到战区要演呀剧的消息,我太高兴了,即便刮风下雨也要来看,因为,我从小酷爱文艺,想看看战区戏班演得好不好。我也向您介绍一下这位阿蓝老先生。他是村里唱古戏唱得最好的老前辈!"

听了两人的回答,阮山想,也不知道老百姓是怎么传的,以至于让这两位大伯要来当面看看司令?

他们接着说:"部队干得全是好事呐!后贤桥旁有一座竹桥,是司令部住在那里时建的。村民们下地干活少绕路,省了两个来小时。至今,乡亲们都心存感激,并给那座桥取名为'司令桥'。还有很多趣事,流传越来越广。至于司令的相貌,听说威风凛凛的,谁都害怕,不知是不是这样?"

阮山扑哧一笑,赶紧转换话题说:"呔剧要到晚上才演,两位空手远道而来,在哪儿吃的饭呀?"

他们回答说:"早上,我们吃红薯,吃得饱饱的,这样,下午就不会饿了。从布荷到蓝伟有9公里,看完演出,就算是凌晨两点,回到家也没事,能忍受,习惯了,只要能品尝到我们渴望的不得不放弃了8年的精神食粮就行。"

阮山用温和的目光看着两人,表示同情,特别是听到"蓝伟"两个字,这正是他刚刚去过的地方。那个村有三分之一的人家断了粮。他已指示部队每顿减少一点口粮,用来救助老百姓,如果还不行,就向战区打报告救助他们,由他去和战区行政委员会主席胡松茂商量。

5个月前,他提出成立战区嘲剧呔剧团的意见。如今,偶然听到这两位见证人的反馈意见,阮山心中涌起一股激动的热流,立即指示武叔鸾说:"领两位大伯去招待所,安排好餐饮,下午来见我。"

刚刚迈入阮山住处的大门,这两个人愣住了,蹦出一句话:"原来司令就是您啊?坏了坏了,有什么不对的地方,请您原谅。"

阮山笑了,倒了两杯酒,给他们敬酒。

当晚,阮山带两人去看呔剧演出,并向大家作了介绍。他说：“两位大伯对精神生活的渴望是值得珍重的。宁肯下午忍饥挨饿，也要来看呸剧，看完，还要赶9公里的路返回蓝伟村。这确实很奇特。老百姓都是这样，那么，正在艰苦战斗的部队该多么渴望看到呸剧呀！"

阮山还交代驻蓝伟村的部队，将那位老者送回家中，而将那位中年人留下，送到呸剧团，考核一下他的表演水平，以补充到战区的嘲剧呸剧团中。

后来，在阮山的关心下，那位名为阮庭捧的中年人被提拔为呸剧队副团长。他从解散了的老呸剧班中找来多位男女主角，使他们重新回到这稀有的艺术门类中。当时，驻军地区的民众都把这看作一件很新奇的事。

除了上述4个故事，清化省妇女会会长阿荟经常讲起阮山提出的让部队战士认干娘的主意。阮山多次和她商量此事，为的是在缺粮食时能让部队吃上一顿饱饭。"认干娘"的活动很快在各地开展起来，在一定程度上为战士们解除了后顾之忧。在人民群众的大力支援下，战士们更加奋勇杀敌。

有一位人士即将被处死，阮山把他救出牢房，给他穿上军装，就像从油锅里捞出来一样。他感激阮山使他"一日在狱，千秋在外"。

越南外交部前部长阮颐年回忆说，他曾在第四战区陶维慈中学上学。一天，在路上，他丢了钱。幸运的是，他遇到了阮山。阮山非常和蔼地戏谑地笑着，眼睛眯成了一道缝儿，劝他不要着急，以后要小心，并如数送给他那些钱。他说，这就是越盟的将军、革命的将军！

第四战区指挥部每次转移到新的地点，村子里都有非常多的父老乡亲来看望和问候阮山。有些人很好奇，想知道其中的

第十三章 平易近人和善于团结各类人的司令员

原委。后来，他们明白了：乍看上去，阮山是一派武将形象，谁见了都有些害怕，但和他接触之后都感到，他处事非常和善。

有一次，部队行军途经广平省，为了保密，谁也没有向群众介绍阮山。饭后，阮山和工作组去休息，第二天一大早就离开了老乡家。他刚离开，房东就高兴地大喊："我接待阮山司令了！"原来，通过言谈举止，乡亲们已经猜出他就是阮山。

每到一个新的地点，他都交给司令部秘书组一项任务，准备举办一次与当地党、政、解放阵线和父老乡亲的见面会，问候他们，与他们联欢，了解地方的困难，帮助战区指挥部制订切实可行的计划，还派干部做民运工作，用切实的行动帮助地方：有的地方，为老乡搭一座小桥，缩短他们下地干活时走路的时间；有的地方，为孩子们修缮校舍；有的地方，救助烈士家属和孤寡老人……好事好名远扬，所以，指挥部驻在哪里，那里的人民都诚心诚意地开展拥军活动。

第四节　敏锐的眼光精辟的分析

阮山在第五战区时，有一天，在第五战区军政学校学习并即将返回原单位的一些干部前去向时任南部抗战行政委员会主席的阮山告别，并希望得到他的赐教。

阮山喜欢交谈。同部队的同志接触时，他非常爽快。看了看大家，他和蔼地问道："你们很快就要返回原单位了，有些事需要解决，是不是？"

第十三章 平易近人和善于团结各类人的司令员

他亲切地笑了笑又说:"参加南进的同志,有谁在这边娶老婆了?出征之前,是不是想探家呀?"

武抱的嘴快,抢着说:"报告主席!我们还年轻,哪里敢想那些事呢。"

阮山笑了笑,说:"我像你们这个年龄的时候,已经有第一个孩子了。"他轻轻点点头,像是在感叹:"是啊,现在,还是没有老婆孩子好啊。孤身在外无羁绊,鸟儿乘风展翅飞……"

大家睁大眼睛望着他,都感受到这位抗战主席身上的游子气质。他受到部队和人民的爱戴,不仅因为他久经沙场而闻名,还因为他具有丰富情感的禀赋……

第五大队大队长黎宁发言说:"主席,胡伯伯同法国政府签署了 9 月 14 日临时协定,听起来,怎么觉得像是我们让步太多了呢?"

阮山问大家:"你们都是这么想的吧?"

所有人都表达了像黎宁那样的担心。

阮山缓缓地分析说:

"你们想的是对的,但不必担忧,要认清,我们现在的力量虽弱,但面对敌人的阴谋,我们已经胜了一步。在局势十分紧张的时候,我国人民不得不接受不利的战火对峙的局面,但相持下去必输。全世界都这么认为。"

"3 月 6 日的初步协定犹如天际里的一声春雷,让所有的人都感到错愕。西方政客们昏头转向,始料不及。法国军界无比恼火。英美不得不撤离印度支那。法国只能派 15000 名政府军进入越南,并不得不同意配合 1 万名我们卫国军战士执行接防任务,使法国不能实现其在全越南扩大侵略的图谋。"

"面对不利的形势,法国政府邀请胡志明主席赴法协商,同时，在巴黎枫丹白露宫与我国政府举行会谈。

"会谈从6月开始，进行了3个月，未能达成协议。因为，法国死死不肯接受越南的独立权和统一权，9月12日，越南代表团回国，会谈破裂，随时都有爆发全国战争的危险。为了挽救局势，为全民抗战的准备工作争取更长的时间，胡志明主席留在了法国，继续为寻求一种和平解决方案而开展活动。"

"凭借自己的威信，胡主席说服了多数政客，声援越南。法国政府只得派海外部长穆雷签署了包括11项条款的1946年9月14日临时协定，其主要内容为：保证法国在越南的经济、文化权益和法国侨胞的权益；停止双方之间的一切冲突活动；承认尚未完全破坏的现状，双方的协商仍然继续进行……"

看了看大家，阮山强调说："这样一来，胡伯伯迫使法国延后实施其战略意图，我们又胜了它一步！"

压抑不住情绪，郭子吸举手站了起来说："看来，我们只有打了，因为9月14日临时协定只是暂时的。""说得对。"潘函接着郭子吸的话说："3月6日协定是我们的一步忍让，9月14临时协定又做了更多的忍让。以后，他们还会继续压我们，看我们还能忍让到什么地步。只有打了！"

阮山提高嗓门激动地说："大家的考虑是对的。是要打，要像总起义那样，发动全民奋起抗击。但现在还不是打的时候。当然，最坏的那个时间点的到来是不可避免的。因为，法国不会停留在那些未能满足其贪婪欲望的条款上，而我方在触犯到民族权利的问题上，是不会再做忍让的。这是胡志明主席忍让的底线。现在，政府已发动全民紧急行动起来，将一切生产活动转向战事。对于武装力量来说，这是一个特别重要的时段，要为长期的革命战争蓄势蓄力，把游击战与主力作战结合起来，坚决战胜敌人！"

阮山停下来，注视着每一个人，像是要记下即将奔赴激烈战场的每个人的面孔。他一句一句地强调说："即将到来的战事是长期的、无比激烈的。胜利只属于有足够胆略的人。在胡志明主席的天才领导下，我们一定会胜利！"

听完阮山精辟的分析，整个会议室寂静无声。所有的人霍地起立，将手伸向前方。阮山走上前去和每一个人握手。大家无法忘记他那深切的目光和紧握的双手，就像与他们在相约："为了祖国，一步也不后退！"

第五节　诙谐的性格和独特的处事方法

阮山在越南文化背景下出生、成长并接受教育。他按水稻文化的习俗用筷子吃饭，说母语，供奉家祖，遵守家规；他会作诗，写文章，著书，能讲解《金云翘传》和《征妇吟》；他还将越南文化带入用兵之道，懂得视士兵为亲人，视将士为同甘共苦的父子和兄弟，懂得以柔克刚……

许多人都记得阮山的诗句：

　　　　我们出发！

　　　　　无忧，

　　　　　　无恋，

　　　　　　　无悲，

　　　　　　　　无恨，

　　　　无牵无挂！

一个影子渐渐

　　隐没在虚空中……

　　阮山一生中的一多半时间生活在中国。他住窑洞，吃馒头包子，过雪山草地；能熟练地用中文演说以及用中文写文章和演戏，能做到中越文互译，熟知《水浒》和《三国演义》，谙通中国剧作家曹禺的话剧《雷雨》，并被看作是中国京剧的专家。他曾一度打算成立一个京剧团，到越南和中国各地去演出。阮山接受了具有儒家色彩的中国文化，懂得用自己的人格赢得人心，懂得知足，懂得适可而止，懂得忍辱负重。

　　阮山还以自己的战功、韬略和深入部队的作风，以独特诙谐的性格和处人处事方法，给他战斗与工作过的地方及单位的民众、干部、战士留下深刻的美好印象。阮山的许多趣闻轶事，他与乡亲们亲密相处的故事，他在工作和生活中的决断作风等在民众中广为流传。

　　1947年底至1948年初，各战区各战场的干部回到越北根据地大本营开会，总结越北战役的经验教训。

　　一天晚上，冷得无法入睡，越盟军队总部和各战区负责人黄参、黄明草、凭江、黎广波、黎铁雄、阮山等人相约，来到年轻参谋们住的简易竹房，围着房中间的炉火聊天。他们比年轻参谋们也就年长10至15岁。他们围着炉火一边聊天一边吃着烤红薯，有说不完的话题，最后，聊到《金云翘传》。大家都知道，有阮山在，必会说到《金云翘传》。

　　阮山提出，前一个人背《金云翘传》诗里的一句，坐在旁边的人接着背后一句，谁背不下来，就要讲一件趣事或是具有文学内容的事。有一人背不下来就说了一副绕口令式的对联。

第十三章 平易近人和善于团结各类人的司令员

这副对联很符合当时在总部开会的干部的情况。工作人员在《人民军报》春节专栏上讲了这件事。不仅在当时,就是到现在,从未见有人能对上。这就是阮山在抗战时业余生活的一个侧面。

1948年初的一天清晨,约莫刚6点钟,阮山刚刚洗漱完还未吃早饭,第四战区童子军学校的校长武智山就来了。

阮山问他来这么早有什么事?武智山说:"第一是来看望区长,因为很久没见到您了。"阮山笑着表示感谢,然后问:"那第二点呢?"武智山搔着耳朵小声说:"报告区长,这几天,丢了钢笔,没法写字,太难受了,又没有钱买,所以,冒昧地向区长申请钢笔,好回去工作。"阮山问:"那大概得多少钱呢?"接着又补充说:"应该买稍好一点的,这样用得久一些。"武智山说了钱数之后,阮山悄悄地进屋拿了钱,交给武智山并问:"还有第三点吗?""报告区长,没了。"阮山笑了,把武智山留下来一起吃早饭,然后,才让他回去。

这虽然是一件很小的事,但联想到胡伯伯的教导:"上级对待下级要像兄弟一样。"阮山就是随时随地认真落实胡伯伯教导的人。

见到孩子们,阮山非常开朗随和,经常耐心地询问孩子们的学习情况。大家特别喜欢看他骑着马,在农江堤岸上飞奔,还有他双手大撒把骑自行车的样子。

还有人经常讲起阮山当主婚人的事,一位东来西往、走南闯北的老音乐家夸奖阮山做主婚人时说:"他逼我们作诗,就像逼曹植7步作'两牛相斗'诗一样。"阮山则说,以诗表达,更能抒情,更加深沉。

1948年10月9日,给阮山授衔的仪式结束后,童子军学校全体人员马上行军转移,以防敌机轰炸。行动是从半夜开始的。过农江桥时,走在前面的小学员们突然拥堵在一起。原来,阮山正站在桥头迎接大家。队伍中所有的小伙伴一一被他"抓"到怀里。他用胡须刮蹭孩子们的脸颊。每个孩子都既害怕又喜欢,嘎嘎大笑。有的孩子特别兴奋和激动,伸出双臂抱住这位学校开创者的脖子,亲吻他的脸颊和额头。此时,已完全没有了战区司令员与小战士之间的距离,而完全融入父子间真挚的骨肉之情中。

还有一次,学员们走过架在灌溉渠上的桥时,阮山停下来,站在那里,每一个学生走过,他都拥抱亲吻一下,用胡子蹭一下学生的脸颊。于是,当时阮山的胡子被写入了歌曲:

山伯伯的胡子,山伯伯的胡子,那胡子蹭上去真郁闷!

山伯伯的胡子,山伯伯的胡子,蹭到脸上可真疼!

还有什么比得上伯伯来到身边,

还有什么比得上伯伯多多的亲吻,

啊!浓密的胡子,多么可怕!

《山伯伯的胡子》这首歌已经快70年了,歌曲的作者是陈庭川。他在第四战区童子军学校服务了一学年,然后,告别学校,到第四战区卫国军宣传队,当了一名手风琴手。歌词和歌曲中凝聚的深厚情感,仍然陪伴着第四战区童子军学校的老学员们。这歌词传到阮山耳朵里,他也喜滋滋的。

第十四章
担负重任第三次来到中国

- 第一节　中国援越抗法进入新阶段
- 第二节　与中共中央联络代表的深厚友谊
- 第三节　让越北解放区华侨记忆深刻的报告
- 第四节　越南边界战役取得重大胜利
- 第五节　前往新中国的首都——北京接受新任务
- 第六节　患难夫妻终重逢
- 第七节　千里姻缘魂断中南海

第一节　中国援越抗法进入新阶段

1949年4月22日，中国人民解放军渡过长江，并向广西、云南进军，逐渐逼近中越边境。胡志明认为，争取中国支援的时机已到，便写了一封致周恩来、邓颖超的请求帮助的信，派遣洪水的老战友、曾经长期在中国工作的李班（中国名字是李碧山）、阮德瑞分水陆两路前往北京。

李班走水路，越过法军封锁线，10月底，到达尚未解放的广西北海港，乘船经香港、青岛，又走了两个月，年底到达北京。12月初，阮德瑞徒步走陆路，从芒街过境到广西东兴，然后于年底到达北京。

他们通过中央统战部转送了胡志明的密信，并介绍了越南抗法战争的情况。这时，毛泽东已于1949年12月16日前往苏联访问，刘少奇主持中共中央的工作。所以，密信交到刘少奇手里。请示毛泽东后，刘少奇立即以中共中央的名义致电印度支那共产党中央，希望越方派一个政治上负责的代表团来北京讨论和决定有关问题。

1949年12月11日，解放军把五星红旗插上中越边境城市凭祥的睦南关城楼，广西全境解放，也解放了全部中越边境地区，使越南的周边形势发生了根本变化。这更加坚定了胡志明亲自到中国访问的决心。1950年初，在陈登宁的陪同下，他们徒步离开越北根据地，经过200多公里穿林、爬山、涉水的艰难行军，在10余天后的1月16日，进入中国境内，30日到达北京，进行秘密访问。刘少奇亲切接待了他，告诉他，中方已决定派罗贵波担任中共中央联络代表，正好在你到中国的同一天，他离开北京，前往越南。胡志明要求也到莫斯科去见斯大林、毛泽东、周恩来。经请示中苏领导人同意后，2月3日，胡志明离开北京，2月6日，到达莫斯科。

到达莫斯科后，胡志明请求斯大林给予军事援助，并派军事顾问团支援越南。经苏中越三方会谈，决定由中国援助越南的抗法战争。于是，胡志明向毛泽东、周恩来谈了希望中国派顾问团和两国互派联络代表的想法。关于越方代表的人选，提到了洪水。

毛泽东、周恩来说，中国革命刚刚取得胜利，医治战争创伤和经济恢复任务十分艰巨，百废待兴，所处国际形势又十分严峻；然而，本着无产阶级国际主义精神，中国还是决定援越抗法。朱德、叶剑英、聂荣臻等几位军委领导人一致推荐时任中央军委办公厅主任的罗贵波担任中共中央联络代表，到越南了解情况，向中共中央提供决策情报，以便提供援助。此事也向印度支那共产党中央作了通报。

1月16日，正是胡志明秘密访华到达中越边境的同一天，罗贵波偕秘书、警卫、电台和机要人员从北京出发，2月26日，在广西靖西县越过中越边界，进入越南丛林地带，同样经过200多公里的穿林、爬山、涉水约10余天的艰难行军，来到越北解放区。3月9日，洪水同武元甲总司令、黄文泰总参谋长一起到越北解放区边界迎接罗贵波。看到红军时期的老战友、老同事、老朋友洪水，罗贵波又高兴又惊奇。

2月17日，胡志明与毛泽东、周恩来结束访苏，一起启程回中国，3月4日，回到北京。在返程的火车上，他们再次就

第十四章 担负重任第三次来到中国

中共中央联络代表和未来中国顾问团的地位、任务、工作方式和越方也派联络代表一事交换了意见。毛泽东、周恩来都表示，欢迎洪水到中国来，在两党、两国、两军之间做联络工作，同时，告诉他，中共中央已经派罗贵波担任中共中央联络代表，并详细介绍了罗贵波的情况，还开玩笑地说，罗贵波和洪水在瑞金中央苏区的红军学校、红军大学就在一起工作，长征时，都在中央干部团，非常熟悉，现在，又做同样的工作，真是天意。

3月10日，罗贵波到达越北根据地，立即与印度支那共产党中央总书记长征、政府副总理范文同、国防部长武元甲等人会见。次日，胡志明刚从北京赶回到越北根据地就会见了罗贵波。

会见时，胡志明提出，越方也希望派一个联络代表到中国，以加强越中两党、两国、两军的联络，更好地沟通情况，协调援越抗法的有关事宜，最好的人选是洪水，此事已同毛主席、周总理口头商议过了。他决定派遣秘使携带他的亲笔信到北京，通报已经见到罗贵波及其正式开展工作的情况，提出援越的项目、数量和交接时间以及关于洪水返回中国担任越方联络代表的正式书面意见。

罗贵波立即把胡志明的意见向中共中央汇报。毛泽东、刘少奇、周恩来、朱德都表示同意。不久，罗贵波便得到答复，同意安排洪水去中国，但一定要与胡志明主席、印度支那共产党中央协调好，并注意洪水的安全。

第二节　与中共中央联络代表的深厚友谊

听说红军时期的老战友、老同事、老朋友罗贵波到越南来担任中共中央联络代表，洪水非常高兴。3 月 9 日，他特地从第四战区赶到中越边界迎接罗贵波。

在中央苏区时，1932 年初，洪水调到红军学校当教员。1932 年夏，罗贵波入红军学校上级干部队学习，后任红军学校政治总教官。从此开始，洪水就同罗贵波一起担任红军学校的教员。

罗贵波是设在赣州的江西省立师范学校的学生，后因参加学生运动而肄业。洪水是河内北圻师范学校的学生，也是因参加学生运动而肄业。他们有相同的学历和学运经历，在一起共事一年多的时间里，有许多共同语言，所以，很谈得来。

1933 年 11 月 7 日，红校改名为红军大学，洪水的主要精力用于工农剧社的工作，但仍在红军大学兼课。罗贵波则调到彭杨步兵学校（纪念彭湃、杨殷而命名）任训练处副处长、政治总教官。他们在瑞金仍可以经常见面。特别是，罗贵波经常观看工农剧社的演出，对洪水所从事的军队文化宣传工作很感兴趣，也十分赞赏他的工作。

1934 年 10 月，长征开始后，他们都编入中央干部团，洪水在直属队，罗贵波任中央干部团 3 营政委、上级干部队队长和政委。他们一起从于都县出发，冲破敌人的 3 道封锁线，过湘江，突破敌人的第 4 道封锁线，共同担负中央领导机关及遵义会议的警卫任务，共同在遵义农村发动群众参加红军（扩红），筹粮筹款；一起参加了四渡赤水、强渡乌江、抢占皎平渡口、巧渡金沙江及其有关的激烈战斗；一起翻越夹金山雪山。洪水是越南人，罗贵波是江西人，两个人都非常怕冷，翻越天寒地冻的大雪山时，面对食不果腹、衣不避寒的共同感受和困难，两个南方人咬紧牙关，硬是挺了过去，胜利爬过大雪山。之后，罗贵波随中央红军主力北上，洪水留在红四方面军。

到达陕北后，罗贵波任红军大学第三科（又称中央红军教导师）政治部主任。洪水在红军大学第一科和抗大二期学习。这样，更是经常见面。洪水是个活跃分子，喜欢打篮球，还是女子篮球队的教练，因此，在延安的篮球场上，罗贵波也可以经常看到洪水的身影。

抗日战争爆发后，罗贵波担任八路军第一二〇师政治部民运部部长，洪水在八路军政治部民运部总部工作，也干着相同的工作。1938年，罗贵波到晋西北，任区党委副书记、第一二〇师358旅政委，参与领导创建晋西北抗日根据地。洪水则到晋东北，参与创建晋东北抗日根据地。

1945年4月，罗贵波作为晋绥解放区的代表到延安出席了中共七大，还是大会代表资格审查委员会成员。因此，洪水旁听大会，罗贵波早就知道，并为洪水高兴。在近3个月的会议期间，他们在一个礼堂听报告，一起开小会、学习文件和参加讨论，经常能互相交换意见，交流各自解放区的经验教训和各自的经历。尽管是参加七大期间，洪水也不忘打篮球，在延安的篮球场上，仍然可以经常看到他的身影。6月11日，中共七大闭幕，罗贵波返回晋西北，洪水则准备返回越南，两人才真

第十四章 担负重任第三次来到中国

正告别。

洪水和罗贵波离别仅仅5年，中国和越南都发生了翻天覆地的变化：日本投降、越南八月革命成功、越南民主共和国建立；中国取得三大战役的胜利和解放战争的全面胜利，中华人民共和国建立。谈起这些来，这一对过去的老战友、老同事、老朋友，真有说不完的话。特别特殊的是，在洪水的祖国越南重逢，更是意想不到，也更亲切和兴奋。

洪水向罗贵波介绍越南革命和抗法战争的情况。罗贵波向他介绍自己这次到越南来的任务和出发前洪水十分熟悉的中国领导人刘少奇、朱德、周恩来与之谈话的内容：

出发前的一天，罗贵波被通知去见刘少奇。见面时，刘少奇说，印度支那共产党中央、胡志明主席要求我们援助他们的抗法救国斗争。经毛主席批准同意，中央决定派你去，担任中共中央驻印度支那共产党中央联络代表，然后，交待了3项任务：一是感谢越南同志在中国革命战争时期对我们的支持和帮助；二是建立两党中央的联系；三是到越南后详细调查研究越南目前的情况，以便中央确定对越南抗法战争进行帮助的具体方针和计划。

临行前，朱德、周恩来接见了他。朱德说，越南党和人民在农村和山区坚持抗法战争，情况很困难，斗争很艰苦，你去了以后，要好好了解情况，看看他们需要什么援助，采取什么方式援助为好，3个月后回来，向中央汇报。

即将前往莫斯科陪同毛泽东访问苏联的周恩来则指出，1945年9月，越南民主共和国成立以来，还没有得到任何一个国家的承认。现在，中央正在考虑同越南建交。如果中国承认了，苏联以及东欧国家也可能陆续承认越南民主共和国。这对于他们打破孤立、提高国际地位很有好处。

武元甲大将（右三）与洪水（右四）接见罗贵波

果然，1950年1月18日，罗贵波出发后两天，中国政府就宣布承认越南民主共和国并建立外交关系。接着，苏联、东欧国家、朝鲜、蒙古也相继承认越南民主共和国并宣布建立外交关系。越南的外交局面就此打开。

罗贵波还介绍了中国解放战争的情况和新中国建立后的新形势新任务。

此后，只要有时间，两人就会一起共忆当年共同工作和战斗的情景，共议洪水所熟悉的中国领导人的情况；就会聚在一起说说笑笑，说那些无穷无尽的话题。

第十四章 担负重任第三次来到中国

有一次，越南方面接待中国代表的人员忽然听到洪水和罗贵波两位首长吵起来了，而且，声音越吵越大，不知发生了什么事情，急忙跑去向领导汇报说，阮山将军同中国代表吵起来了。这位负责人以为发生了什么情况，着起急来，马上放下手中的工作，立即向中国代表的驻地跑过去。他跑进门一看，不禁惊讶地停在了门口。原来屋子里的两位首长，每人一只手里抓着一把扑克牌，另一只手相互比划着，一个要抢，一个在躲闪，两个人同时都大声吵嚷着，互不相让，真像两个大孩子。看到这个场景，跑过来的工作人员站在门口，都禁不住偷偷笑了。

罗贵波听说，在胡志明主席秘密访华期间，印度支那共产党召开了第二次全国代表会议，向洪水了解情况。洪水作了说明：

会议是由总书记长征主持，主要议题是在中国革命取得全国胜利的形势下，越南必须积极准备，从艰苦的相持阶段转入总反攻。那时的形势是，中国人民解放军迅速南下，到达中越边境，使越北根据地从南北受法军夹击、法军背后又是中国国民党军队作后盾的被动中，转为背靠解放了的新中国、夹击法军的局面。这样沿中越边境的法军封锁线反而成了孤岛。

出席会议的人员精神振奋，认为可以全面反攻了，亟盼在国际支援下争取尽快取得抗法战争的胜利。但在大小会议上，洪水坦诚地多次反复发表意见，总的精神是，目前，还不到战略反攻阶段，仍是战略相持阶段，要发动总反攻还有许多问题尚待解决。

据此，他向印度支那共产党中央提出了战略相持阶段的若干战略战术的建议，原则是要一仗一仗地打，积小胜为中胜，根据条件，打几场大仗，积中胜为大胜，待法军力量大大削弱之后，视我方力量、中国支援的可能性和国际形势的发展态势，再判断是否到了战略反攻阶段，决不能操之过急。

9月初，中越双方正式决定，派洪水到中国，加强越中两党、两国、两军的联络。洪水也从第四战区回到越北解放区。因为还要通过法军的封锁线，还要走很远的路，罗贵波对洪水的安全不放心，于是，亲自护送洪水到中越边境。洪水第三次来到中国。

第三节　让越北解放区华侨记忆深刻的报告

曾任中国援越政治顾问团的翻译、中国外国语大学教授、2016年去世的的文庄讲了一个洪水给在越北解放区的华侨做报告的故事：

1950年1月，作为华侨工作机关的代表，文庄也出席了印度支那共产党第二次全国代表会议。在会上，他第一次见到洪水，而且住在丛林会场的同一排草房里。他说，洪水是一位中等身材的汉子，皮肤棕色透红，一头卷曲的长发，双眼炯炯有神，语音洪亮，说话干脆利落，手里常常拿着一个烟斗；给人印象最深的是，同他一见如故，用中国话大声招呼和攀谈，不带一点越南口音，连神态也酷似一位中国同志，与周围言谈举止比较沉稳的越南干部明显不同。会议期间，阮山还拉他同一些熟悉的越南干部照相。

这次会议后不久，他约洪水到越北的中央华侨工作机关给华侨青年作报告。洪水高兴地来了。在草棚会议室里，几十位华侨青年干部坐得满满的。他侃侃而谈，海阔天空，从国际形势讲到中国解放战争、越南抗法战争；又讲青年的学习与修养，强调学习了书本知识要善于消化，联系实际。他说，好比吃饭，吃下去不消化，拉出来还是饭，那就不好，引得哄堂大笑。他指着自己粗硬的头发，自称是张飞，又一阵笑声。讲完话后，他又无拘束地同文庄谈了很久才离去。

第四节 越南边界战役取得重大胜利

1950年3月中旬，中共中央派出罗贵波作为联络代表后不久，在毛泽东、刘少奇、朱德亲自关心指导下，中共中央组建援越军事顾问团的工作紧张地展开了。由韦国清手持刘少奇的亲笔信，向四大野战军首长请示，请他们为军事顾问团选派干部。

韦国清参加了1929年的广西百色起义，1931年7月，进入中央苏区。1932年，与洪水同时进入瑞金红军学校，洪水是教员；韦国清先是学习，后任连长、军事教员，曾经共同工作，朝夕相处。红军大学成立后，韦国清先在上级指挥科学习，毕业后，任红军大学的党总支书记，洪水则在红军大学兼课。虽然韦国清非常沉稳，不太活跃，但一有时间，他还是去观看工农剧社的演出，十分赞赏洪水的能力和工作。长征时，他们都在中央干部团，韦国清任特科营营长，共同的战斗经历加深了他们之间的了解和友谊。在一、四方面军会师后，韦国清留在红一方面军,他们暂时分开了。红一方面军到达陕北后,韦国清参加了直罗镇战役,身负重伤,伤愈后,也进入红军大学学习;洪水也在红军大学学习,只是不在同一科,但他们仍然是谈得来的很要好的学友。红军大学毕业后,洪水留在学校,继续抗大二期的学习,韦国清任红军大学教导师特科团团长,也能经常见面,直到洪水分配到八路军政治部民运部后前往山西前线,两人才真正分开。

当时,各野战军的领导都在北京开会,韦国清先找到了第二野战军政委邓小平。邓小平看过刘少奇的信后爽快地说:"这样吧,你一个一个去找太辛苦了,我们一起去找他们商量一下。"邓小平和韦国清一起来到林彪住处,邓小平对林彪说:"中央决定派军事顾问团去越南,韦国清来请我们各个野战军选调干部,少奇同志还写了信来,我们一起到彭老总那里商量一下如何?"林彪表示同意,于是一起到了彭德怀那里。彭德怀满口答应地说:"现在,国内战争基本上结束了,你们要什么干部,就给什么干部,要多少给多少,我们全力支持。"林彪表示同意彭德怀的意见。然后,他们在一起进行了商议。

韦国清将商议结果向刘少奇作了汇报。刘少奇表示同意,让韦国清再征求一下聂荣臻的意见,最后报毛主席批准,由中央军委发个通知。

4月17日,中央军委下发命令:第二、三、四野战军各抽调一个师的全套干部参加赴越军事顾问团。同时确定,由第三野战军调集干部组成顾问团团部班子,由第四野战军抽调一个军事学校的班子担任越军军事学校的顾问。4月26日,中央军委再次指示西北、西南、华东、中南军区和军委炮兵司令部,要求增调营以上干部13名,参加军事顾问团,准备担任越军高级指挥机关和部队的顾问或助理顾问。第三野战军副司令员粟裕和韦国清商议后，确定由当时设在南京的华东军政大学第三总队的领导干部组成顾问团团部，由总队队长梅嘉生担任韦国清的主要助手。

7月，中央先命令时任解放军第四兵团司令员兼政委、西南军区副司令员、云南省人民政府主席、云南军区司令员的陈赓作为中共中央代表前往越南。他带了一个强大的顾问班子，包括军、师、团级干部10余人，准备协助越南人民军总部组织中越边界的边界战役。

陈赓是黄埔军校一期生，洪水是四期生，是学长学弟关系；陈赓参加了南昌起义，洪水参加了广州起义。1933年5月，陈赓进入瑞金中央苏区，任彭杨步兵学校校长，洪水任工农剧社社长并在红军大学兼课。那时，陈赓30岁，洪水25岁，两个人的性格极为相似，都豪爽、活泼、好动，在瑞金是出了名的，因此，成为无话不谈的非常好的朋友。长征时，他们都在中央干部团，陈赓是团长，共同的战斗经历更加深了他们的友谊。在一、四方面军会师后，陈赓留在红一方面军，洪水去了红四方面军，两个亲密无间的朋友才分开。后来，他们都在抗大二期学习，陈赓在第一大队，洪水在第二大队，虽不在一个大队，但经常见面，在一起听课听报告，共同度过了半年的学习生活。得知陈赓已到越南来担任顾问，洪水特别高兴。

8月12日，韦国清率领中国军事顾问团顾问79人和随行人员250人秘密进入越南，同陈赓会合，协助越方组织边界战役。中国军事顾问团到越南后，陈赓是总顾问，韦国清是他的主要助手。两个人都是洪水的老战友、老朋友，见到他们，洪水非常兴奋，有说不完的话。

得知中越两国将联合组织边界战役，洪水知道这是一场具有重大意义的战役，又是他在中国时的老领导和老战友来协助指挥，他非常希望参加这一重要战役。但中共中央和印度支那共产党中央已经决定让他返回中国，这也是一项非常重要的特殊使命，所以，他非常遗憾地告别陈赓、韦国清，回到第四战区交接工作。

洪水与黄明草大校举行了工作交接仪式。他的秘书明江详细记录了在第四战区司令部交接工作的情况。这篇通讯在《巨稔报》上满满登了两页，准确而清楚地记下了洪水对在场的军队干部的讲话。洪水深情地说："在从清化到承天这么大的一个战区的司令岗位上，我作为指挥员，当然难免有缺点，但不管怎样……在只能自力更生而不能依靠任何人帮助的情况下，在困难重重的路段上，为铺设头一段路轨，我还是作出了努力。"讲这段话的时候，他的语调非常低沉和惆怅。

在边界战役发动之前，洪水又很快回到越北根据地，并在越盟军队上上下下准备边界战役的紧张气氛中，再次告别胡志明和印度支那共产党中央其他领导人，告别陈赓、韦国清率领的中国军事顾问团，于9月初前往中国。

在边界战役中，印度支那共产党中央常委采纳了陈赓、韦国清和顾问团提出的作战方案。中国军事顾问配到越南人民军营级战斗单位，由中国提供所需的弹药和粮食。

9月16日，越军按预定计划向东溪发动进攻。9月18日，首战告捷，全歼东溪守敌300余人，活捉法军指挥官。东溪守敌被歼后，高平市守敌弃城南逃，欲与七溪2000名北上救援之敌会合。陈赓指挥越军在东溪附近布置袋形伏击圈，首先消灭逃敌，尔后，再歼援军，共歼法军 8000 余人，生俘法军 3 名上将，缴获大批粮食和军事物资。河内市的法军司令部为之震惊，急命七溪、那岑、同登、谅山、老街守敌南撤，退守红河三角洲防地，致使北部边境的法军防御体系全线崩溃。

边界战役打通了长达 1000 公里的中越边界，解放了高平、谅山、老街、太原、和平 5 省，把越北根据地与中国直接连成一片。边界战役的胜利也使越北战场局势发生了根本性变化，战场的军事主动权在一定程度上转移到越南人民军手里，为越南抗法战争由战略相持阶段转入战略反攻阶段奠定了基础。

边界战役后，9 月 24 日，罗贵波回到北京，来到毛泽东居住的丰泽园汇报工作。刘少奇、周恩来和朱德也在座。听完了罗贵波的汇报后，毛泽东从沙发上站起来说："越共长征同志来电报，催你尽快返回越南。胡志明希望你当他的总顾问。你要做好在越南长期工作的思想准备。"刘少奇插话说："原定你在越南工作 3 个月，现在，看来不行了，作长期打算吧。"毛泽东又说："我们根据越南的情况决定援越抗法，向越南提供军事和财政援助，并派顾问。这是国际主义和爱国主义的具体体现，意义重大，十分光荣。"

完成边界战役的战后总结后，陈赓回国。韦国清成为中国军事顾问团团长，一直到 1954 年的奠边府战役取得完全胜利。罗贵波返回越南后，任中国政治顾问团团长。

第五节　前往新中国的首都——北京接受新任务

1950年9月初，边界战役之前，洪水的老部下陈度（后为越南人民军中将）被胡志明、印度支那共产党中央和越南人民军总部派往中国，为送越南部队到中国训练做准备。越南有关方面安排洪水与他们同行。陈度永远记着洪水在路上的故事：

罗贵波把他们护送到中国靖西县边界，中方派吉普车接他们去南宁。

一行人都感到十分高兴。

上了车，洪水对陈度说："这回，我和你们一块儿去中国！"

陈度说："能和你同行，太高兴了。"

途中，他问洪水："为什么你要求返回中国呢？"

"中国也是我的祖国呀。"

"那你回中国打算做什么？"

"我准备成立一个京剧团。我将作为团长率团到世界各国访问。"

洪水还向他讲述了关于京剧的知识。

从靖西到南宁有几百公里路程，要经过一段不安全的地区，那里还有许多土匪和国民党军队的残兵，还要越过一个叫"摩天岭"的隘口。

洪水解释说，"摩天岭"就是戳天的山，在中国有很多。

第十四章 担负重任第三次来到中国

陈度说，以前，我读过的中国故事里就有这个名字，今天实际经过，我觉得既有趣又冒险。

靖西县的解放军有关单位留他们住宿，说是需要安排周到的行程。

第二天启程时，他们送洪水、陈度上了一辆标有"特等安全"的车。

洪水告诉陈度："这车可好了。中国的安全分几个等级，乘这种车属于最高安全级别，司机要特棒，在很长时间内不发生碰撞、不出现事故的才能封为'特等安全'。中方爱护我们，才做出这样的安排。"

开车的几个司机果真很棒。里面还有一名是连长。他宣布说："路途中，请洪水同志担任指挥长直接指挥，我们一定听从您的命令！"

洪水推辞说："不行，我是客人。指挥是你们主人的事，你们的部队怎么能由我指挥！"司机坚决不肯让步，洪水只好接受，担任指挥。

10来辆车的车队穿越摩天岭，能看到被抢劫的卡车残骸翻倒在道路两旁，凌乱的衣服抛散在卡车周围，就是看不到人。

车队临时停下来，司机报告接下来的行车计划。

洪水派一个排先行，占领可以控制射程直径区域的制高点。车队随后前进。

这样交替而行，越过几十公里的路段。

司机开足马力飞驰。每当下坡时他就熄火。这是一种非常冒险的开法。汽车冲下去，就会像石头滚下山坡。如果路不熟，司机不机敏不稳当，就难免发生灾难。

洪水也紧张得够呛，悄悄地对陈度说："我太怵这家伙了！老子天不怕地不怕，就怕开车的这家伙！"

他只得告诉连长，提醒这位司机，尽量减少这种太过冒险的开法。

此后，下坡时，汽车就不再熄火了。

但司机急急火火的性子仍然不减。路上一个弯接着一个弯，而汽车就像自动控制的机器一样快速稳当地驶过。

必须承认，这名司机开得很棒，就像艺人驾车一样，让坐车的人既惊怕又感到很刺激。

车队持续走了3天，经常夜间在某个市镇停下来歇歇脚。洪水就趁机邀陈度去喝酒。他说："该弄杯酒喝了！你跟我去！"

陈度答应了，但说："我去，但不能喝酒，我陪你坐着，你就自己喝吧！"

洪水坚决不听，强迫陈度必须喝。陈度在心里说，这真是件苦差事。

到南宁后，洪水和陈度被接进一栋别墅。

第一个来看望洪水的是接替陈赓担任广西省委书记、广西省人民政府主席、广西军区司令员兼政治委员的中南行政委员会副主席张云逸。

1931年冬，在瑞金中央苏区，张云逸任中革军委副参谋长兼作战局局长。而洪水就是由中革军委决定，从闽西汀连纵队于1932年初调到红军学校任教的。在瑞金的一年多里，他们经常见面，甚至在一座楼里办公。洪水是外国人，在红校和红大能说会道，授课水平高，受到学员们的好评和欢迎，加上工农剧社在中央苏区有相当大的影响，洪水在中央苏区干部群众和红军指战员中的知名度很高。张云逸也经常观看工农剧社的演出，对洪水的文化宣传工作很满意。1934年1月，他们共同参加了中华苏维埃共和国第二次全国代表大会。会上，洪水被选为中央执行委员会委员，也有张云逸的一票。

1933年后，张云逸任红军总司令部和红一方面军司令部副参谋长兼作战部部长；1934年10月，长征开始后，他任中革军委副参谋长兼作战局局长，洪水则编入中央干部团，一起随中共中央、中革军委机关长征，所以，途中经常能遇见。到陕北后，张云逸兼任红一方面军副参谋长，1936年12月，任中央革命军事委员会委员；洪水则在红军大学、抗大二期学习，然后，到八路军总部民运部工作。在延安期间，他们更能时常见面。洪水喜欢打篮球，因此，在延安的篮球场上，经常可以看到洪水的身影。所以，张云逸和洪水可以说是老熟人了。

1936年底，张云逸离开延安，两人告别，至今已有14年多未见。两人相聚甚欢，兴高采烈、海阔天空地聊了起来。而陈度则一直旁听，直到最后一分钟，洪水才简短地告诉他，明天去广西军区见一个司令员。

"就跟我说这么一句！"陈度心里暗暗感叹。

因为张云逸还邀请洪水在南宁观看京剧，所以，洪水对陈度说："过几天，你和我一起去看戏，我给你讲解，好让你懂得京剧是怎么回事。"

第二天，陈度打算去广西军区谈工作，向洪水抱怨说："我不懂中国话，又没有翻译！"洪水连忙说："我给你当翻译，但你准备与军区商谈什么，要事先说给我听，我来翻译。"

陈度就告诉洪水需要商定的事项有：越方何时送部队来中国，部队在什么地方吃饭睡觉，伙食和供给制度如何，怎样领取武器，训练日程如何等等。

听陈度讲完，洪水说："唔，这就行了。"

过了两天，洪水、陈度来到广西省军区会见正在广西剿匪的中国人民解放军第13兵团第一副司令员、省军区副司令员李天佑。

李天佑和洪水相互问候，谈笑风生，极为开心。原来，他们也是红军时期的老朋友、老战友。

1931年7月，当时任红七军第58团副团长、年仅18岁的李天佑进入瑞金中央苏区。半年后，23岁的师级干部洪水也调入瑞金，在红军学校当教员。1932年5月，伤愈后的李天佑升任第58团团长，不久，到红军学校上级干部队学习。红军学校的师生没有什么区别，半年多的时间里，两个年轻人朝夕相处，特别谈得来，建立了深厚的友谊。

1933年1月，李天佑于红校结业，编入红三军团，参加第四、第五次反"围剿"战斗。每次返回瑞金休整，都能看到洪水领导的工农剧社的慰劳演出。洪水在台上演，李天佑在台下看，散戏后，还能谈上几句。长征开始后，20岁的李天佑任红五师师长，作为红三军团的前卫，先后突破了敌军的3道封锁线，为红三军团主力打开了通道。在随后进行的湘江之战中，面对数量和武器装备都占绝对优势的敌人，李天佑毫无惧色，在广西灌阳新圩阻击阵地坚守三天三夜，终于保住了红军向湘江前进的通道，掩护洪水所在的中央机关纵队渡过湘江。

抗日战争爆发后，李天佑任八路军一一五师第343旅686团团长，和洪水所在的八路军政治部民运部一起来到晋东北。1937年9月23日，李天佑所率686团作为主攻团参加了举世闻名的平型关战斗。洪水在五台县东冶镇做创建抗日根据地的工作，利用平型关大捷宣传和发动群众。

1945年4月，李天佑作为山东解放区的代表到延安出席了中共七大，洪水是旁听代表。在近3个月的会议期间，他们在一个礼堂听报告，一起开会、学习文件和讨论，经常能互相交换意见，交流各自解放区的经验教训和各自的经历。尽管正在参加七大，洪水也不忘打篮球，因此，在延安的篮球场上，李天佑也可以经常看到洪水的身影。6月11日，七大闭幕，两人告别。李天佑奉命去东北，洪水准备返回越南。

别后仅仅5年，两国的革命形势就发生了翻天覆地的变化。谈起这些来，这对过去的好朋友，真有说不完的话。

他们热烈交谈，陈度又是充当旁听的角色。过了好一会，洪水开始向李天佑谈及越方提出的事项。

半个小时过去，洪水对陈度说："好了，完事了，回去吧！"顿了一下，他又说："好了，这样吧，你拿本记一下，我和李天佑司令员商量好了越方部队来华的时间问题，军服军需问题，伙食和零用费制度问题；训练干部、专家、顾问何时到达及如何接待问题；3个月的集训，哪天开始哪天结束的问题。"最后，洪水说："好了，你事先做了通报，根据这些内容，我与中方都商量好了。所有的问题都商量妥了，你照办就行了。完事了！回去吧！"

真是一个"老子"翻译！陈度心里又暗暗感叹。

后来，陈度又想，整个会见，我不用说一句话，也不用问一个问题，确实是旁听者。洪水这么做也对。因为他的见识涵盖了我要提出的问题，他的汉语像越语一样熟练。如果逐句翻译，只会重复、烦扰、费时无益。那些需要处理的问题，他懂的比我自己参与的要多要准确。他的方式既干脆利落又达到了要求，不存在丢面子的问题。陈度的心里也就轻松了。

又一天，张云逸书记、李天佑司令员同洪水、陈度以及越南来的工作人员一起去看京剧。在等待开演的时候，张云逸邀请洪水上台讲话。

陈度好奇地问洪水："他叫你讲什么啊？"

洪水微笑着说："他叫我讲过去参加长征的事。那时，每次看文艺演出，等待开演的时间，常常是我上去给观众讲话。但现在，在这里，我怎么能讲啊。"张云逸仍然一个劲儿地催洪水上去讲话，最后也没讲。

看京剧表演时，洪水边看边给陈度讲解，让陈度懂得演员每个动作表达的是什么意思。陈度后来说，洪水的理解很老道，有很精深的欣赏水平。

任务完成了，陈度要返回越南，洪水则要继续他的行程。中国方面为他们设宴送行，也是为洪水送陈度回国提供机会。

宴会备有酒水，被送的人要饮酒答谢主人的盛情。对陈度来说，这简直是一种"极刑"，他喝不了酒，就是喝啤酒也难受。到中国以后，每次有人请喝酒，他都是举起杯又放下。

今天，洪水坐在陈度旁边诈他："喂，人家请你，你不努力喝，岂不是瞧不起人家吗？我们想依靠人家，就得尽力让人家高兴呀！"

想想这话也有理，陈度就不敢推辞了。洪水又逼他："你喝酒却不干杯，那哪里行呀！大大方方地干掉，才能让人家高兴嘛！"

散席后，陈度紧紧抓住楼梯的扶手挪蹭着才回到卧室。

第二天早上，洪水笑嘻嘻地问他："怎么样，昨晚回去，感觉怎么样？"看着洪水兴奋的表情，就像在说他开的一场玩笑得逞了。

分手时，陈度非常抑郁，心里想，一个祖国正需要的人却离开了！洪水留给陈度的是缠绕心头的惋惜和眷恋。后来，他回忆说："这次到中国的整个一路，洪水对待我都非常真挚亲切并且极具洪水的个性。"

9月中旬，洪水到达北京，被安排在中共中央统战部二处越南组任负责人。统战部长是中共中央的老资格领导人李维汉，副部长也是中共中央的老资格领导人王稼祥。他们在瑞金中央苏区和长征途中就十分熟悉洪水。对洪水到中央统战部工作，他们都表示欢迎，并安排他负责与越南和印度支那共产党的联络工作。当时，中央统战部在中南海办公，毛泽东、周恩来就安排他住在中南海，又方便工作，还可以与中国领导人经常见面，促膝谈心，真正起到联络代表的作用。

第六节　患难夫妻终重逢

华北实验保育院开进北平后，院址选定在鼓楼西边的果子市大街一号（现西藏自治区驻京办事处）。因为它的前身延安第二保育院是1945年6月1日在延安正式成立的，经教育部批准，就更名为北京六一幼儿院。小丰和小越跟随保育院进城后，都在六一幼儿院生活。

新中国刚建立，中央各大机关、解放军各总部纷纷迁进北京，大量的学龄前儿童也随之进京。六一幼儿院的在院儿童一下子增加了好几倍。许多工作需要安排和组织，例如，房屋需要修缮；孩子的生活设施需要添置；教学计划需要制定；粮油供应、服装制作、冬季取暖等等一系列问题都要着手解决。任副院长的陈剑戈的工作压力比起战争环境大得多。她整日忙碌，两个孩子只是星期六晚上接回来住一夜，星期天下午又送回到班上去。

1950年9月下旬的一天，一个陌生的男同志到六一幼儿院来找陈剑戈，非常客气地自我介绍说："陈剑戈同志，我是中央统战部二处越南组的洪左君……"

一听"越南"二字，陈剑戈的心不由得紧张起来。她请洪左君在办公桌对面的椅子上坐定，又给他倒了一杯开水。陈剑戈不敢说，不敢问，只是焦急地看着洪左君的表情，想从他的目光里看出一点端倪。短短十几秒，陈剑戈却觉得十分漫长。洪左君用眼睛扫视了一下办公室。陈剑戈猜测他是在寻找开场白。他越是不说话，陈剑戈的心情就越紧张。

"洪水同志来中国了。"他终于开口了。

陈剑戈木讷地附和道："是吗？"

轻轻地出了一口气，洪左君接着说："洪水同志在越南又结婚了。"

他停顿了一下，观察陈剑戈的反应，未再说下边的话。顷刻间，陈剑戈感到天旋地转，好像一把铁锤敲在头上，又好像一双冰冷的手紧紧攥着自己的心脏。她的全身都僵住了、麻木了。她能说什么呢？

"洪水同志到北京后才听说你和两个孩子还活着。他又惊又喜，急于见到你们。可是现在的处境让他为难。好在他的越南妻子暂时还没有来中国。他说，想听听你的意见，再做决定。"

第十四章 担负重任第三次来到中国

洪左君非常坦诚，但又非常拘谨地解释着。

陈剑戈晕晕糊糊的，后来双方都说了些什么，也记不得了。

临走时，洪左君说了一些安慰陈剑戈的话，要她多保重，还说洪水同志近日要来幼儿院看你。

洪左君走了。陈剑戈一个人呆呆地坐在办公室里，欲哭无声，欲泣无泪。

1948年，陈剑戈曾听到传闻，说洪水在越南又结婚了，但她不相信。因为洪水离开延安时，主动而真诚地对她说，回到越南，他不会再结婚。他还说，待到祖国解放的那一天，会回来同他们母子团聚。

传言被证实了，而且又添了新乱。陈剑戈想，洪水从哪里听说我和两个孩子都被炸死了？百思不得其解，思绪乱成了一团麻。盼星星，盼月亮，总算把洪水盼回来了。怎么是这个结局？陈剑戈实在不能原谅洪水！

这一夜，陈剑戈翻来覆去睡不着，思考应该怎样对待这件事：怨恨他、和他大吵大闹，这不是自己应该采取的态度。在战争环境中，是死是活都很难预料，更何况洪水是一个外国人；平心静气地和他保持夫妻关系，这能行吗？他的越南妻子怎么办？如果与洪水分手，将来对小丰、小越，又怎么交待呢？这个决心难下呀！

第二天晚上，一辆黑色的轿车驶进了六一幼儿院，停在影壁前的空场上。洪左君陪同洪水来到幼儿院。院长张炽昌和在延安就认识洪水的、与洪水一起返回越南的梁金生的妻子姚淑平在小客厅里热情地接待了他们。

整整5年没见面了，原本有一肚子的心里话要向洪水倾诉，可是眼下，陈剑戈能说什么呢？她坐在客厅的一角一言不发，只是用眼睛的余光扫了一下洪水。他还是那样精神、那样结实，和他离开延安时没有什么两样。洪水也看了看她，什么也没有说。一对离别了5年的恩爱夫妻经过出生入死的征战，今天好不容易走到一起。可近在咫尺的他们，却好像距离很遥远，看不见，摸不着，仿佛天各一方。

洪水和张炽昌、姚淑平交谈着幼儿院和越南的情况。当他们谈到中央党校三部的妈妈队和延安第二保育院撤出延安后所走过的艰难历程时，洪水的脸色很难看。陈剑戈默默地坐在椅子上仍然一言不发，就像面对着一个陌生人。她表面上显得很平静，心中的痛楚却难以形容。她不能说话，因为她知道，只要一开腔，就会控制不住自己的感情。她强忍着悲伤，没有让眼泪流出来。

洪水不知是悔恨，还是怕碰钉子，他不停地抽烟，没有直接和陈剑戈说一句话。洪水知道她性格倔强，说话直来直去。如果她说出不好听的话，他也无法收场。分别5年后的第一次相会在默默无言中结束了。

第七节　千里姻缘魂断中南海

其实，陈剑戈不会不理智，也绝不会做出让洪水难堪的事。她宁肯自己忍受内心的折磨，也不会顶撞他，特别是当着外人的面。而且，现在责备他，顶撞他，甚至骂他，能起什么作用呢？一个人的生活既然已经遇到了不幸，就应该用顽强的

第十四章 担负重任第三次来到中国

意志去面对它，力争解脱它，不能怨天尤人、消极悲观，更不能采取伤害他人的做法。冷静地处理生活中突发的不幸，这是她唯一的选择。

两天以后，正好是中秋节。这是保育院经过3年不停的长途跋涉和驻地转移，第一次在和平环境中过中秋节。伙房为孩子们烤制了香喷喷的月饼，准备了水果。小朋友们还排练了文艺节目，等待赏月时表演。

这天下午，那辆黑色轿车又驶进了六一幼儿院。洪水要接陈剑戈和小丰、小越去他的住处——中南海西门内的二号院，全家一起过一个团圆节。

分别5年的一家人，好不容易团聚了，在外人眼里，真是一件可喜可贺的事。特别是小越，出生以后还未见过亲生父亲。洪水离开延安时，小丰也只有一岁半，在他的记忆里，不曾有过父亲的印象。洪水第一次来六一幼儿院时，孩子们已经就寝。今天，是全家第一次团聚。

小丰生性活泼开朗。当他知道爸爸来看他时，跑过去一头扎在洪水怀里，搂住洪水的脖子，"爸爸！爸爸！"地叫个不停。

洪水托起小丰，把他高高地举起来，满心欢喜地说："小丰都这么大了，爸爸快抱不动你了。"

他把小丰抱在怀里，在他胖乎乎的小脸上亲了好几下。他放下小丰，又去抱小越。小越望着洪水发呆，不知是陌生，还是胆怯。他转身抱住陈剑戈的双腿，踩着两只小脚，直喊妈妈。

陈剑戈抱起小越，轻声对他说："好孩子，你不是说长大了要去找爸爸吗？今天，爸爸来看你了！"

小越偷偷地看了洪水一眼，不好意思地笑了。洪水从陈剑戈怀里接过小越，把小越清秀的小脸紧紧地贴在他那饱经战火磨砺的削瘦的面颊上，他的眼睛充满了泪水，良久没有说话。直到放下小越，才负疚地对陈剑戈说："剑戈，这些年，你辛苦了！"

陈剑戈注视着洪水，嘴角轻轻抽动了几下，没做任何表示。

洪水拉着两个儿子的小手上了汽车，要带他们一起到洪水的住处过中秋节。陈剑戈和洪水上了车，洪水抱着小丰，陈剑戈抱着小越。司机一踩油门，汽车驶向大街，驶向府右街，开进中南海西门。

洪水早有准备，客厅的茶几上摆放着中秋食品：月饼、鸭梨、葡萄，还有一些好吃的糖果。

洪水坐在沙发上，用手搂着一左一右坐在他的双腿上的两个孩子。孩子们一边吃着月饼，一边听爸爸讲故事，还不断地向爸爸提问。

陈剑戈一直沉默着，无心观赏中南海的亭台楼阁、湖光月色，也没有和洪水多说一句话。看着他们父子平生第一次乐融融地相聚，尽享天伦之乐，陈剑戈的心里展开了激烈的斗争："我怎能忍心把他们分割开呢？"

晚饭以后，洪水叫人准备床铺。已经到了该做出决定的时候了。陈剑戈再也坐不下去了，一个人跑到院子外边的湖边，痛痛快快地哭了一场。

坐在中南海岸边的长凳上，看着湖水中映出的一轮明月，陈剑戈百感交集。今天是中秋节，又是全家第一次团聚，陈剑戈却一个人坐在这里哭泣，将要面对眼前的处境，对洪水做出

第十四章 担负重任第三次来到中国

取舍。洪水对陈剑戈一往情深，对孩子百般疼爱。陈剑戈从心里一点也不恨他。如果洪水主动向陈剑戈提出离婚，她可能还好受些，可他偏偏要听她的意见再做决定，这不是在她心头剜肉吗？

怎么办？像过去一样，和他仍然做一对好夫妻？这是不可能的。洪水已经有了新的家庭，他们的关系已经出现了不可弥补的变化。

陈剑戈也在替另一个妇女着想。洪水的越南妻子已经生有一个孩子，而且又怀孕了，与洪水离开自己时一样。她的年龄比自己小，经受的革命锻炼也少，能经受得住这样沉重的打击吗？也许，她这时正呼唤着洪水的名字，祈求他不要离开她们母女。她是无罪的呀！

陈剑戈痛苦极了，反反复复，想来想去，不知道究竟该怎么办。她一肚子的苦水向谁去诉说？只有微风轻轻地吹拂着她的面颊，抹去她斑斑泪痕；只有婀娜的柳枝轻柔地摆动，好像在抚慰她那颗受伤的心。

陈剑戈不知坐了多久、哭了多久、想了多久……最后，她渐渐地平静下来，决定自己做出牺牲，成全洪水和他的越南妻子！

陈剑戈回到屋里，准备带两个孩子回六一幼儿院。尽管依依不舍，洪水也只得和孩子们告别了。

就在汽车启动时，洪水扒着车门说："送孩子回去后，你回来吧！"

陈剑戈果断地摇摇头作为回答。

1950年10月1日，天安门广场上举行了隆重热烈的国庆游行和烟火晚会。作为观礼代表，洪水和北京人民一起、同亿万中国人民一起欢度这一盛大节日。浩浩荡荡的游行队伍从天安门前走过,当家做主的中国人民个个喜气洋洋。人们手捧鲜花,高举彩旗,工业生产的捷报、农业丰收的喜讯从全国各地传来,天真活泼的少年儿童绽开一张张可爱的笑脸……看到中国人民所取得的成就,洪水由衷地高兴。

烟火晚会把节日的喜庆气氛推向了高潮。五彩缤纷的礼花装点着节日的夜空,欢乐的人群在广场上载歌载舞,探照灯的巨大光柱和腾空升起的礼花交相辉映,整个天安门广场沉浸在一片欢乐的海洋中。

这一幕幕激动人心的场面使洪水兴奋不已。然而,他的心情却是沉重的,他一直惦念着陈剑戈和两个儿子。

第二天一早,洪水又来到六一幼儿院。他从越南带来的警卫员阿巨带着小丰和小越在院子里戏耍,不时传来他们悦耳的欢笑声。

洪水坐在陈剑戈住的小屋里,向她倾述这些年来自己心中的苦恼,说明自己再次结婚的原因。他说,回到越南后,他立即奉命到南方指挥抗法战争,在炮火硝烟中,夜以继日地工作。每当战斗空隙,他都想起陈剑戈和孩子们。他经常从口袋里掏出她俩结婚时的合影和他抱着小丰在延安拍下的那帧小照,一遍又一遍地看着。他想给陈剑戈写信,但是越南的主要交通干线都被法军控制着。越南国内无法通信通邮,更何况给中国寄信了。

1946年底,他曾托李班给陈剑戈捎信,得到的却是她和孩子们在撤离延安途中被国民党飞机炸死的噩耗。当时,他痛不欲生,但是,祖国需要他,他还要为越南民族的解放去战斗。

第十四章 担负重任第三次来到中国

1947年初，在越南第四战区工作时，一个叫黄氏兑的女革命者闯入了他的生活，还生了一个女儿。但是，孩子刚刚生下，她就弃洪水和孩子而去。为了使洪水能有一个比较安定的生活环境，由组织出面给他介绍了一个在造纸厂做会计工作的年轻姑娘，名字叫黎恒熏……

洪水倾诉自己的苦衷，态度是那样诚恳，就像一个犯了错误的小男孩在老师面前叙述和解释犯错误的经过。可是，陈剑戈根本听不进去，极力抑制着内心的痛苦和委屈，态度平和，却没好气地说："用不着解释了，只能怨我自己。当初和你结婚，家里人就反对，同志们也劝我不要嫁给外国人，只怨我，谁的话都不听，才落得今天这样的结果。"

听了陈剑戈的话，洪水一声没吭。可以看出，他在痛苦地自责。后来，洪水曾经向别人说过："我这一生对得起六万万中国人民，却对不起一个中国妇女。"

陈剑戈和洪水没有履行任何手续，就这样分开了。

以后，洪水不断来六一幼儿院看望孩子，与陈剑戈仍是相对无言。

一次，洪水特意穿了一身崭新的军装，来到六一幼儿院，说要带小丰和小越去照相。陈剑戈带着两个孩子随洪水来到附近一家照相馆。在摄影师的指挥下，洪水把小越抱在他的腿上，右手紧紧地搂着小丰。孩子们在父亲的怀抱里笑得那样甜美，他们和父亲留下了一帧永久的纪念。这是他们父子3人唯一的一帧合影。陈剑戈远远地看着他们，一句话也没有说。她最了解洪水，在他享受天伦之乐的微笑中带着难言的苦涩。

洪水变了。原来爱说爱动的他，现在变得平静、深沉、少言寡语了。

有一次，洪水又来到六一幼儿院，同时，有几位客人在和陈剑戈交谈。她忙着接待客人，顾不上和他打招呼。洪水临走时，陈剑戈劝他说："以后，你不要来看我了，不要再自找痛苦了。"

不久，洪水给陈剑戈写来一封信，责备她不理他。他说："……我回去后，看打篮球，晕倒在球场上……"

有人说，陈剑戈心肠硬。可她有什么办法呢？她非常明白，感情上的事，绝不能藕断丝连，否则，大家都不好过。哭哭啼啼、悲悲戚戚，又不是她的性格。

小丰和小越渐渐懂事了，爸爸的音容笑貌一点一滴地刻在他们童年的记忆里。特别是爸爸的亲吻和抚爱温暖着孩子们的心。每到星期六，小丰一进家门就问陈剑戈："妈妈，明天是星期天，爸爸还会接我们去中南海玩吗？"

面对孩子的提问，陈剑戈的心在滴血，眼睛里充满了泪水。她强做微笑，言不由衷地对小丰说："好孩子，爸爸去抗美援朝了，不在北京。爸爸回来后，一定会带你们去中南海。"孩子们信以为真。

陈剑戈一直没有告诉孩子们真实的情况，她怕他们知道自己和洪水分手会受刺激。同时，她也告诉洪水："我没有把咱俩的事告诉孩子们，只是说，你去参加抗美援朝了。以后，你也不要去学校看他们，不然，我没有办法向孩子们交代。"

尽管洪水很爱自己的孩子，但他还是坚守了这个诺言。

陈剑戈和洪水都是知识分子出身的干部。他们两个人的一颦一笑、一举一动，对方都心领神会。在东冶镇动委会时，他们近在咫尺，通知陈剑戈开会，洪水还会送来一张字条。不言而喻，在家庭生活方面，他更富有浪漫色彩。可是，在艰苦的战争环境中，他们无法细细品味家庭生活的温馨和相互情感的细腻。待到夫妻重逢时，他们共饮的不是蜜汁而是苦酒。

　　是消沉、自暴自弃？还是做生活的强者？面对突如其来的打击，陈剑戈选择了事业，选择了坚强。

第十五章

洪水—阮山将军最后的岁月

- 第一节　在南京军事学院取得优异成绩
- 第二节　为中国军队的现代建设贡献才智
- 第三节　中国人民解放军授予他少将军衔
- 第四节　周恩来叶剑英关心他的病情
- 第五节　毛泽东周恩来和将帅们给他送行
- 第六节　生命走向尽头

第一节 在南京军事学院取得优异成绩

为了加强中国共产党与世界各国共产党的联系，1950年，中共中央决定成立联络部，并任命王稼祥为部长，负责筹建工作。王稼祥与李维汉商议，根据洪水的工作性质和任务，决定安排他和中央统战部二处的部分干部到中央联络部工作。1950年底，洪水从中央统战部分离出来，参与了筹备和组建中央联络部的工作，担任首任机关党总支书记。虽然时间不长，但他仍然是中共中央联络部最早的工作人员之一。他的办公和住宿地点也由中南海西门内二号院搬到了西单附近的前斜道胡同。

工作安排停当后，他的越南妻子黎恒熏带着两岁的女儿阮清霞和刚出生不久的儿子阮岗也来到中国。黎恒熏温柔、善良，富有越南女性的传统美德。来中国之前，黎恒熏得知洪水的中国妻子和孩子还活着，心中自责，认为自己对不起洪水的中国亲人，给她的姐妹们写了一封信，表明自己的态度：首先，她不打算去中国；如果非去中国不可，那么，发生难以预料情况，她随时准备返回越南。

越南边界战役后，在越南前线，有作为中共中央联络代表的罗贵波，又有以韦国清为团长的军事顾问团，从第一、第二、第三野战军抽调了几十位从师级到营级的军事干部担任顾问。这个强大的顾问班子解决了援越抗法的几乎所有重大问题。所以，洪水作为联络代表的担子轻多了。

1950年夏天，刘伯承给中央军委写了一封信，请求批准

第十五章 洪水 阮山将军最后的岁月

他辞去西南军政委员会主席、第二野战军司令员的职务，参与筹办中国人民解放军陆军大学。得到批准后，10月，他返回北京，主持筹建工作，军训部长肖克任筹备委员会主任。11月13日，刘伯承、陈士榘向毛泽东呈送了《关于创办军事学院的意见书》，建议在原华北、华东军政大学的基础上创办中国人民解放军军事学院，并将原定的陆军大学的校名定名为军事学院。仅仅过了两天，毛泽东就批准了这个报告。军事学院建在风景如画的南京钟山脚下。

回到中国后，洪水经常去看望刘伯承，知道了老首长筹建军事学院之事。从红军时期到抗战时期，洪水3次从事中国人民军队的教育工作，在越南也3次开办或主持军事院校，有丰富的军事知识和军事教育经验。刘伯承非常了解洪水的这一经历。他代表中共中央和中央军委征求洪水的意见，是否愿意进入军事学院，一方面学习新的军事理论，进一步提高军事理论素养，一方面静下心来，总结自己的实践经验，还能承担一部分教学任务。洪水十分高兴地同意了。

于是，刘伯承亲自与中联部部长王稼祥商量，并经中共中央和印度支那共产党中央批准，洪水被调离中共中央联络部，成为中国人民解放军最高学府——军事学院基本系第一期的学员。

11月30日，中央军委任命刘伯承为中国人民解放军军事学院院长、陈士榘为训练部长。洪水在抗大二分校时的老领导、老战友陈伯钧和陶汉章为副部长。1943年，在洪水离开抗大二分校前往延安准备返回越南时，他们分别。不到7年，战争形势发生了翻天覆地的变化，越南民主共和国和新中国都取得了民主革命的胜利，都建立了人民的国家。再一次重逢，大家都感到无比兴奋、格外亲切。

1951年1月,刚过了元旦,洪水便同黎恒熏和两个孩子一起前往南京,到军事学院(因校址在南京也习惯称为南京军事学院)报到。因为他是外国友人,学校安排得特别周到,给他的待遇也与一般学员不一样,可以带夫人和孩子,住在一栋别墅式小楼房里,没有像其他学员一样住集体宿舍。黎恒熏被特别安排在基本系政治处俱乐部工作。他们可以回家吃越南饭,没有同其他学员一起在大食堂吃饭。

1月8日,军事学院高级科、上级科、基本科、情报科(1951年都改称系)都如期开学。全院第一期学员共758名,其中基本系学员576名,归基本系所管的情报系有学员51名,两系学员合计占全部学员的83%。基本系学制为3年,共编成4个学习行政班,都建立了党支部。洪水担任了所在班级的党支部委员。基本系的学员占全校学员的绝大多数,大部分人年富力强、充满朝气,刘伯承特别喜爱他们,把基本系称为"学院的心脏",倾注了更多的心血。

1月15日,在军事学院北广场举行了隆重的开学典礼。为祝贺它的成立,毛泽东题词:"努力学习,保卫国防";朱德题词:"为建设近代化的强大的国防军而奋斗";中央军委送来贺幛:"为建设正规化现代化的国防军而奋斗"。第三野战军和华东军区司令员陈毅、军训部长肖克、总政治部副主任肖华代表中央军委出席大会。陈毅代表中央军委授校旗和讲话。

刘伯承宣布军事学院成立后说,军事学院的成立标志着中国人民解放军由初级建军阶段进入到高级建军阶段,表示着中国人民解放军的兴旺,也表示着中国人民的兴旺。洪水参加了开学典礼的分列式,排着整齐的方阵正步通过主席台,接受刘伯承、陈毅等首长的检阅。

军事学院的主要任务是组织学员系统地学习马克思主义军事学说和毛泽东军事思想、总结中国人民解放军丰富的作战经验、学习外军的有益经验，在军队现有基础上，培训能够组织指挥现代条件下各兵种协同作战的合成军队的高级指挥员和高级参谋人员，加速人民解放军的现代化正规化建设。

毛泽东说，军事学院的建立标志着中国人民建军史上的伟大转变之一。除了学院的苏联顾问，洪水是亲身经历和现场见证这一伟大转变的外国友人，而且是唯一的外籍学员。洪水在此开始了新一轮正规的系统的军事理论学习。

军事学院创办初期最大的困难是缺少教员，虽然从全军各单位抽调了一些军政教员，但仍然远远不够。于是，刘伯承果断决策并经中央军委批准，从起义、投诚、俘虏的国民党将校级军官中挑选一批有真才实学的军长、师长、参谋长来校担任教员，最多时有589人，其中军事教员434人，仅少将以上的国民党军官就有108人。对于败将教胜将，有些学员想不通，说："这些手下败将还有脸来教我们打仗？老子不听他那一套！"

刘伯承一方面要求这些旧军官出身的教员认真研究马克思主义军事科学、政治科学、中国革命问题和革命战争经验，自我改造，自我提高，发挥自己的才能，忠诚地为人民服务；一方面提出"尊师重道""教学相长"的口号，要求在中国人民解放军的最高学府树立尊师敬师的高尚校风，共同为新中国的国防现代化建设而奋斗。

洪水认真贯彻刘伯承院长的指示，用自己在瑞金红军学校、第四方面军红军大学、抗大二分校的经历，用在越南广义

第十五章 洪水——阮山将军最后的岁月

陆军学校使用日本军官当教员的实践经验，在班里、系里甚至在全校介绍，在课下个别交流，帮助学校做思想工作，为使师生关系很快趋于正常，贡献了自己的力量。

洪水一直保持着良好的学习习惯。结合自己近30年戎马生涯的实践，他勤奋刻苦地学习钻研军事理论、政治理论，做了大量的笔记。他还把学习心得进行了归纳整理，分门别类地装订成册，还将整理出来的精华部分翻译成越南文，希望能把中国军队建设的宝贵经验介绍到越南去。

洪水是个闲不住的人，不仅承担一定的教学任务，还积极参加军事学院的各项文体活动，还承担了一些社会政治任务。例如，在军事学院、在江苏省和南京市的机关、学校，他经常被邀请作关于长征和其他军事历史的报告，进行革命传统教育。

一位当年听过洪水报告的人在南京《扬子晚报》上撰文说："1952年，我在南京三中读书。学校请来一位解放军首长给我们作革命传统报告。这位首长40多岁，中等个子，看上去挺壮实。那时，大礼堂没有扩音器，但他的声音非常洪亮，连挤坐在门外的师生都能听得见。

"他用普通话大声地说：'我叫洪水，就是反动派污蔑革命者是洪水猛兽的那个洪水……'"

"这时，礼堂内外响起的暴风雨般的掌声和笑声打断了他的讲话。接着他又说：'我是越南人，越南名字是武元博。'全场先是一愣，紧接着又响起了热烈的掌声。"

"那场伴随着经久不息掌声的精彩报告，深深地留在了我们的记忆里。"

这年夏天，陈剑戈的父亲从山西老家来北京，住在六一幼儿院，恰逢南京军事学院放暑假，洪水也抽空来北京看望陈剑戈和两个孩子。陈剑戈怕父亲知道自己和洪水分手的事后会难过，没有告诉父亲，特意包了饺子，请洪水在家里吃了一顿饭。这是洪水回到中国以后在陈剑戈身边吃的唯一的一顿饭。

解放初期，不少军队干部还保持着战争环境的生活方式，没有那么强烈的家庭意识。许多同志忙于工作，经常吃住在办公室里，很少回家。洪水没有和陈剑戈在一起住，连她的老父亲也没有察觉出有什么疑点。洪水来六一幼儿院吃饭时，心情也特别好，一个接一个地给孩子们讲故事。老父亲看到女儿、女婿和和睦睦，两个小外孙活泼可爱，心里有说不出的高兴。

很快，洪水回南京继续学习。老父亲在北京住了半年，看陈剑戈好好的，就放心地回山西五台县老家了。

在军修室。右起：洪水、戴润生、甘泗淇

1954年4月，经过3年零4个月的学习，基本系和情报系第一期学员毕业。南京军事学院第一期实行了严格的国家考试制度。中央军委设立了国家考试委员会，朱德任主席，刘伯承和总政治部副主任甘泗淇任副主席。4月中旬，朱德来到学院，亲自督导第一期学员的毕业考试。由于国家考试非常严格，够资格参加国家考试的基本系和情报系第一期学员共427名，占入学时两系全部学员的68%。

按朱德、刘伯承的要求，考场布置得庄严肃穆，设主考、陪考、监考、被考席。考场内外悬挂着大幅标语。考生们排着整齐的队伍进入考场。主考官由中央军委各部的负责人担任，陪考官由所考科目的专业教员担任，监考官由考试委员会成员或院领导担任。考试实行五分制，五分为满分。考试成绩第二天在学院的公告栏上公布。

考试现场是：所有的考生都在大厅和走廊里静候。点到名字后，两名学员同时入场，敬礼、报名、报学号，然后抽考题签，每个签上有两三个题目，在被考席准备20分钟，主考官点名答题，限时20分钟答完。答完后，考试委员会成员、院领导、苏联顾问可以提问。所学各项课程都按此程序考试，洪水也不例外。

因为洪水的特殊身份，军训部部长肖克做过他的主考官。朱德、刘伯承都做过他的监考官。虽然在瑞金中央苏区、长征、延安、晋察冀解放区，他们就是洪水的老领导，还成为挚友，但他们对洪水仍然是严格要求，一丝不苟。刘伯承还专门调看洪水的答卷，认真审阅，考察了解自己的老部下学习和答卷的情况。

洪水是师范生，在学员中是文化水平比较高的，加上他有丰富的实践经验，所以，学习和考试都比较轻松。考试前一个月，学院安排复习，不出题目，不划范围，对3年多来所学的内容全部复习。洪水本来就爱看书，现在更是每天早晨6点半起来复习，晚上12点以后才休息，节假日也不例外。因为准备得充分，在回答答题和提问时，他对答如流，旁征博引，侃侃而谈。主考官、陪考管、监考官都很满意，当场给他打满分。

这次国家考试共进行了9天，427人进行了近一千场这样的面试。洪水除一个科目是4分外，其他各科都是5分，被评为学院的优等生。

4月底，在圆满完成考试工作后，朱德致训词说："军事学院创立3年以来，已经培养了一批具有先进军事科学知识的干部。这对我军现代化正规化建设是有重要贡献的。"他还在讲话中说，军事学院是我军的最高学府，建立3年来，很有成绩，希望你们更加努力，把已经取得的成绩巩固起来，继续钻研，把为全军培养高级干部的光荣任务承担起来。

朱德、刘伯承、肖克、甘泗淇和学院的其他领导人陈伯钧、陈士榘、钟期光等与基本系、情报系第一期全体毕业学员一起合影。洪水被安排站在前排中间，就在朱德、刘伯承身后。这是他在中国与两位老革命家、老军事家、老领导的最后一次合影。

1954年4月朱德总司令、刘伯承院长在南京与军事学院基本系、情报系第一期全体毕业学员合影

前排何以祥、谢振华、余伯由、何克希、钟期光、朱德、刘伯承、肖克、陈伯钧、陈士渠

基本系一期学员：王尚志、于殿章、岳云发、张天洪、宋智、成德贵、邵维才、李作舫、洪水、唐定芬、芦清、徐金昇、赵毓珍、张四维、周绪文、李林、黄振国、郑养国、陈友义、杜伯英、步敏、潘子文

5月1日，基本系、情报系第一期毕业典礼在军事学院大操场举行。在雄壮的军乐声中，洪水与毕业生一起排着整齐的队伍走过主席台，接受检阅，然后，整齐地坐在主席台下。

面对台下坐得整整齐齐的毕业学员，肖克宣读了中央军委批准学员毕业的命令，刘伯承发表了热情的讲话。他回顾了学院3年多来艰难曲折的发展道路和学员紧张的学习生活，鼓励大家回到各自的工作岗位，为我军的现代化正规化建设继续做出更大贡献。

第十五章 洪水 阮山将军最后的岁月

洪水在台下听着老首长们的讲话，心里很不平静。

这一天，洪水正式从南京军事学院毕业。学院发给他一本硬纸的优等毕业证书，封面有国徽和语录"全世界无产者联合起来"，里面一面写着毛泽东提词"努力学习、保卫国防"，另一面有国家考试委员会主席朱德、军事学院院长兼政治委员刘伯承的亲笔签名，正文写着"洪水同志于一九五一年一月至一九五四年五月学习期满，经国家考试成绩及格，准予毕业特发此证"的字样。日期为一九五四年五月一日。学院还发给他一枚毕业证章并附一个证明书，刘伯承亲自签名，上面写着"兹有洪水於本院基本系学习期满，经国家考试成绩及格，根据中华人民共和国国防部一九五四年五月命令准予毕业并发给毕业证章一枚，特此证明"。

以优异的成绩从南京军事学院毕业后，考虑到洪水从大革命时期起近30年来一直在军队工作，又考虑到洪水长期从事军队教育工作，有丰富的经验。最后，经毛泽东、朱德、周恩来研究决定，由刘伯承、叶剑英将他安排在自己麾下。妻子黎恒熹及孩子们也都来到北京。黎恒熹在全国妇联国际联络部工作。

第二节 为中国军队的现代建设贡献才智

1954年秋，洪水调到陆军训练司令部（简称军训部）条令局（也是中央军委条令局，两块牌子一套人马）任副局长（无局长），主持工作。当时，军训部部长是萧克、条令局原副局长是蔡铁根。洪水调来后,蔡铁根调往南京军事学院。

1955年,为了加速军队现代化建设,中国人民解放军成立了军事训练总监部。部长是刘伯承,因他在南京主持军事学院的工作,由叶剑英任代理部长。一个单位由两个元帅领衔,是解放军诸多总部中绝无仅有的,自显其重要性。

总监部下设3个二级部,部长清一色是上将,另有一个局(体育局,下管一个八一体工队)一个处(军乐处,下管一个全军的军乐团),原陆军训练司令部不变,仍由萧克任部长,训练总监部还集中了李达、张宗逊、周士第、郭天民等上将为二级部部长,另外还有孙毅等中将。训练总监部位于新北京29号,院子里将帅林立,群星灿烂,是复兴门外最令全国乃至全球关注的一个军事部门。

后来,条令局从原军训部中划出,提升为训练总监部条令部,部长为独臂将军彭绍辉。周恩来正式任命洪水为训练总监部下属的《战斗训练》杂志社社长兼总编辑,出版月刊和不定期的增刊,后来,还创办了《军事译文》(双月刊)杂志,都是解放军历史上的首创。

条令局(部)承担着军队正规化、现代化和法制化建设的重任,是中国人民解放军从未设置过的一个机构,其首要任务是移植苏联军队的四大条令,即《内务条令》《队列条令》《纪律条令》和《警备勤务条令》,编译成全军的通典。1953年,《内务条令》已经在刘伯承亲自主持下编译成书,并送中央军委、毛泽东审批。他在封面上批示:"试用,毛泽东"。

在移植四大条令的同时,条令局(部)的另一个重要任务是编译常规武器的规范,例如,手枪、步骑枪、轻重机关枪、化学武器及其防卫等,还成立了军史和外军研究处。以上工作都是在萧克和彭绍辉先后领导下，由洪水负责部署进行的。在中央军委条令局（部）、《战斗训练》杂志社 3 年的勤奋工作是洪水为中国人民军队的现代化建设做出的最重要的贡献。

洪水到《战斗训练》杂志社上任不久，有一天，朱德亲临杂志社看望他。这一年，朱德已经是一位年近七旬的老人了。洪水备受感动，他扶着朱德在办公室的沙发上坐定，非常欠疚地说："总司令，您这么大岁数了，还跑来看我，真不好意思。上个月，我不是刚刚看过您吗？"

到训练总监部后，洪水和家属住在新北京翠微路 29 号一座独门小院里，距离朱德在万寿路的寓所很近。晚饭后，洪水经常外出散步，路过万寿路时，就到朱德家里看望一下老首长，一起聊聊往事。洪水与朱德感情笃深。

和蔼、慈祥的朱德坐在沙发上，关心地询问洪水的身体、家庭和回到北京以后的生活安排，又问到杂志社的工作。洪水一一作了汇报。朱德鼓励他说："小洪啊，你的工作很重要。《战斗训练》杂志面向全军，甚至要下发到基层连队，对全军的训练和战备都有具体的指导意义。一定要把这份杂志办好。"

"请总司令放心，我一定尽力！"

这时，朱德起身，让洪水的秘书韩守文拿来笔墨，亲自为杂志的封面题写了"战斗训练"4 个苍劲有力的大字。

洪水的秘书韩守文是陈剑戈的山西老乡，昔阳县人。1954 年夏天，洪水从南京军事学院毕业后，他就被安排在洪水身边工作。当时，他只有 23 岁，可他的革命经历已经有七八年了。1947 年，他参加了中国人民解放军，跟随刘邓大军挺进中原，解放大西南，一直在刘伯承、邓小平等首长身边做机要工作，

第十五章 洪水——阮山将军最后的岁月

荣立过一等功,被授予全国战斗英雄称号。抗战初期,洪水曾在山西五台县工作过,又因为陈剑戈也是山西人,他和韩守文相处得特别融洽。

条令局(部)、《战斗训练》杂志社的老干部王观泉回忆说:我第一次见洪水是在萧克主持的介绍会上。洪水那神情,看上去很严肃,但不久,大家发现在刚毅的外表下,他性格温和、言谈风趣而且喜欢与同事唠嗑,对我们下级军官非常随和。例如,当时,我们每天上下午各有20分钟工间操,喜欢蹦蹦跳跳的人,下楼打球或者舒舒筋骨;年纪大一些又不愿活动的人,就在办公室摆棋局。不知何时,风行起了玩扑克牌,打"杜拉克"。开始时,输赢无惩罚,后来,风行起输者让赢者刮一下鼻子,最后,风行的是赢者向输者脸上贴一张纸条。刚开始,输者不好意思被贴,后来,虱子多了不怕痒,有的"常输将军"脸上贴满了纸条,结果是下台"垂帘听政",上班铃声一响,输者把脸一抹,走人。洪水也经常参加这样的活动。

王观泉感慨地说,实事求是地说,新中国成立后,解放军向正规化现代化迈进的历史第一页上,洪水将军应当列入英名、永志不忘。难怪作为军委主席的毛泽东,要破少将为正师级的规定,提他为正军级。实际上,他应授中将军衔。

他接着回忆说,在条令局、杂志社,洪水是最高领导,只是在他审批文件又要我汇报时,才有机会在办公室见上他一面。有一天,政治处通知,全体军人去大礼堂听洪水报告。

在报告会上,戴上老花镜后,洪水开始讲在越南劳动党(1951年,"越共二大"上更名为越南劳动党;1976年,又改为越南共产党)领导下越南人民反抗法国殖民侵略和封建王朝

第十五章 洪水——阮山将军最后的岁月

统治、争取独立民主建国的历史。开始后没几句，他把话岔开说："看讲稿时，我戴老花镜，戴上这玩意，（他摇了摇手里的眼镜）抬起头，就看不清台下听讲的你们，这一戴一卸太麻烦，干脆我随便讲吧。"于是，他脱开讲稿，讲得很生动，讲到兴头上，还站起来，从越南国土、民族形成、封建时代与大清帝国的关系，即兴道来，从如何落入法国殖民主义手中，一直讲到新近发生的奠边府大捷。

讲话在热烈的鼓掌声中结束。我却陷入沉思，发现他在讲到越南军队与法国殖民军队战斗时，流露出瞬间的些微的焦虑。那是只有军人才能领会的生死两重天，而在讲到越南的山山水水和人民勤劳善良时，他的讲话声调不像军人，而像诗人。

一个星期日，我跑到王府井大街外文书店，买了一本法文原版简装的巴尔扎克的小说《高老头》。上班时，我进入他办公室。公事办完，我送上《高老头》一书。也许太过唐突，他接过去，看看书，看看我，盯了我好一阵才说，你怎么知道我懂法文？我回话说，是猜的。说罢，赶忙退出办公室。

此事不久，有一天，韩守文要我到局长办公室去。一进门，洪水交给我一个布包，我打开一看，是一幅有两大张报纸幅面的地图，再仔细一看，是印在丝绸上的越南地形图，不管怎么卷，只要手一松，平整如新，一点皱折都没有，太高级了。洪水告诉我，这是战利品，要我一个月内复制一份，因为原图要限期交还原主。复制的难度之大不必细说。我夜以继日，并在另一绘图员协助下，按原件大小复制成功。不多久，他送给我一本《罗马尼亚美术年鉴》。

1954年末，解放军准备实行士兵义务兵役制，军官实行军衔制，各单位开始按级别定军衔。有一天，洪水找我谈话，大意是说，他看了我的军人登记表，知道我在1950年夏季第一次定级是排级，但是，这次授衔仍定少尉衔，希望我不要闹情绪。

后来，支部书记找我谈话说，实行军衔制后，有些业务和技术工作人员将改为随军工薪制人员，绘图员被列入不授衔的"八大员"之中，是洪水在支部会上提议授我军衔，保留了我的军籍。因为《战斗训练》杂志社有一个美术编辑的编制，军衔下限为上尉，不超过31岁。洪水对我的器重，我至今难以忘怀。

军训部隆重召开第一次授衔大会，没有我。不几天，洪水要我去见他，隔着办公桌，我们面对面，他没急着同我说话，我则眼盯着他，聆听指示。他是在中南海授的将军衔，闪亮的大金星将级肩章显得特别威武。我低下了头。这时，他开口说："听说你恢复工作后干得不错，没有因审查、停职、软禁而消极，不过，韩守文说你情绪不好，下班后就回宿舍，星期天也不去琉璃厂了，工资比津贴高了好几倍反而不买书了，怎么了，想攒钱啊，借点给我用用可以吗？"我想辩解几句，他打断我，从抽屉里取出一张照片，递给我。我一看是他穿将军服的半身照。这一招，我还真没想到，也就不多言了，但他还是补了一句，让我吃了个定心丸："放心，王观泉，少尉同志，不几天，你就与我一样了。"他两只手左右拍拍肩膀。后来，官方出版了第一次授衔的将帅录，我翻到洪水的照片，就是1955年他送我的那张标准像。

洪水特别怕冷。当时，国家规定，每年送暖气的时间是11月5日，但进入10月，京城迎来第一波寒流时，洪水就会问韩守文或挂电话到总务处,调皮地说:"你们如果不想把我冻死的话,行行好,早点放气吧,你们要想把我冻死,就告诉我一声。"韩守文则在私下里说,真正要"冻死"的不是他,而是他的老伴和4个孩子。

洪水精通法文、俄文,当时,杂志社的翻译任务很重。在杂志社创办了《军事译文》双月刊后,翻译处更是忙得团团转。于是,本不承担翻译任务的洪水,在工作之余,也承担部分翻译任务,主要是无时限的长效书,例如,苏联红军在第二次世界大战中的多次重大战役的军史,他就翻译过好几本。我则为他翻译的书复制地形、战略或战役图。他也翻译过研究性质的军事论文,刊登在《军事译文》杂志上。

有一次,上级下达指令,突击翻译《防原子防化学武器教范》,10天内完成。几位翻译加上我这个绘图员,拼命地干,引起了洪水的关注,要大食堂在晚9点送来打卤面,给我们额外"享受"。

八一电影制片厂是总政治部以军事教育电影制片厂名义开始筹建的,1952年8月1日,正式建厂。1953年,八一电影制片厂有一个摄影组归了条令局领导,是请中南海警卫团仪仗队来拍摄《队列条令》军教片。他们在操场上作队列变化非常壮观。

八一电影制片厂与条令局的关系密切。洪水来条令局上任后,有两个单位来拜访过,一个是《解放军报》筹备组前来取经,另一个是由厂长亚丁率领的八一电影制片厂的几位编创人员来请示工作。洪水找来了各处负责人,也找了几个喜欢文艺的青年到会。

原来,八一电影制片厂前来请示,是想拍故事片。由于怕越出业务范围而不被批准，因此，讲话吞吞吐吐，再三强调总政治部文化部长陈沂已经同意。其实，在苏维埃运动最高潮的30年代的中央苏区，洪水就组织过工农剧社，还编过剧本，深知文艺在革命军队中的作用。因此，几乎没有几个回合，就同意他们试拍文艺片，厂长亚丁笑逐颜开。

当时，训练总监部大院后门有个叫莲花池的村庄，走不了几里地，就可以到达八一电影制片厂。当时，总政治部文化部新创办的文艺创作室就在莲花池。杜鹏程、徐光耀、王愿坚、白桦、林予等一批部队作家就在此创作，八一电影制片厂就是借助这支队伍发展起来的。

那时，八一电影制片厂拍了一个故事片叫《水》。其故事情节很简单，是讲进军大西北时，有一支解放军部队在沙漠行军中遭遇马步芳、马鸿魁匪徒袭击，匪徒围而不攻，准备把解放军干渴饿毙在沙漠中。经过令人难以忍受的饥渴，这支队伍终于战胜了敌人。拍成后，该厂请训练总监部的人去看样片。看完了，洪水和大家都比较满意，洪水直率地发表意见说，赞成这部电影公开放映，因为，现在表现解放军战斗生活的电影实在太少了。

第三节　中国人民解放军授予他少将军衔

在越南抗法战争期间，中国向越南提供了大量的武器装备，各种枪支十余万支，火炮数千门，大批的弹药和通信、工程等器材装备和其他军需物资。中国人民从道义上、军事上、装备物资上给予越南人民的无私援助,是由洪水代表越方联络此事的。他为这项任务的顺利完成做出了重要贡献,他还代表越南政府、军队和印度支那共产党(越南共产党前身,1951年3月3日更名为越南劳动党)中央向中方表达感激之意。

每当中国派政治、军事、经济顾问团新成员到越南工作之前,那些相当级别的顾问都要集中在北京学习。中央请洪水给他们上课,介绍越南的地理、气候、风俗、政治、经济、战况等国情。在越南抗法战争发展过程的重大战役进行前后,中央领导都请洪水到场介绍、讲解,对战况进行分析,供中共中央、中央军委领导科学决策和正确指挥。洪水成了中央领导不用正式任命的"参谋长"。

1955年9月27日,对于中国人民解放军来说是个不同寻常的日子。这一天,中南海怀仁堂里洋溢着喜庆气氛,盛大的中国人民解放军授衔授勋典礼在这里举行。

上午,共和国的开国将帅们身穿海蓝色的新式军礼服,早早等候在这里。这些出生入死的战友们欢聚一堂,互致问候,回忆畅谈着往事,偶尔开一个轻松的玩笑,引起一阵阵爽朗的笑声。

9时,毛泽东、朱德、刘少奇、周恩来等党和国家领导人陆续走进会场,一个庄严的时刻到了。在1300多人参加的隆重仪式上,毛主席给朱德、彭德怀、林彪、刘伯承、陈毅、贺龙、罗荣桓、徐向前、聂荣臻、叶剑英10位元帅授衔授勋(林彪、刘伯承因病未出席仪式)。

当天下午,国务院在怀仁堂举行了隆重的将官授衔授勋仪式。国务院总理周恩来为粟裕等10名大将还有57名上将、177名中将、800名少将授衔授勋。

洪水被授予少将军衔，同时被授予一级八一勋章、一级独立自由勋章、一级解放勋章。虽然，在这1000多名战功赫赫的开国将帅中，洪水并不显眼，但他却是中国人民解放军高级将领中唯一的一个外国人。

洪水获授三种勋章：一级八一勋章、一级独立自由勋章、一级解放勋章

1955年9月27日一整天，洪水的心情格外愉快和激动。在中国人民解放军的历史上，给一个外国人授衔授勋是第一次，也是仅有的一次。洪水是为数不多的被授予3个一级勋章的少将。洪水由衷地感谢中国人民给予他这样崇高的荣誉。

手捧3枚金光闪亮的一级勋章，洪水的眼睛湿润了。30年的风雨沧桑、坎坷岁月、异国征战、艰难困苦、执著追求，全都浓缩在这3枚沉甸甸的勋章上。这既是中国人民对他的表彰，也是中国政府对曾经参加中国人民的解放事业并为之流血牺牲、无私奉献的国际主义战士们的感谢和敬意。

洪水为中国人民和越南人民的解放事业献出了一切，却从不为个人捞名誉，争地位。评衔定级时，洪水被定为正师级少将。有人为他抱不平，说定得太低了，但他从未找人说过此事，也从来没有因为级别的事闹过情绪。

洪水是黄埔军校第四期学员，大革命时期入党，参加过广

第十五章 洪水——阮山将军最后的岁月

州起义，早在1932年就是中国工农红军的师职干部。按资历和功劳，有关部门最初为他上报的军衔是中将。因为，他是越南人，考虑到中越两国两军的关系，军队干部部门特地征求了胡志明的意见。胡志明回复说，洪水的军衔与级别还是同越南人民军的军衔的级别取得一致为好。所以，洪水的军衔最终被定为少将。在全部800多名少将中，完全按资历和功劳排名，他排名第五。

1955年10月1日，解放军官兵身穿佩带军衔的新式军装，以崭新的风貌，在天安门广场接受毛泽东主席的检阅。在天安门城楼上，那些身穿海蓝色军礼服、肩章金光闪闪、勋章熠熠生辉的开国将帅们更是精神抖擞、气度非凡。他们列队等候着毛泽东的接见。

毛泽东身着灰色中山装健步来到将帅们中间，和他们一一握手，短促而又诙谐地与他们中间的一些人交谈。当他来到洪水跟前时，显得异常高兴。他那双宽厚的大手紧紧握住洪水的手，看着洪水健康神气的面容，又注意到他肩上佩带的少将肩章，十分关切地问："小洪，给你定了个什么级别？"

洪水不得不如实地汇报。

毛泽东立即对旁边的有关领导同志说："这不合适，洪水同志是黄埔时期参加军队的，是否可以改为正军级？"

在毛泽东的亲自关怀下，解放军总干部部重新给洪水定为正军级少将。

在洪水的军衔鉴定中是这样写的：大革命失败后，在白色恐怖下入党，对党对人民忠诚坦白，革命意志是坚定的。在广州暴动、长征等几次革命最残酷最艰苦的环境里，始终积极愉快地战斗，能始终站在党的正确路线的立场上进行工作。在四方面军工作时期始终坚持中央的路线。在抗日战争初期能独立地在晋东北组织群众，建立党、政权和武装部队。在越南五、六、四战区都能正确地领导抗法战争，巩固了各战区的根据地，使之能坚持7年多的斗争，最后取得胜利。在对敌斗争和处理内部斗争时，能始终坚持正确的原则。对党所分配的工作、党的决议、党所交给的任务都能服从和执行，从没发生过违抗党的决定、不服从组织的行为。在所有的党内斗争中（整风、审干、三反、整党等）都能积极参加，勇敢揭露自己和别人的错误，能不断地努力学习。

这是一个公正的评价。

经历了中国人民军队从诞生到抗日战争全过程的洪水，又全身心地投入到中国人民解放军正规化现代化建设的伟大事业中。他不分昼夜地工作着，每天都有做不完的事。身为社长兼总编辑，他要处理杂志社大量的日常工作，经常亲自撰写有关战术和军事训练学术研究的论文，还在《战斗训练》杂志和总政治部主办的《八一》杂志上撰写有关军队建设的文章；身为杂志社的党委书记，他要领导全社参加有关的政治运动；中越双方互派高级军事代表团，军委领导要请洪水去讲课，还要出席中越之间的高层次的外事往来。

1955年11月，在辽东半岛，中国人民解放军进行了新中国成立以后规模最大的反登陆军事演习，是陆、海、空三军联合演习。叶剑英是总指挥。刘少奇、周恩来、邓小平、彭德怀、刘伯承、陈毅、贺龙、罗荣桓、徐向前、聂荣臻等都观看了演习。洪水跟随叶剑英来参加演习的指挥工作。他兢兢业业，认真负责，出色地完成了自己的任务。这次演习总结和探索了在使用原子武器、化学武器和细菌武器的情况下作战组织

第十五章 洪水——阮山将军最后的岁月

指挥方面的实际经验。

洪水勤勤恳恳地为他所热爱的中国人民解放军工作着。然而，他一刻也没有忘记自己的祖国。

他有一台越文打字机，工作之余，就把毛泽东的有关军事著作、元帅们撰写的军事论文，只要是公开发表的、对越南人民军建设有实际指导价值的资料，都翻译成越南文，并亲自打印出来，作为宝贵经验，准备今后带回越南。

有一次，他带回家一张越南歌曲唱片，一直放来放去，不停地听那首《今夜伯伯无眠》。他嘴上衔着烟斗，眯缝着眼睛，心有所思地仔细听着那首歌中的每一句话。可见，背井离乡的他多么地思念祖国，思念他心中的灯塔——胡志明主席。

有一次，儿子阮岗从外面跑回家，用中国话跟母亲说了些什么。听见后，他很生气，踢了孩子的屁股一脚。那天，他生气的样子深深刻在孩子的脑海里。孩子们知道，父亲是怕他们忘了祖国的语言。从那以后，孩子之间说话或者是与父母说话都讲越南话。这从另一个侧面反映了他对祖国深深的爱。他是在提醒孩子不要忘了祖国。

实际上，洪水特别喜欢孩子，深爱自己的子女。他在南京军事学院学习时，经组织上批准，黎恒熏带着清霞、阮岗去了南京，全家住在一起。那时，清霞3岁多，被送到一所全日制幼儿园学习，星期六才能回家。经常是洪水、黎恒熏和阮岗一块去接她。直到现在，清霞仍然记得，每次回家时，父亲伸出双手把她抱起的样子；星期日晚上，常常给她买些她喜欢吃的饼干和水果，让她带回幼儿园。

洪水记得每个孩子的生日，每年都为他们过生日。在北京时，到了那天，洪水肯定要买满盘的桃、梨、苹果、葡萄等各种孩子喜欢吃的水果。

每逢节假日，洪水经常带着黎恒熏、清霞、阮岗去看望正在北京留学的武宣皇、武玄蛟、潘演等，到他们的学校，和他们一起说越南话，纠正孩子们讲错的句子。

洪水的精力特别充沛，好像有使不完的劲儿，但他的烟瘾越来越大，一根接一根地抽。开始，韩守文每10天左右为他买一条"恒大"或"大前门"香烟，后来，一个星期买一条香烟还不够。

第四节　周恩来叶剑英关心他的病情

1956年初，洪水经常咳嗽不止。经透视检查，发现在他的左肺上有一个铜钱大的阴影。医生推断，有可能是肺结核留下的钙化点。医生给他开了一些消炎止咳药，并嘱咐继续观察病情，有新的情况及时来医院检查。

洪水服药后，症状不见减轻，仍旧咳嗽不止，而且越来越剧烈，时而出现憋气的感觉。一次，在他咳出的痰中发现了血丝。经X光检查，他肺部的那块阴影发展得很快，已经有核桃大小。洪水病情的发展引起医生们的高度重视，不能排除肺部肿瘤的可能，需立即住院，实施手术。对于洪水的病情，叶剑英十分关心和焦急，亲自听取汇报，多次和专家们一起研究治疗的方案，并将此事向周恩来作了汇报。洪水的病情受到中共中央的极大关注，周恩来亲自指示卫生部："要请最好的医生为洪水同志做手术。"

第十五章 洪水——阮山将军最后的岁月

已经感到自己的病情很严重，住院前，洪水放不下陈剑戈和孩子，特意到北京市教育局来看陈剑戈，但他并没有告诉陈剑戈自己生病的实情。他们站在办公室外的树荫下，好像有许多话要对她说，可是，没说几句，他们又是默默相对。陈剑戈注视着洪水，注意到他的气色很不好，还不时发出一阵阵干咳。

临分手时，洪水问陈剑戈："你怎么不结婚呢？"

陈剑戈很干脆地回答："我能给孩子们找个后爸吗？"

听了她的话，洪水好似骨鲠在喉，脸上露出痛苦的表情。他无可奈何地看了陈剑戈一眼，再没有说什么，带着一肚子委屈离去了。后来，陈剑戈才知道洪水因病住进了医院，没想到，这次相见竟是永别。

那时，洪水身体已经很差，连走路都有点气喘嘘嘘，有时在楼下见到他，人们真想扶他上楼。他被送进解放军三〇九医院，由著名的胸外科专家吴英恺教授和张大为医生为他做手术。叶剑英派他的助理叶楚屏少将和韩守文守候在手术室外，将手术过程中出现的情况随时向他汇报。

洪水静静地躺在无影灯下，心境平和坦然。在30年的革命征程中，他曾无数次穿越死亡线。今天，他又要同病魔进行一场殊死的搏斗。

洪水的胸腔被打开了，两位胸外科专家惊呆了。他们发现在洪水左肺靠近心脏的部位长了一个鸡蛋大的菜花样的恶性肿瘤，并大面积地与肺动脉粘连着，在当时的医疗条件和医疗水平下，已经无法切除。

医生们立即请等候在手术室外边的叶楚屏少将和韩守文秘书进行严格的消毒后，进入手术室，在无影灯下，审视洪水的病情，立即向叶剑英和中央领导汇报。

鉴于洪水的病情极为严重，已经回天无力，医生心情沉重地为他缝合了手术刀口。

伤口愈合后，经过一段时间的精心调养，从表面上看，洪水的身体状况有所好转，但疑云仍旧盘旋在他的脑海中。急于想知道自己的病情，他多次问医生："瘤子切掉了没有？情况怎么样？"

洪水是个有知识的聪明人，亟需知道真情。面对洪水的提问，医生们犯难了。当时，恶性肿瘤的结论对患者本人绝对保密。告诉患者病情，等于向患者本人递交了死亡通知书。

中央领导对他的手术结果极为重视，鉴于中国当时的医疗条件和医疗水平有限，为了延长洪水的生命，中共中央不惜花费重金为洪水治病，还决定送他去苏联治疗。

当时，苏联的医疗水平在世界上堪称先进，已经可以用钴放射治疗部分恶性肿瘤，但不能解决根本问题，对于洪水的晚期肿瘤，治疗效果微乎其微。为了征求对治疗方案的意见，经组织研究决定，不加掩饰地把病情告诉给他。

洪水是个硬汉子，在坎坷的革命生涯中，从未向错误路线低过头，从未向艰难困苦让过路。执著、坚韧、乐观、拼搏一直是洪水的人生信条。然而，当他知道中国医术最高明的医生也无法降伏他胸腔内的癌魔时，作为一个一生都在战斗的军人，又正在年富力强之时，不能死在疆场，而是让病魔宣判了死刑。他不愿接受这个严酷的现实，又不得不接受这个事实。他落泪了。

洪水知道，钴放射对于他体内的疾患作用不大。特别是苏共二十大后，中苏两党关系潜在的政治危机已渐显端倪，洪水坚决不去苏联治病，含泪对自己的老首长叶剑英说："谢谢中央领导的关怀，我不去苏联，中央不要再为我破费了。"

这时，他心中只有一个愿望，在生命的最后一刻，回到生他养他的祖国——越南。

几十年后，萧克在谈及洪水不去苏联治病的事时，仍旧非常感慨，他说："洪水同志视中国人民的友谊胜过自己的生命。"

在以后的几个月里，洪水的身体状况每况愈下，不得不长期住在北京医院进行保守治疗。

每天下午，韩守文都到医院去看他，一是送去报纸文件，尽管在病中，他仍然继续关注国际国内和军内军外的大事；二是及时掌握洪水的病情，向军委首长汇报；三是按照洪水的吩咐把书籍、物品整理分类，为日后回国提前做准备。

1955年，部队和国家机关干部的工资待遇由供给制改为薪金制。洪水一直负担着小丰和小越的生活费。他托韩守文每月按时把生活费送给陈剑戈。洪水和陈剑戈事先有约，就没有再去看两个孩子，无形之中，韩守文成了他们之间相互联系的纽带。这样，陈剑戈和韩守文也渐渐熟悉起来。

在北京医院，每天上午，洪水遵照医嘱进行检查治疗。午睡后，他摆好棋盘，等候韩守文的到来。这时，下象棋成为洪水唯一的嗜好，尽管他的棋技一般，算不上高手，可他却是老棋手了。早在1932年，在江西瑞金红军学校时，洪水就开始了棋弈生涯。在条令局、《战斗训练》杂志社，他属下的干部战士，几乎都和他有过对杀的经历。

这时，洪水下棋，并不是为了消磨时光，除了缓解沉重的心理压力外，更重要的是，他知道，自己的生命已经不长了，有一肚子的话要说。在寂静无眠的长夜里，他一点一点地梳理着记忆的长河,多么希望能有一个知心人听一听他一生的不懈追求和坎坷经历。他还想倒一倒压抑在心中太久太久的苦衷。他的越南妻子太年轻,他要讲的那些事,不能在她心里产生强烈的共鸣。而陈剑戈和他已经没有说话的机会了。于是,他不知疲倦地给韩守文讲述了他参加革命30年来坎坷传奇的经历。

每天下午的对弈都是三局两胜,过后,就是洪水对漫长人生历程的叙述。这样,韩守文成了洪水的知心朋友。一段段撼人心魄的传奇经历,一个个感人肺腑的生动故事,洪水把韩守文带进了本世纪初叶印度支那半岛东部那个灾难深重的国度,带进了广州起义的枪林弹雨,带进了艰苦卓绝的二万五千里长征路,带进了抗战初期的晋东北,带进了抗法战争的越南丛林……

洪水感情丰富,讲话又很有口才,每一个故事、每一段经历,都讲得有声有色。有一天,洪水兴致勃勃地讲到在山西五台县捅了阎锡山的"马蜂窝",突然,他的表情一下子变了,几分凄凉几分悲哀地说:"小韩,我这一生中,最知我心的是陈剑戈,可以说,我们心心相印。我一生最痛苦的是陈剑戈到现在还不能原谅我。"年轻的韩守文低下了头,不忍心看到首长痛苦的面容。他要韩守文去找陈剑戈,想再看看她和两个孩子。

住院将近一个月后,洪水出过一次院,那是训练总监部借用总后勤部礼堂,请总政治部的魏传统将军讲国际形势。萧克、张宗逊、李达、彭绍辉等各位上将都来了。开会前,洪水突然出现在大家面前,是由医护人员陪同直接来总后礼堂的。这引起一场不小的轰动,将军们一拥而上,拍拍肩膀、抱抱他、拉拉手,大家都凑上去。那次会议未完,洪水就直接回医

第十五章　洪水——阮山将军最后的岁月

院了。

征得领导的同意，王观泉前往医院探望洪水。在医院附近，他买了一大束花。走进北京医院，登记后，一位护士陪他上楼进了洪水病房。房间不小，只他一人。王观泉双手把花捧给他，他很高兴。护士接过花，去找花瓶。洪水让另一名护士把床的后背摇高，半躺着。王观泉则搬了一把椅子，坐在床边。洪水摸摸他的肩章，问他："二十几了？"王回话："24岁。"他说："我是48岁当将军、少将，你的岁数只有我的一半，到了我这个年龄，还当不了少将？"一个身患绝症的将军，与这个比他整整差8个档次的小青年开起了严肃而认真的玩笑。

然后，洪水语重心长地对他说，现在，你的历史问题已经清楚了，军衔也授予了，没包袱了。对你的问题，当时，估计过于严重，因为你去过台湾，不审查你怎么行啊。洪水还提起在运动中对他发脾气甚至还摔东西的往事。看着绝症在身的将军躺在医院里，还向一个小兵作不必作的"检讨"，洪水的真诚谈话，让人能受得了吗？王观泉哭了，哭得很伤心，护士还把当班的医生请来，催他："快走吧，这样子，对病人不利。"

但是，洪水还是示意医生，请他们允许他留下来再谈谈，话还未说尽。

歇了好一会，洪水说，他已经回不去了，在交代工作时，已经向童陆生副社长、支部书记和韩守文交代过，要他们陪王观泉去解放军302医院（王观泉的女朋友在该医院），向医院肃反小组和他的女朋友说明，他的历史已查清楚，作了结论，授了军衔。王观泉含着眼泪听着洪水的善意之言，但不能说实话，因为肃反后，他已与女朋友吹了。

洪水接着说:"在肃反中,我看过你的档案,知道你的父亲生于1909年,我比你父亲的岁数还大。这样比,不是讨你便宜,至少算你的兄长吧。你的家庭很苦,你的祖父是裁缝,当时,已年过七旬,还在为人做衣服。你们一家应当是这个社会的基本群众,但是不论怎么说,你曾选择到台湾去,是个错误。今后你要努力工作,靠近党,争取入党。"这是处在生死临界线上一个将军对一个士兵的临终话别,听了之后,王观泉的心情特别沉重,一时间简直想不出如何回答。洪水最后同他讲的话,使他刻骨铭心,终生难忘。

按照洪水的嘱咐,韩守文去看陈剑戈,告诉她,洪水想最后见见她和孩子。听说洪水患的是不治之症,陈剑戈的心里很难受。这么多坎坷和不幸怎么都让洪水遇上了!她恨不得立刻带着小丰和小越看一眼他们的父亲。可是又一想,洪水病得这么重,带孩子们去看他,会给他很大的刺激,对他的病非但没有好处,只能给他增加痛苦。陈剑戈泣不成声地对韩守文说:"我不能再干扰洪水的生活了……"

第五节 毛泽东周恩来和将帅们给他送行

1956年夏天,越南劳动党中央政治局委员黄国越访问中国时,洪水请他向越南劳动党中央和胡志明转达自己归国的愿望,同时,也请越南驻华大使、自己的老战友老朋友黄文欢向国内转达自己的要求。洪水的这一要求很快得到越南劳动党中央和胡志明的同意。

第十五章 洪水——阮山将军最后的岁月

韩守文带着洪水的心意又一次来到陈剑戈的住处，问她是否去火车站送别洪水。陈剑戈知道，只有最后一次与洪水见面的机会了，这是生离死别。但她考虑到，洪水的越南亲属也要随他一起回国，又有那么多首长为他送行。自己去送他，首长和老战友们怎么看待他？她又一次拒绝了洪水。

陈剑戈让韩守文带去一张自己和两个孩子的照片给洪水留作纪念。为的是在他最后的日子里，还能看几眼他的亲骨肉。

得到洪水的病情报告和他要求回国的报告后，周恩来亲自安排他回国的事宜。首先，他请国防部长彭德怀和总参谋长黄克诚批准给洪水提取3万元人民币的现金。在当时，这是一个相当大的数目。洪水执意不要这笔钱。他说："在越南中央领导层，工资最高的是胡主席。他每月的薪金才相当于人民币35元。其他领导干部的薪金只相当30元人民币。我怎么能拿这么多钱！"

彭德怀、黄克诚说："这是中央的决定。我们不仅要对你负责到底，也要对越南党和政府负责。越南现在的条件十分艰苦，困难很多。这笔钱是给你治病的，不能再给越南党和政府增加负担了。"

洪水执拗不过，只好收下。

回国后，洪水并没有用这笔钱治病。在他身后，黎恒熏把钱交给了国家。

1956年9月15日至27日，中国共产党第八次全国代表大会在北京政协礼堂召开。周恩来将洪水要回国的事向毛泽东作了汇报。毛泽东决定在会议期间抽空亲自见见洪水，为他送行。

于是，中共八大期间的一天，毛泽东、周恩来、彭德怀、叶剑英、黄克诚等中国领导人等候在政协礼堂一间宽敞、简朴的会议室里。当身穿中国人民解放军将军军服、身体虚弱的洪水走进会议室的那一瞬间，毛泽东立即从座位上站了起来，迎上前去。其他领导同志也跟着站了起来。毛泽东用他那双温暖的手久久地握住洪水的手，注视着他略带浮肿的面容，心中充满爱怜和惋惜。他示意洪水就坐在他和周恩来中间，关怀备至地说："小洪，去年国庆节，我在天安门城楼上看见你的时候，你还挺好，身体挺结实的，怎么现在出了毛病？我们没照顾好你，没照顾好。"

洪水连忙说："哪里，主席和中央一直非常关心我，对我照顾得很好了。我和彭总、黄总经常见面。彭总还到我家里探望过。叶帅是我的老领导，我们见面的机会就更多了……"

彭德怀插话说："我现在还记得洪水在瑞金演出时的模样。那时，洪水真年轻、真精神啊！"

大家你一言，我一语，追忆着战争年代相处的日子。

毛泽东向周恩来详细地询问了洪水的病情、家庭情况，连家属和孩子们的安排都问到了。

叶剑英说："越南方面原打算让我们送到睦南关，后面的一切由他们安排。我们提议由韩秘书带医护人员和警卫员一直把他们送到河内，安排妥当后再回国。胡主席同意这个方案。"

毛泽东很满意，说："洪水同志为中国人民的解放事业无私奉献了几十年，中国人民永远感谢他。"然后，他嘱咐韩守文："那就麻烦你了，你要照顾好洪水同志。到越南后有什么困难，及时和我们联系。"

毛泽东又转向洪水，关切地对他说："小洪，你回去要好好治病，病好了，我们希望你还回来。"周恩来和在坐的彭德怀、叶剑英、黄克诚等几位军委领导同志也都这样嘱咐着。

洪水最清楚,这是永别了。几十年的战斗友谊都将凝固在今天,以后……已经不会有以后了。他站起来告别,紧紧握着毛泽东的手,第一个流下了眼泪,略带哽咽地说:"主席,八大期间,您很忙,我们再见吧。您身上的担子太重了,您要多保重啊。"毛泽东握着他的手,轻轻地摇着头,嘴里咕噜着:"唔,唔……"两行眼泪顺着脸颊流下来。在座的其他人也都眼眶湿润,有的人禁不住也落下动情的热泪。

回到医院的当天晚上,洪水把自己关在病房里,痛哭了一场。他吩咐韩守文把中国人民授予他的勋章、肩章、领章和帽徽都包好,放在箱子里,要带回越南留作纪念;把陈剑戈送给他的她和两个孩子的照片也仔细收好,他想在生命最后的日子里,还能多看上几眼心里最爱的人和最疼爱的两个儿子。

按照洪水的吩咐,韩秘书为他整理行装。洪水一生爱看书,他的4个行军书柜里放满了各种书籍。这4个行军书柜拆开来就是20个书箱。古今中外的政治、军事、天文、地理……有发给的、有自己买的、有战友们送的,还有他自己撰写和翻译的。解放初期,刚进城的高级干部家里像洪水这样有如此多书籍的人很少见。

回国前,洪水要求黎恒熏等亲属,除了应季所必需的衣物外,什么都不要带。他把自己的一件羊皮大衣、家属和孩子的冬季服装以及一些日常用品都送给了身边生活有困难的同志。可是他的4柜子书,一本也舍不得丢下。这是他30年来用心血和生命积累的宝贵财富。他要把这些最宝贵的东西献给自己的祖国。

洪水起身前,彭德怀、黄克诚又亲自向护送洪水回国的韩守文——交代了任务,彭德怀说:"洪水同志病了,你们把他送回去。见了胡主席,要汇报清楚,洪水同志对中国革命有很大贡献,是积劳成疾。中国人民永远感激他。"

洪水自从住进医院就再没有回过他在新北京翠微路29号的那座小院。萧克、彭绍辉、傅钟等解放军各总部的高级将领纷纷同他告别,离开中国时,他是直接从北京医院被送到前门火车站的。

9月26日,韩守文告诉陈剑戈,第二天要送洪水全家回国,条令部委派他负责,并由医生、护士组成护送小组陪同送到越南。

洪水、黎恒熏和他们的4个孩子

9月27日。病情危重的洪水被救护车送到北京前门火车站。他依旧是那样神气,浓密的黑发一丝不乱,那双深凹的大眼睛仍旧炯炯有神。他一生都是坚强、乐观的。尽管此时病魔

第十五章 洪水 阮山将军最后的岁月

已经把他的精力耗尽，临别时，他还是一派军人风度。他要在中国人民的记忆里永远留下一个坚强刚毅的形象。他虽然身着没带肩章领章的军便服，但仍然是一个威严的军人。站在彭德怀和叶剑英两位元帅中间，与送行的首长、战友们留下了一帧历史性的珍贵合影。

洪水乘坐的专厢挂在开往广西方向的列车上。身体虚弱的洪水先行上车，夫人黎恒熏与4个孩子坐在包厢内默不作声，车厢里悄无声息，只有韩守文和两位医务人员在包厢内忙着布置医疗设备。

这时，北京站公安和本次列车长、乘警前来作最后的安检，发现一只小氧气瓶，认为这是危险品。但这是洪水遇到紧急情况时抢救的必备医疗器械。医生怎么解释也不行。最后，由军委总部的官员、韩守文和医生一同与站方领导协商。洪水的态度明确：能带，好；不能带也别为难。结果，站方同意带氧气瓶同车出国，但不准摆在洪水包厢，由列车员负责保管，急用时才能拎进包厢。

王观泉奉命来帮助做送行的各项工作，临别时，他向洪水作了永别的敬礼。洪水示意他到包厢来，然后，从皮包里抽出一个信封交给他。洪水实在没有力气了，挥挥手算是与他告别。王观泉则什么话也说不出来，眼睛濡湿，鼻子发酸，喉咙噎住。归途中，他抽出信封，原来是一张全家福。洪水和妻子紧拥4个孩子。背后注明："1/8 55 Peking 洪水"。

韩守文与列车长、列车员作了最后的检查，列车终于开动了。

在站台上，彭德怀、叶剑英、黄克诚、萧克、孙毅等200多位共和国的开国元勋以及外交部、军委各总部、各军兵种的领导，列席中共八大的越南劳动党的代表，黄文欢率越南驻华大使馆的工作人员，来为他送行，与他一一握手、拥抱，鼓励他战胜疾病，回来与大家再相会。这些在战场上与洪水一起出生入死的战友们、叱咤风云的将军们个个都是饱经风霜的铮铮铁汉，可是，此时此刻也有人潸然泪下。

身体虚弱的洪水在韩守文的搀扶下一直不肯离开车门。他的目光先是定位在送行队伍的尽头，希望在最后一刹那，陈剑戈和小丰、小越的身影能够突然冲进他的视线……然后，又把热烈的目光再一次洒向与他共同战斗了30年的中国战友。他把紧握的右拳举在胸前，眼睛里闪烁着晶莹的泪水，他在心里喊出了他一生战斗的最强音："再见了，战友们！中越友好万岁！"在一声悲壮的长鸣中，火车驶出了前门火车站，送行的人们无不怀着悲切的心情目送着战友的远去……

第六节　生命走向尽头

列车沿京广线南行，从湖南衡阳向南宁方向折转。在中国境内，每到一个大站，都有当地党政军的领导人上车表示问候。9月30日，列车到达广西凭祥市。

越南国防部外事处处长阮明芳奉命在凭祥市迎接洪水。那时，经过9年抗战之后，同登市至河内市的铁路尚未完全恢复，越方决定用汽车将他和家属接回河内市。越南人民军派来的车队等候在凭祥火车站。洪水乘坐的列车缓缓进入车站。中国党、政府和军队的代表依依不舍地送他下了火车，越过边

第十五章 洪水——阮山将军最后的岁月

界。看到熟识的阮明芳前来接他，洪水很感动，嘱咐说，越过边界时，找个方便的地方，让车队停一下，他要在踏上祖国土地的时候"尽享"这幸福的时刻。

车队向着国境线行进，前面一辆吉普车作为先导，洪水、韩守文和张大为医生，洪水的越南亲属及随行人员分乘3辆小轿车，后面是一辆装载着书箱、行李的卡车和一辆满载警卫人员的护卫卡车。车队驶过睦南关（1965年改名为友谊关）后进入越南国土。

洪水离开越南的几年，从越南国内不断传来胜利的消息。特别是1954年3月至5月，越盟军队总指挥部在中国军事顾问团的协助下组织指挥了奠边府战役，取得了全歼法国占领军精锐部队及伪军16000余人的重大胜利，迫使法国于1954年7月在《印度支那停战协定》上签字，从越南撤出了全部军队。越南北方的半壁江山重新获得解放。洪水为自己祖国的伟大胜利欢欣鼓舞，极为振奋。

车队刚刚越过国境，洪水示意停下车来。他下车后，弯腰在路边抓起一把夹杂着青草的泥土。他把泥土紧紧地攥在手中，久久地贴在胸前。他微闭双眼，屏住了呼吸……久别祖国的赤子回来了，回到了自己朝思暮想的祖国，可谁能想到，眼前的将军已经是一片归根的落叶了。

车队驶入谅山时，洪水下车休息，凉亭正中的竹桌上摆满了菠萝、香蕉、芒果等家乡水果。洪水坐在竹椅上一边缓缓地喝着茶，一边用无限欣赏的神态凝望着满目葱绿的故乡土地。这一次告别祖国转眼整整6年了。他深深地呼吸着祖国土地上带有泥土和青草芳香的清新空气，顿觉神清气爽，心旷神怡。

到达河内后，洪水及其亲属被安排在离主席府不远的李南帝路上的一座法国式的小洋楼里。武元甲和一些高级将领在这里等候着。他们在客厅里进行了长时间的交谈。

第二天是10月1日，洪水在河内度过了自己48周岁的生日。

洪水带着韩守文一起看望了胡志明主席。在主席府高脚屋下的露天会议室里，胡志明望着这个心爱的、多才多艺的、叱咤风云的将才，想到聪明得力的学生、久别重逢的知心朋友将要永远地离去，万分悲痛。他久久地注视着病入膏肓、又瘦又虚弱的洪水，想起1923年以来他和洪水一起度过的日日夜夜、风风雨雨，两个人抱头痛哭了一场。然后，用越语亲切地交谈起来……

听说阮山将军回来了，他的亲戚和乡亲们都去医院看望。虽然他已十分虚弱，但与久别的骨肉同胞促膝谈心，他一会儿说越南话，一会儿说中国话，一会儿又开怀大笑。此刻，洪水显得特别激动，心情也特别好，就像久别之后回到母亲怀抱的孩子一样。

在胡志明的直接关怀下，洪水很快被安置在河内医疗条件最好的捷克斯洛伐克红十字医院治疗。胡志明在百忙中还十分关心他的病情。

10月8日，韩守文处理完毛泽东、中央领导和军委首长向他交代的护送任务，来到红十字医院向他尊敬的首长最后道别。看到洪水的病情急剧恶化，韩守文的心阵阵作痛。洪水请他代为转达对中国领导人的感谢，转达对首长和同志们的感谢。

韩守文深知洪水的心思，在病榻边，他低声问："首长，还有什么话要对小丰妈妈说吗？"这时，洪水的表情很不平静，

第十五章　洪水——阮山将军最后的岁月

泪水在他深深的眼眶里直打转。他吃力地挪动了一下身体，一边喘着粗气，一边断断续续地说："小韩，请你再次转告陈剑戈，我对不起她……陈剑戈很坚强……战争年代条件很艰苦，她都闯过来了……对她的生活，我并不担心，有什么问题，她会找组织……只是让她告诉我的小丰和小越，他们的父亲一生致力于中越友好……希望我的孩子们也能为两国人民的世代友好尽力……希望有一天，我的小丰……我的小越……能和他们的越南姐姐、弟弟、妹妹团聚在一起。"他的声音硬咽了。

韩守文表示一定会把这些话铭记在心，转告陈大姐。他起身告别。洪水挣扎着坐了起来，接受了韩守文最后的军礼。望着韩秘书远去的背影，洪水的心脏猛然一颤，他与中国最后一点可见的联系中断了，熟悉的中国，变成了遥远的国家，一生的奋斗，变成了记忆中的一幕幕画卷，飘向遥远的天际……

洪水的眼睛湿润了，眼前的水帘凝结成泪珠，一滴一滴地滚落下来……

从这时起，再没有人称呼洪水这个他的中国名字了，只会有人称呼他的越南名字阮山了。

当阮山从中国回到河内市时，一些曾在他领导下工作、同他接触过的原第四、第五、第六战区的干部前去看望他。那时，他身体已经很虚弱。见到大家，他很高兴，让人垫高枕头以便交谈。他说话依然清晰，但声音微小而缓慢，断断续续。他说："我知道自己时日不多了，所以，请求回国，以能死在越南。能再次见到你们，我很高兴。我在中国红军中战斗的时间较长，贡献了自己的一份力量。在越南仅仅战斗工作了5年，贡献不多，并且还有一些缺点，非常希望你们理解和原谅。代我向所有熟识的同志们问好。"

在场的所有的人，没有谁能控制住泪水。大家都极为钦佩阮山值得学习的性格；恳切建议允许他能在祖国的土地上合上眼睛并埋葬在这里；直至临终仍极其忠诚、坦荡，勇敢地说出了自己已经做到的和未能做到的。

在最后的日子里，洪水已无法进食。他不仅忍受着癌痛的折磨，还有许许多多未了的心愿撕扯着他的心：祖国还没有统一，骨肉同胞被贤良江分割在南北；8个儿女，有的在中国，有的在越南南方，有的在越南北方，他们何时才能团聚⋯⋯

洪水回到祖国仅仅20天，病魔就夺去了他的生命。1956年10月21日下午3时30分，洪水在河内市病逝，终年48岁。

与他共过事的人都无比痛惜他，真心钦佩他。大家称他是：我们的师长和兄长。他永远留在大家的记忆中。

那天，黎恒熏在医院里，几个孩子梅林、清霞、阮岗、越虹都在外面玩，回到李南帝路的家时，听到噩耗说：父亲走了。7岁多的清霞、5岁多的阮岗、4岁多的越虹都茫然不懂"走了"是什么意思，只有8岁半的梅林懂得稍微多一点，抽抽噎噎地哭了起来。她回到朝思暮想的父亲身边刚刚两三个星期，父亲就永远离开了她。不满两岁的最小的妹妹越恒，不能像哥哥姐姐那样感受到失去父亲的悲痛，只是在那段时间里好像有不祥的预感，所以，在医院里，她一直缠在父亲身边，对从医院里带回的饼干等好吃的东西，则不屑一顾。

阮山的连襟武玉潘长得很瘦，两人每次见面时，阮山总爱说一句玩笑话："我吹一口气，你就飞起来了，可能你要比我早死10来年。"然而，阮山却比他早走了30年。说起这些，武玉潘就十分伤感。

越南之声广播电台向越南全国广播了阮山（洪水）逝世

第十五章 洪水——阮山将军最后的岁月

的噩耗。10月22日,越南党和政府以及河内市人民举行了规模空前的隆重葬礼。胡志明主席前往吊唁并送了花圈。越南劳动党总书记长征、政府总理范文同、国防部长武元甲等党和国家领导人以及国会、党政军、群众团体的负责人,阮山生前工作过的第四、第五、第六战区的军队代表也参加了追悼会。

送葬时,一辆花车为前导,后面依次跟着一辆带着"决胜"旗帜的黑色轿车,一辆挂着阮山遗像的敞篷汽车……最后是一辆披着黑黄挽幔的灵车,由仪仗队护灵。送行的人群像一条长龙,一眼望不到头,人们在哀乐声中悲恸地为这位人民将军送行。

葬礼后,阮山的遗体被安葬在河内郊外一块不大的墓地。善良贤惠、年仅30岁的黎恒熏把陈剑戈送给他的自己和两个孩子的照片轻轻地郑重地放在他的上衣贴身的口袋里,她知道,这是他最想要的、最珍贵的、也是最惦念的。她希望这些能在冥冥世界永远陪伴他……

许多人爱慕、景仰"自己的将军",越南诗人阮友鸾用马雅科夫斯基诗体撰写了《送葬,永远走不到墓穴……》一诗,哭悼阮山将军,其中写道:

  阮山像艘巨轮,
    带着大洋的暴风骤雨,
    驶到哪里
      都不让浪涛歇息。

后来,有人为阮山写了一副对联:

  志壮山河两国铭,
  名传史册千古留。

在他逝世40年后,河内市人民委员会决定,将嘉林花园通往嘉林机场的街道（长 1500 米、宽 10 米）命名为阮山街。胡志明市人民委员会也决定，将新平郡十八坊的一条街道（长 1800 米、宽 24 米）命名为阮山大道。

坚定的共产主义战士，有才干的将领

武元甲　大将

（1993年12月31日　在河内举行的阮山将军诞辰85周年纪念会上的讲话）

尊敬的史学会主席同志

尊敬的阮山将军的全体家属：

今天能出席阮山诞辰85周年纪念会，我感到十分激动。在革命刚刚成功的日子里，后来在他回国后的生命最后的日子里，我和阮山都有许多值得纪念的接触。

如冯志坚一样，阮山很早就参加了青年运动，并有幸到黄埔军校学习。在今天的会议上，没有时间讲述他的身世和业绩，但历史肯定将不会忘记。今天，我只想谈谈，我与阮山共事的日子里的一些记忆。

阮山回国时，法军已在南方挑起侵略战争，我国已进入了长期抗战。在常务会上，胡伯伯、长征和我都想让阮山到战事激烈的南方去工作。1945年底，我到庆和省战场与范杰见面并交换意见，更感到需要增强主持南方工作的领导干部，特别是军事领导干部。不久，在我担任全国军事委员会（后更名为全国抗战委员会）主席时，阮山被委任为越南南方抗战委员会主席。这是一个有十分重大责任的职务，表明了党和政府对他的信任。

阮山是党的一名优秀革命战士，是我军一位有功的将领。特别是，他曾多年参加中国革命战争，是中国人民解放军唯一的外国籍将军。所以，友邦同志经常以深厚和敬重的感情谈及他。去年，我访华时，与阮山的夫人和孩子见了面，让我感到十分欣慰的是，看到他们精神很好，在中国的孩子和在越南的孩子一样，都努力地学习和工作，以无愧于父亲的期望。

因此，可以说，阮山是一位在越南革命与中国革命的友谊中树立了美好榜样的国际主义战士。

阮山是一位坚定的共产主义战士、一位有魄力并有一点蛮横的人（如刚才有同志说的），但应该说，他是一位有才干的将领。阮山不仅具有军事才干，而且还具有政治、宣训、文艺才能。他还有非常阮山式的独特风格，例如，作为主婚人非要新娘新郎作诗不可。这种事只有阮山做得出来！

无论在广义陆军学校还是后来在第四战区军政学校，阮山都一向重视对干部的培养。在"练兵立功"运动中，他成功组织了一种吸引包括军队和民众参加的训练形式"大会操"。

他尊重朋友，尊重人，重视培养身边的队伍。

可以说，在八月革命刚刚成功而中国革命尚未胜利的时期，正是我们党和人民坚决捍卫年轻的政权，使自力自强、独立创造精神得到发挥的代表性时期。在胡伯伯和党的领导下，我国全民团结战斗，建立了政治和武装力量。从建立民兵到建立最早的主力师，我们站稳了脚跟并成长起来，为后来接收和有效使用兄弟国家特别是新中国的尽心援助奠定了稳固的基础。我想说一下，最近刚公布的法国1949年底的一份材料。在这份材料中，法国不得不承认"不可能以军事战胜越盟"。

正是在这种困难的日子里，阮山回国了。他积极参加有关军事、抗战的各种讨论会，就干部培训、作战、主力部队和民兵力量建设（他尤为重视民兵建设）等问题，发表了许多深刻的意见。在各种会议上，他发言踊跃，引人入胜。

在同朋友的交往中，他尊重同志、战友，经常同他们交谈通宵达旦，让人感到陶醉、舒畅。

阮山回国的时间虽然不是很长，但他贡献出了自己的全部力量。1950年，越中边界战役之后，由于工作分工的原因，他返回了北京。多年来，他背井离乡，为革命工作奔波，但他无时无刻不心向祖国。直至他病入膏肓的时候，尽管友人全力救治，包括将病例寄往苏联会诊，但仍无法治愈。按照他的意愿，党将他接回国内。在家人和战友的无比哀恸中，在祖国母亲的土地上，他与世长辞。

如果能活到今天，他85岁了。遗憾的是，他走得过早了。但是，作为一名终生为我国和友邦革命事业服务的坚定的共产主义者、一位朋友和同志、一位亲密和极其真诚的战友的形象，他将永志越南革命史册，永远活在我们每一个人心中。

越南人民的优秀儿子　中国人民的亲密朋友

——怀念杰出国际主义战士洪水将军

孙　毅　郑维山　盛治华

翻开中国的近现代史，中国人民的革命事业从一开始就得到世界人民的同情、支持和援助，有大批国际友人不顾个人安危，直接投身于中国人民的革命洪流，把一生最宝贵的年华献给了中国人民。越南人民的优秀儿子、中国人民的亲密朋友洪水将军就是这样一个国际主义战士。他的业绩在中国人民的解放和建设事业中闪烁着璀璨的光辉。

洪水同志是1955年中国人民解放军初次评定军衔时，被授予将军衔的唯一的一位外国人，也是经历我国人民军队从建军到抗日战争胜利全过程的唯一的一位外国人，还是随红一方面军自始至终走完震惊世界的二万五千里长征的4名外国人之一。

(一)

洪水同志1908年10月1日出生于越南首都河内市，原名武元博，河内师范学校毕业后，他赴法国短暂学习，接触了马克思主义，成为越南人民的伟大领袖胡志明同志革命思想的信徒和学生。

1925年初，16岁的洪水同志响应胡志明同志的号召，抛弃富裕的家庭生活，离别亲人，跋山涉水，来到当时中国大革命的中心——广州，参加了胡志明同志主办的越南革命青年训练班，系统地接受革命教育，掌握革命的真理，并在训练班上加入了胡志明同志创建的越南革命青年同志会（越南共产党的前身），成为越南早期的共产党人之一。训练班结束后，洪水同志进入黄埔军校第四期学习，继续增长政治、军事理论知识。

1927年，蒋介石在上海发动"四一二"反革命政变。年轻的洪水同志毫不畏惧，于8月毅然加入了中国共产党。这年12月11日，在张太雷、叶挺、叶剑英、聂荣臻等同志的领导下，举行了著名的广州起义。洪水同志也参加了起义，同起义军民以及黄埔军校的师生们一起勇敢作战，冲锋陷阵，表现了一个共产党员大义凛然，视死如归的大无畏精神和坚定的无产阶级革命立场。

广州起义失败后，洪水同志被迫转移到泰国，在越南革命青年同志会的统一领导下，在旅泰越侨中间从事革命活动。1928年6月，他第二次到中国，在香港从事工人运动，不久，又到广东东江地区参加了红十一军，积极投入当地的游击战争。1930年4月，他调到闽西红十二军，先后任政治部宣传科长，红三十四师一〇二团政委兼党委书记、师政治部副主任、主任等职。1932年10月，他奉命调进江西中央苏区的红色首都——瑞金，开始了他在中国共产党领导的军队中从事教育、宣传、文艺等军队文化工作的战斗生涯。

（二）

洪水同志在我国的人民军队中四度从事军队教育工作。

第一次是在他进入中央苏区后，先在红军中央军事政治学校上干科学习。一个多月后,学习结束,他被留在红军学校担任宣传科科长兼政治文化教员。孙毅同志任连长、作战科科长。那时,教员、学员没有严格的身份界限,完全打成一片,亲密无间。洪水同志认真负责、一丝不苟的教学态度,给大家留下很深的印象。

第二次是在 1937 年 11 月。那时,洪水同志随八路军总部和一一五师到山西五台山地区开辟晋东北抗日根据地,先任五台县四区区委书记、动委会主任,后来又任晋东北特委副书记兼宣传部长。为了提高刚参加革命工作的干部的思想水平、政策水平和工作能力,适应新形势的需要,特委决定由洪水同志总负责,在五台县城东王家庄举办了干部训练班,抽调定襄、崞县、五台等各县的干部参加学习。

第三次是在 1938 年邓拓同志接替了洪水同志在《抗敌报》社的职务。洪水同志调到晋察冀军区抗日军政干部学校任政治教员,孙毅同志任校长,在红军时期就与洪水同志熟悉的郑维山同志任军事教员,盛治华同志任大队长,他们经常交流思想,探讨问题,友谊深厚。位于清水河畔的这所学校井然有序。学员们除了上课学习外,每天还在清水河畔操练,开展各种简单的文体活动。洪水同志在各项活动中都是热情的参与者,受到教员和学员们的欢迎。

第四次是在抗日军政大学二分校工作。1938 年 12 月,中央军委决定抗日军政大学组建一分校和二分校。抗大二分校在陕北组建后,于 1939 年 2 月迁到河北省灵寿县。这时,晋察冀军区党委决定撤销抗日军政干校。于是,洪水同志被调到抗大二分校任政教科副科长。1940 年 2 月,第三期学员开学,成立了特科大队,培训营、团级的现职干部,洪水同志被调到特科大队任主任教员。3月,任冀中军区参谋长的孙毅同志接替陈伯钧同志任抗大二分校校长。8月初,特科大队划分成高干科、上干科,洪水同志任上干科科长,1941年3月,又改任直属工作科科长兼党总支书记。1942年4月,洪水同志调到晋察冀军区第四军分区任政治部宣传科科长,这时,盛治华同志任大队长、高干科副科长。

洪水同志在我国的人民军队的军队教育战线工作多年,积累了丰富的经验,他擅长讲课,说话生动,条理清晰,生趣盎然,很有吸引力,受到学员们的普遍好评。听过他讲课的很多同志,后来担任了我军各军兵种的主要负责人,他们始终记着洪水同志讲课的生动形象。

(三)

办报纸和刊物、从事军队宣传工作,是洪水同志担当过的对我国人民军队建设和发展有过贡献的另一项重要工作。

洪水同志开始在《抗敌报》工作,离开后仍不断给晋察冀边区党的机关报刊《前线》《晋察冀日报》(《抗敌报》是其前身)以及晋察冀军区机关刊物《抗敌月刊》撰写通讯、报导、经验总结、理论文章等,在当时颇有影响。

1954年底,洪水同志曾任《战斗训练》杂志社社长,这是他在我军担任的最后一个职务。1956年初,他被检查出患了肺癌,9月底离开中国返回自己的祖国越南,10月21日不幸逝世,终年仅48周岁。洪水同志英年早逝,但他撰写的大量文章却珍藏在我国我军的许多档案馆、图书馆中,成为永久的纪念。洪水同志热情奔放,多才多艺。在红军学校时,他除了干好教学工作,还积极参加学校的文化工作。他是红军学校马列主义研究会的活跃分子和学校俱乐部的负责人之一。1932年底,经洪水、李伯钊、赵品三等同志的积极努力,创建了我军历史上第一个剧社——工农剧社。洪水同志任社长兼党团书记,李伯钊同志任党支部书记。从此以后至1934年10月开始长征的一年多时间里,洪水同志主要从事根据地的文化工作。他经常教大家弹琴、唱歌、跳舞,活跃根据地的文化生活。洪水同志的博学和文艺才干为许多同志所钦佩。

(四)

洪水同志心胸开阔,性格开朗,为人坦诚、忠实、豪爽、幽默、爱说爱笑,到任何地方任何单位都能和周围的同志打成一片。与他共过事的同志都称赞他的这一优秀品质,都认为他是一个很好相处很好共事的同志。但是,洪水同志也是一个是非分明、坚持原则、直言不讳、见到不对的人和事就批评、嫉恶如仇的人。在原则问题上,他从不抹稀泥,当和事佬。受过他批评的同志,对他都心悦诚服。

洪水同志革命意志坚强,在艰难困苦面前从不畏惧,有一股勇往直前的克服困难的精神。他加入中国共产党之时,正是"四一二"反革命政变之后白色恐怖笼罩、革命处于低潮之时,在那样恶劣的环境中,他毅然退出国民党加入共产党,表明了他与背叛人民的国民党彻底决裂的决心。在长征过程中,洪水同志跟随一方面军爬雪山,过草地,刚刚渡过最艰苦最困难的阶段,接着随左路军第二次爬雪山,过草地,又经历了一次磨难。在左路军转战过程中,洪水同志所在的部队被打散,他只身一人藏在藏民家里,放羊,放骆驼,讨吃要饭,历尽千辛万苦,凭着坚定的革命信念,终于走回延安。当时,他身穿藏袍，骨瘦如柴，许多同志都认不出他来了，同时又为他不屈不挠的革命精神所感动。

洪水同志把自己的一切都贡献给了无产阶级革命事业，贡献给了中越两国人民的解放事业，包括献出了自己的一个孩子。1941年8月，抗日战争进入了最残酷的阶段，日伪军集中13万兵力分13路向晋察冀解放区大举扫荡，实行极其惨无人道的杀光、烧光、抢光的"三光"政策。10月，抗大二分校转移到河北唐县。在鳌鱼山战斗中，洪水同志的妻子陈剑戈与部队失散，在荒山野岭和狂风暴雨中生下了他们的第一个孩子。由于环境艰苦，缺医少药，瘦弱的孩子只活了6个月。洪水同志并没有过度悲伤。他咬紧牙关仍然积极地工作。洪水同志为革命事业献出了一切，却从不为个人捞名誉，争地位。评衔定级时，一开始给他定了个正师级少将。有人为他打抱不平，说定得太低了。可他从没找人说过此事，没有一句怨言和牢骚，一切听从组织的安排，只是1955年10月1日在天安门城楼上，毛泽东同志向他问起此事，他才不得不如实汇报。在毛泽东同志的亲自关怀下，有关部门重新给他定为正军级少将。后来，还授予他一级八一勋章、一级独立自由勋章、一级解放勋章。

在中华人民共和国和中国人民解放军的历史上，给一个外国人授衔授勋，这是仅有的一次。这是对洪水同志为中国革命做出杰出贡献的表彰，也是中国人民对曾参加中国人民解放事业并流血牺牲无私奉献的国际主义战士们的感谢和敬意。中国人民永远不会忘记杰出的国际主义战士、越南人民的优秀儿子、中国人民的亲密朋友——洪水将军。

图书在版编目（CIP）数据

我们的父亲洪水—阮山：中越两国将军／陈寒枫，阮清霞著．—北京：中国书籍出版社，2016.5
（红色年轮丛书）
ISBN 978-7-5068-5561-7

Ⅰ.①我… Ⅱ.①陈… ②阮… Ⅲ.①洪水（1908~1956）—传记 Ⅳ.①K833.352

中国版本图书馆 CIP 数据核字（2016）第 104052 号

我们的父亲洪水—阮山
——中越两国将军

陈寒枫　阮清霞　著

责任编辑	李　新　陈守卫
责任印制	孙马飞　马　芝
封面设计	上智博文
出版发行	中国书籍出版社
地　　址	北京市丰台区三路居路 97 号（邮编：100073）
电　　话	（010）52257143（总编室）　　（010）52257153（发行部）
电子邮箱	eo@chinabp.com.cn
经　　销	全国新华书店
印　　刷	三河市顺兴印务有限公司
开　　本	710 毫米×1000 毫米　1/16
字　　数	278 千字
印　　张	25.75
版　　次	2016 年 8 月第 1 版　2016 年 8 月第 1 次印刷
书　　号	ISBN 978-7-5068-5561-7
定　　价	68.00 元

版权所有　翻印必究